공공기관
채용의 모든 것

공공기관 채용 전문가 21인이 말하는
공공기관 채용의 모든 것

초판 1쇄 인쇄 2021년 02월 22일
초판 1쇄 발행 2021년 02월 28일

지은이 김영기, 김용수, 김재우, 허제인, 성은택, 정혜승, 윤 실, 전영하, 이태열, 박종현, 이경애, 하영철, 하태경, 최효근, 권규청, 박옥희, 김상덕, 김민서, 최춘이, 정성덕, 서경록
펴낸이 김민규

편집 렛츠북 편집팀 | **디자인** 조언수 | **마케팅** 이재영

펴낸곳 브레인플랫폼(주)
주소 서울특별시 서초구 법원로3길 19, 2층(서초동)
등록 2019년 01월 15일 제2019-000020호
이메일 iprcom@naver.com

ISBN 979-11-91436-00-6 13320

이 책은 저작권법에 따라 보호를 받는 저작물이므로 무단전재 및 복제를 금지하며,
이 책 내용의 전부 및 일부를 이용하려면 반드시 저작권자와 브레인플랫폼(주)의
서면동의를 받아야 합니다.

• 잘못된 책은 구입하신 서점에서 바꾸어 드립니다.

공공기관 채용 전문가 21인이 말하는

공공기관 채용의 모든 것

김영기 김용수 김재우 허제인 성은택 정혜승 윤 실 전영하 이태열 박종현 이경애
하영철 하태경 최효근 권규청 박옥희 김상덕 김민서 최춘이 정성덕 서경록

서문

공공기관 채용 시장에서 면접의 비중이 점차 확대되어 가고 있다. 면접도 인성 면접에서 직무 면접 중심으로 변화가 나타나고 있고, 4차 산업혁명 시대를 맞이하여 화상 면접과 AI 면접이 도입되는 등 새로운 트렌드가 등장하고 있는 가운데 인재 선발에 대해서는 삼성의 인재제일주의 경영철학이 떠오른다.

"사람을 뽑을 땐 신중히, 일단 뽑았으면 대담하게 일을 맡겨라."

2014년 3월 10일 매일신문 최경철 기자가 쓴 '[세 거인(巨人)에게 길을 묻다] 제2부 호암 이병철 2) 믿음의 리더십'이라는 기사 내용을 일부 발췌하여 소개하고자 한다.

'의인물용, 용인물의(疑人勿用, 用人勿疑)'. 의심이 가거든 사람을 고용하지 마라. 의심하면서 사람을 부리면 그 사람의 장점을 살릴 수 없다. 그리고 고용된 사람도 결코 제 역량을 발휘할 수 없다. 사람을 채용할 때는 신중을 기하라. 그리고 일단 채용했으면 대담하게 일을 맡겨라.

대구에서 삼성상회의 문을 연 호암 이병철 회장은 창업 한 달 만에 와세다대 유학 시절 친구인 이순근을 지배인으로 영입, 경영 전반을 일임했다. 물론 주위의 만류가 줄을 이었다. 호암은 뜻을 굽히지 않았다. 이순근을 믿었던 것이다. 그리고 만류하는 사람들에게 '의인물용, 용인물의'를 얘기했다.

삼성상회 창업 초기부터 호암은 '사람'이 사업을 좌우한다고 확신했다. 그의 확신은 창업 초기부터 실제로 들어맞았고, 호암은 기업 규모를 키워나가면서 '인재제일'의 경영 이념을 더욱 큰 폭으로 실천해 나갔다.

"내 일생을 통하여 80%는 인재를 모으고 교육시키는 데 시간을 보냈다. 1년의 계(計)는 곡물을 심는 데 있고, 10년의 계는 나무를 심는 데 있으며, 100년의 계는 사람을 심는 데 있다."

― 삼성 50년사 중에서

호암은 1957년 당시 국내 기업으로서는 처음으로 사원 공채를 실시했다. 영하 15℃의 강추위가 몰아닥친 그해 1월 30일, 서울 성북구 종암동에 있던 서울대 상과대학 강당에서 삼성의 사원 공채 첫 시험이 있었다. 2천여 명의 응시생이 몰렸다. 호암은 신입사원 채용 면접에 직접 참여했고 이때 선발된 제1기생 27명 중 5명이 전문경영자로서 삼성 계열사 사장직까지 올랐다.

일자리가 턱없이 모자라던 시절, 공채 과정에서 친인척 등 수많은 채용 청탁이 있었지만 그는 외면했다. 그는 훗날 언론 인터뷰(1985년 4월 22일)를 통해 "친척들 중에 자리 하나 주지 않는다고 불평하는 사람이 있었다. 친척 잔뜩 들여놓은 회사치고 변변한 곳은 없다. 이때부터 혈연, 지연, 학연을 배제하고 능력 위주로 사람을 쓴다는 방침을 정했다"고 했다.

호암은 여러 언론과의 인터뷰에서 "특출한 사람보다는 성실한 사람이 좋다"고 했다. 그는 성실한 사람을 뽑기 위해 노력했고 성실한 사람으로 키워내기 위해 직원들의 교육을 특히 강조했다. 1977년 1월 국내 처음으로 연수원 문을 연 것은 호암의 '직원 교육'에 대한 열망을 고스란히 반영하고 있다.

"아무리 유능한 사원을 채용해도 입사 후에 지도가 나쁘면 소용이 없다. 가지고 있는 능력에 상응하는 장소에서 일할 수 있는 기회를 주지 않으면 어느 사이엔가 진취의 기상을 잃고 무능 사원의 길로 떨어지고 만다. 입사 때는 그만한 재능을 갖고 있는 것으로 보이지 않더라도 적절한 지도와 적소를 얻으면 훌륭한 인재가 되는 경우가 많다."

- 1977년 6월 17일 삼성중공업 창원공장에서

호암은 세상을 뜨기 전 자신의 묘비에 "자기보다 현명한 인재를 모아들이고자 노력했던 사나이가 여기 잠들다"라는 글이 기록되기를 바란다고 말하기도 했다.

이 책은 총 21개 파트로 구성하였다.

1장에서는 '공공기관 채용 트렌드 및 공정 채용'이라는 주제로 공공기관 채용의 전체적인 숲을 볼 수 있도록 소개했다.

2장에서는 채용 대행사 책임자가 '공공기관 채용 현장 365일'이라는 주제로 채용의 A부터 Z까지 실제 현장에서 벌어지고 있는 실무적인 일들을 전체적으로 구성했다.

3장에서는 공공기관에서 20년 이상 근무한 기관장이 본 '공공기관 서류전형과 자기소개서' 작성 요령을 기술했다.

4장에서는 공공기관 채용 전문가가 '합격으로 통하는 이력서, 자소서 알짜 정보'를 소개했다.

5장에서는 '7초 안에 사로잡는 자기소개서'라는 주제로 자기소개서 작성 프로세스와 더불어 평가자를 사로잡는 자소서 작성 방법을 제시했다.

6장에서는 비대면 시대의 새로운 채용 방법인 'AI 채용 프로세스의 이해'를 통하여 AI 채용과 AI 면접 방법을 상세하게 제시했다.

7장에서는 '알고 보면 친근한 NCS 국가직무능력표준'에 대하여 구체적으로 안내했다.

8장에서는 30년 이상 공무원을 역임한 필자가 '공무원 채용 면접관의 기술'에 대하여 자세히 설명했다.

9장에서는 '블라인드 면접, 그것이 알고 싶다'를 주제로 최근 면접에서 가장 중요시 하는 블라인드 면접을 소개했다.

10장에서는 '베테랑 면접관이 말하는 인성 면접 잘 보는 핵심 꿀팁 7가지'를 안내했다.

11장에서는 직무 면접 첫 번째로 최근 채용이 증가하고 있는 '사회복지 직무 면접' 방법론을 제시했다.

12장에서는 직무 면접 중 'NCS 기반의 건축 직무 면접 유형'에 대한 필자의 노하우를 수록했다.

13장에서는 요즈음 채용 대세인 '정보기술(전산) 직무 면접' 방법론과 노하우를 제시했다.

14장에서는 'PT 발표 면접, 이렇게 준비하라'를 주제로 면접 준비 방법과 요령에 대하여 구체적으로 설명했다.

15장에서는 '집단 토론 면접 고득점 비법'이라는 주제로 면접 노하우와 요령에 대하여 손쉬운 방법을 제시했다.

16장에서는 'MOT 면접관을 만나는 진실의 순간'이라는 주제로 면접관을 사로잡을 수 있는 방법과 면접의 기술에 대하여 설명했다.

17장에서는 '나에게 맞는 기업을 선택하라'는 주제로 나 자신을 먼저 철저히 분석하고 기업과 직무를 분석한 후 스스로의 역량을 스토리화하는 방법론을 제시했다.

18장에서는 '면접에 유리한 첫인상을 관상학으로 본다'를 주제로 과거와 현대의 얼굴 형상, 웃는 얼굴과 우는 얼굴, 얼굴 전체를 관상으로 보는 요령을 제시했다.

19장에서는 '면접관이 뽑고 싶은 면접 이미지메이킹'을 주제로 면접 시 어떤 용모로 이미지메이킹을 해야 하는지와 어떤 준비로 면접 스타일을 연출해야 하는지 방법을 제시했다.

20장에서는 '공공기관 채용 및 면접 팁'을 주제로 공공기관 채용의 올바른 이해를 바탕으로 공공기관에 적합한 면접 팁을 소개했다.

21장에서는 '공공기관 채용 IT 솔루션'을 주제로 최근 공공기관의 채용이 IT 솔루션으로 이루어지는 것에 대해 프로세스별로 사례를 들어 설명했다.

21명의 공공기관 채용 전문가들이 던지는 이 화두(話頭)가 공공기관에 입사하기 위해 열심히 준비하고 있는 수많은 지원자들에게 조금이나마 도움이 되기를 바란다.

또한 4차 산업혁명 시대와 100세 시대를 맞이하여 이 땅의 취업 준비생들의 삶이 좀 더 나아지기를 소망하면서 현장 경험과 노하우 중심의 이 책을 요긴하게 활용하시길 바란다.

"행운이란 준비가 기회를 만드는 것"이라는 로마의 철학자 세네카의 명언을 인용하면서 미래를 준비하고 올바른 로드맵을 제시하려는 이 책의 철학을 대한민국의 취준생들에게 바친다.

2021. 02. 28.

대표저자 김영기 외 20명 dream

차례

서문 004

1장.
공공기관 채용 트렌드 및 공정 채용 김영기

공공기관 채용 시장 트렌드 016 | 공공기관 공정 채용 기준 025 | 채용의 최종 관문, 면접과 공정 채용 030

2장.
공공기관 채용 현장 365일 김용수

들어가며 040 | 공공기관 채용의 특징 043 | 공공기관 채용의 주요 관계자 045 | 공공기관의 채용 대행업체 선정 기준 047 | 공공기관 채용 대행사업 전개를 위한 준비사항 049 | 채용 대행 현장 스케치 058

3장.
공공기관 서류전형과 자기소개서 김재우

공공기관 서류전형 066 | 자기소개서에 꼭 담았으면 하는 내용 068 | 공공기관은 어떻게 채용하는가? 073 | 결론 076

4장.
합격으로 통하는 이력서, 자소서 작성 알짜 정보 허제인

이력서 전략 082 | 자소서 작성 포인트 092

5장.
7초 안에 사로잡는 자기소개서 성은택

들어가며 106 | 읽기 쉬운 자소서 vs 읽어주기를 바라는 자소서 108 | 회사는 내가 꼭 필요할까? 111 | 자기소개서 작성 프로세스 113 | 자기소개서의 3가지 구성 요소, 3E 115 | 스토리텔링 만들기 118 | 없으면 BAD, 묻지 않아도 포함되어야 하는 3가지 121 | 믿고 거르는 자기소개서 124 | 마지막 체크리스트 126

6장.
AI 채용 프로세스 이해 정혜승

AI 채용이란? 132 | AI 자기소개서 136 | AI 면접 142

7장.
알고 보면 친근한 NCS 국가직무능력표준 윤 실

NCS 국가직무능력표준의 정의 158 | NCS의 적용 162 | NCS 직업 기초 능력 평가 172 | HRD로 나의 경쟁력 만들기 175

8장.
공무원 채용 면접관의 기술 전영하

들어가며 182 | 공무원 채용 면접관에게 필요한 자질 185 | 공무원 채용 면접관의 중요한 역할 189 | 면접관이 알아두면 좋은 면접 방식 196 | 마치면서 201

9장.
블라인드 면접, 그것이 알고 싶다 이태열

들어가며 206 | 블라인드 채용 208 | 블라인드 서류 평가 요령 211 | 블라인드 면접 평가 요령 216 | 마치면서 220

10장.
베테랑 면접관이 말하는 인성 면접 잘 보는 핵심 꿀팁 7가지 박종현

경쟁을 즐겨야 최종 승자가 된다 226 | 핵심 꿀팁 7가지 230

11장.
사회복지 직무 면접 이경애

자기소개서 작성의 성공적인 전략 250 | 사회복지 직무 면접 253 | 면접의 유형과 평가 내용 255 | 일반적 질문과 기관별 질문 258

12장.
NCS 기반 건축 직무 면접 유형 하영철

능력 중심 채용의 이해 282 | 채용 면접의 유형 예시 284 | NCS 기반 건축 학습모듈 289 | NCS 기반 건축 직무 설명 자료 예시 293

13장.
정보기술(전산) 분야 직무 면접 하태경

정보기술 개요 300 | 정보기술 환경 분석 304 | NCS 직무 분류 308 | 4차 산업혁명 시대 기반 기술 ICT 용어 315

14장.
PT 발표 면접, 이렇게 준비하라 최효근

들어가며 324 | PT 발표 면접이란 무엇인가? 325 | PT 발표 면접은 어떻게 진행되는가? 328 | PT 발표 면접 주제는 어떤 것이 주어지나? 331 | PT 발표 면접, 어떻게 준비할 것인가? 337 | PT 발표 면접, 발표 시 이런 점에 유의하라! 341 | 마무리 346

15장.
집단 토론 면접 고득점 비법 권규칭

왜 토론 면접인가? 352 | 토론 면접 유형 및 프로세스 354 | 토론 면접 평가 요소 358 | 고득점을 받기 위한 토론 스킬(요령) 360

16장.
MOT 면접관을 만나는 진실의 순간 박옥희

MOT 368 | 계획하고 준비하라 374 | 면접관이 보려고 하는 것은? 377 | 면접관들에게 직접 물어본다 379 | 면접 성공 트리 기르기 384

17장.
나에게 맞는 기업을 선택하라 김상덕

들어가며 390 | 나 자신을 철저히 분석하라! 393 | 직무와 기업과 면접 기법을 분석하라 397 | 내 역량을 NCS 직무에 맞게 스토리화하라! 404

18장.
면접에 유리한 첫인상을 관상학으로 본다 김민서

들어가며 414 | 과거의 얼굴 형상 416 | 현대의 얼굴 형상 422 | 웃는 얼굴형 424 | 우는 얼굴형 426 | 얼굴 전체 428

19장.
면접관이 뽑고 싶은 면접 이미지메이킹 최춘이

면접 이미지메이킹 440 | 당당한 면접 준비, 지원자가 바꿔야 한다 443 | 나만의 색깔 있는 퍼스널 이미지 면접 스타일 449

20장.
공공기관 채용 및 면접 팁 정성덕

공공기관 채용의 이해 460 | 공공기관 면접 팁 7가지 468

21장.
공공기관 채용 IT 솔루션 서경록

채용 솔루션이란? 482 | 채용 공고문 484 | 지원서(이력서) 접수 486 | 자기소개서 489 | 단계별 합격자 발표 491 | 공지사항 Q&A 등록 492 | 관리자 모드 494 | 채용 솔루션의 인프라 499

공공기관
채용 트렌드
및 공정 채용

김영기

1 공공기관 채용 시장 트렌드

최근 들어 채용 시장의 트렌드는 NCS 기반의 채용, 블라인드 채용과 블라인드 면접, 화상 면접, AI 면접, 직무 중심 채용, 상시 채용, '베이비붐 세대 퇴장'과 '90년대생 등장' 등이며 자세한 내용은 다음과 같다.

• 화상 면접의 일상화

2020년 2월부터 발생한 코로나19로 인하여 언택트 시대가 일상화되면서 비대면 면접이 보편화되고 있다. 이는 면접관과 피면접자가 별도의 공간에서 인터넷 화면을 통하여 면접을 보는 방식으로, 해외의 고급 인재들과도 인터넷 화상을 통하여 면접을 보는 것이 자연스럽게 자리를 잡고 있다.

• NCS 기반의 채용

국가직무능력표준(NCS, National Competency Standards)은 산업현장에서 직무를 수행하기 위해 요구되는 지식(Knowledge)·기술(Skill)·태도(Attitude) 등의 내용을 국가가 체계화한 것으로, 공공기관이나 기업에서 이러한 직무를 중심으로 채용하는 경향이 늘어나고 있다.

• 블라인드 채용

채용 과정(서류전형, 필기전형, 면접전형)에서 편견이 개입되어 불합리한 차별을 야기할 수 있는 출신지, 가족 관계, 학력, 외모 등의 항목을 걷어내고 지원자의 실력(직무 능력)을 평가하여 인재를 채용하는 방법이다.

블라인드 채용 추진 경과를 살펴보면, 2004년 국가인권위원회의 나이 및 학력 제한 폐지를 시작으로, 2005년에는 공무원 시험에 서류전형을 폐지하고 블라인드 면접을 도입하였으며, 2007년 공공기관 채용을 개선하여 불합리한 제한을 금지하였고, 2015년 NCS를 도입하여 직무 중심 채용을 시행하였으며, 2017년 실력 중심의 블라인드 채용을 도입하기에 이르렀다.

그 결과 2017년 7월부터는 322개 공공기관이 블라인드 채용을 전면 시행했으며 2017년 8월부터 149개 지방 공기업에서 블라인드 채용을 시행, 2017년 9월부터는 블라인드 채용이 전국 663개 지방 출자·출연 기관을 포함한 모든 지방 공공기관에 확대 시행되었다. 민간기업은 삼성, 현대자동차, SK 등 주요 그룹사를 중심으로 블라인드 채용이 확산되고 있다.

2019년 7월, 30인 이상 기업에 모두 적용되는 '채용 절차의 공정화에 관한 법률'에 의하면 '채용 과정에서 구직자의 직무 수행과 무관한 신체 조건이나 개인 신상 정보를 수집하지 못한다'고 명시하고 '위반 시 최대 5백만 원의 과태료 처분'을 내릴 수 있게 법이 제정되었으며, '민간기업의 채용 과정에서도 법령을 위반하여 채용 강요 등을 하거나 청탁이나 압력, 금품 수수가 적발되면 형사처벌과 별도로, 최대 3천만 원까지 과태료 처분'을 받을 수 있다.

· AI 면접 및 VR 면접의 등장

취업 및 채용 시장 전면에 AI(인공지능)가 등장하여 AI 면접을 도입하는 기업들이 늘어나고 있다. AI 면접은 기존 대면 면접과는 달리 지원자가 원하는 시간과 장소에서 PC를 통하여 면접을 치르는 것을 말한다. 면접관의 선입견이나 감정을 배제하고 객관적인 사실만으로 평가를 하는 면접인데 아직은 시험 단계에 있어 적성검사 수준이지만 앞으로 어떻게 진화할지는 어느 정도 시간이 흘러 보아야 알 수 있을 것 같다.

VR을 활용한 면접 방법도 새롭게 등장했는데 서울특별시 송파구의 경우 2019년 12월 2일부터 '송파구 일자리통합지원센터'에서 AI·VR 면접 체험관을 운영하고 있다.

• 소규모 상시 채용 확대

몇 년 전만 해도 공공기관이나 대기업은 1년에 1번 또는 2번 정도 채용 기간을 정해놓고 대규모 채용을 하는 것이 통상적이었으나 최근에는 직무별 필요 인력을 '소규모', '수시', '상시' 채용하는 것이 새로운 경향이다. 대기업의 60% 이상이 소규모 상시 채용이라는 통계가 이를 입증해주고 있다.

• 직무 중심 채용 확대

상시 채용과 함께 새로운 변화가 직무 중심 채용이다. 2019년도 채용 시장에서 구체적인 채용 직무와 필요 역량, 조건 등을 제시하는 기업이 늘었다. 이에 따라 취업 준비생들은 해당 역량이 없으면 지원 자체가 불가능한 경우도 있었다.

취업 포털 사이트 '잡코리아'에서 기업 인사 담당자 480명을 대상으로 '직원 채용 시 평가 요인'에 대해 설문조사를 진행한 결과, 52.3%가

전공 전문지식을 꼽았고, 36%가 전공 분야 인턴십 경험이 중요하다고 답했다. 그만큼 직무 경험은 필수가 된 것이다.

면접도 직무 면접이 새롭게 확대되고 있다. 기존의 인성 면접, 발표 면접, 토론 면접에 직무 면접을 추가하는 트렌드가 확연하다.

국내 최대의 공공기관 면접관 전문 파견회사인 브레인플랫폼(주)에 따르면, 최근의 면접관 위촉이 직무 중심으로 이루어지고 있어 예전의 인사 및 HR 전문 면접관 일변도에서 전산, 기계, 전기, 인공지능, 빅데이터, 경영, 회계 등 직무 중심 면접관으로 면접 트렌드가 전환되고 있다고 한다.

• 90년대생이 바꾼 면접 문화

채용 시장뿐만 아니라 최근 우리 사회를 뜨겁게 달군 키워드는 베이비붐 세대의 퇴직과 동시에 '90년대생'의 등장이었다.

90년대생의 특징은 '정시퇴근을 한다', '눈치 보지 않고 휴가를 간다' 등이었다. 이들의 등장은 채용 시장까지도 변하게 했는데, 취업난을 직격으로 맞은 세대답게 공무원 시험을 선호하는 경향이 두드러진다. 올해 국가직 9급 공채시험 평균 경쟁률이 39대 1로, 지난해 41대 1에 비해 소폭 하락했지만 여전히 과열 양상을 보이고 있다.

면접 문화에 있어서도 이들에 대한 배려로 검은색 정장 일변도에서 면접 복장 자율화를 추진하는 공공기관과 대기업이 속속 나타나고 있다. 경상북도가 2018년도부터 공무원 시험 면접에서 면접 복장 자율화를 시행하고 있고, 롯데백화점도 2018년 하반기부터 편한 복장으로 면접을 시행하고 있으며, 이런 추세는 계속 확산될 전망이다.

• 온라인 채용 보편화

최근 채용 시장의 두드러진 경향은 인터넷을 활용한 온라인 시장이 보편화됨으로써 채용의 행정적 처리의 온라인화가 이루어지고 있으며 온라인상에서 지원자들 간에 적극적인 정보 교환이 보편화되고 있고 채용 과정도 단순한 선발 과정이 아니라 지원자들에게 회사를 알리는 또 다른 의미를 제공하고 있다.

• 채용의 양극화 현상

최근 채용 시장의 특징을 보면 공무원, 공공기관, 대기업의 경우에는 수백 대 1의 경쟁률을 기록할 정도로 경쟁이 심한 반면 중소기업과 소기업들은 오히려 인력 가뭄으로 사람을 구하지 못하여 외국인 노동자를 쓰는 양극화 현상이 심각하다.

• 경력직 채용 선호

이직의 연한이 빨라지는 시대의 흐름인지 사회 현상인지는 모르지만 기업들이 신입사원을 선발하여 교육시키는 것보다는 경력이 있는 전문인력을 채용하는 경향이 있으며 전체 채용의 2/3가 경력직을 채용한다는 통계도 나올 정도로 경력직 선호가 채용 시장의 또 다른 트렌드이다.

• 인·적성검사의 확대

사회가 복잡해지고 스트레스가 많아지는 사회로 변모하면서 정신적으로 문제가 많은 사람들이 많이 발생함에 따라 채용 기업에 적응할 수 있는 인력인지 파악하기 위하여 인성 및 적성검사를 강화하는 경향이 있다. 최근 기업들의 통계를 보면 인·적성검사 활용도가 57%나 되며, 인·적성검사의 당락 활용도도 78%로 나타나고 있다.

• 비정규직 채용의 확대

기업들이나 공공기관들이 인건비 부담을 줄이기 위한 방편으로 비정규직 채용을 많이 하고 있는데 신규 채용의 과반수를 차지할 정도로 비정규직 채용이 확산되고 있으며 비정규직 채용 후 정규직으로 전환하

는 방식을 채택하고 있다.

• 다수의 지원자 중복 지원 및 채용 프로세스 대행

채용 과정이 온라인으로 이루어지다 보니 지원의 편의성으로 인하여 지원자 수가 급격히 증가하면서 중복으로 지원하는 지원자가 많아졌으며 허수 지원자의 증가로 인해 실제로 꼭 필요한 지원자가 상대적으로 피해를 입는 경향도 있으며 기업의 채용 관련 경제적, 심리적 부담도 커지고 있어 초기 과다한 채용 업무를 채용 전문기관에 아웃소싱하는 추세이다.

• 회사에 분명한 인재를 필요로 함

일반적인 우수 인재보다는 우리 회사 및 일의 성격에 적합한 인재에 대한 요구가 증가하고 있고 어느 회사에서나 필요한 인재가 아닌 우리 회사에 꼭 맞는 우리의 인재를 필요로 하는 경향이 있다.

• 채용 공정성을 위하여 외부 면접관 확대

공공기관에서는 면접시험 평가 시 외부 면접관을 반드시 1/2 이상 위촉하도록 권고하고 있고 지원자와 제척·기피 대상은 평가위원 선정에서 배제하도록 기준을 세워놓고 있다. 따라서 공공기관들은 인턴이나 신입 채용뿐만 아니라 경력직 채용, 승진 심사, 계약직 정규직 전환 등에도 외부 면접위원을 50% 이상 활용하고 있다. 또한 면접이 갈수록 직무 중심으로 변화되면서 인사 및 HR 전문 면접관보다는 직무 전문 면접관을 선호하는 경향이 나타나고 있다.

2

공공기관
공정 채용 기준

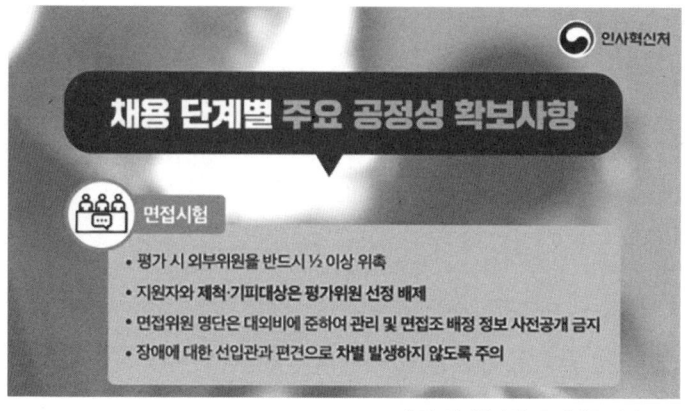

출처: 인사혁신처, 『공정채용 가이드북』

 공공기관의 채용 프로세스는 기관마다 다를 수 있으므로 이 책에서는 정부 인사혁신처의 『공정채용 가이드북』과 NCS 기반의 블라인드 채용 중심으로 소개하려고 한다.

· 인사혁신처의 『공정채용 가이드북』

정부의 인사혁신처는 정부부처·공공기관 등 공공 부문이 채용을 진행할 때 편견을 배제하고 공정성을 확보하기 위해 참고할 수 있는 가이드북을 마련했다.

인사혁신처는 그간 공무원 시험을 시행하면서 축적한 엄정한 관리 노하우를 바탕으로 채용 시 각 단계별로 공정성을 확보하기 위한 핵심 내용을 간추려 『공정채용 가이드북』을 발간했는데 그 구성은 다음과 같다.

첫째, 채용 공고 및 원서 접수, 서류전형, 필기시험, 면접시험, 합격자 결정 각 단계에서 공정성을 확보하기 위한 방안을 제시하고, 실수하기 쉬운 사례, 자주 묻는 질문과 답변도 정리했다.
둘째, 기관 채용 담당자 등이 실제 채용을 진행하면서 공정성 확보 여부를 스스로 점검할 수 있도록 체크리스트를 마련하는 한편, 공정한 채용의 대표적 사례인 배경 블라인드 채용을 실제로 진행·경험한 부처 인사 담당자 및 지원자 인터뷰, 공공 부문의 블라인드 채용 우수 사례를 수록했다.

인사혁신처는 『공정채용 가이드북』을 중앙부처와 각 공공기관, 지방 공기업 등에 배포하고, 홈페이지에서도 내려받기(다운로드)할 수 있도록 제공하며, 이를 통해 공정 채용에 대한 이해를 돕고 채용 시 참고 자료

로 폭넓게 활용되도록 하고 있다.

또한 정부의 NCS 통합센터(www.ncs.go.kr)에서 NCS 기반의 블라인드 면접에 대하여 상세하게 설명하고 있으니 이 사이트를 참고하면 된다.

인사혁신처는 국가·지방자치단체·공공기관 등 공공 부문이 채용의 공정성 확보를 위해 준수해야 할 내용을 담은 『공정채용 가이드북』 증보판을 2019년 11월 21일 발간했다. 이 책은 채용 공고, 원서 접수, 서류전형, 필기시험, 면접시험 등 채용 단계별 공정성 확보 방안을 제시한다. 또 놓치거나 실수하기 쉬운 사례와 체크리스트 등이 담겨 있다.

출처: 인사혁신처 홈페이지

· NCS 기반의 블라인드 채용

정부의 NCS 국가직무능력표준(www.ncs.go.kr)에 의하면 블라인드 채용은 다음과 같다.

(1) 블라인드 채용이란?

채용 과정(서류·필기·면접)에서 편견이 개입되어 불합리한 차별을 야기할 수 있는 출신지, 가족 관계, 학력, 외모 등의 항목을 걷어내고 지원자의 실력(직무 능력)을 평가하여 인재를 채용하는 것을 말한다. 블라인드 채용은 ① '차별적인 평가 요소를 제거'하고, ② '직무 능력을 중심으로 평가'하는 것을 말한다.

출처: 공공기관 블라인드 채용 가이드라인(2017, 관계부처 합동)

(2) 블라인드 채용의 필요성

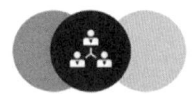

기존 채용제도의 불공정 해소
- 기업의 불공정 채용관행에 관한 사회적 불신해소
- 차별적 채용은 기업 경쟁력 저해요소라는 인식유도
- 직무중심 인재선발을 통한 공정한 채용제도 구축

직무중심 채용을 통한 사회적 비용 감소 필요
- 직무 관련한 채용을 통한 지원자의 취업준비 비용감소
- 기업 역시 직무재교육, 조기퇴사율 등 감소를 통한 채용 비용 감소실현
- 불공정 채용관행에 의한 사회적 불신 해소

(3) 블라인드 채용의 특징

1 블라인드 채용은 지원자를 평가하지 않는다는 것은 아니다.
직무능력중심 평가 + 차별요소 제외 = 블라인드 채용

2 블라인드 채용의 평가요소(평가항목, 평가기준)는 직무를 수행하는 데 필요한 역량이다.
평가기준 = 직무수행에 필요한 직무능력

(4) 블라인드 채용 프로세스

블라인드 채용은 기존 직무중심채용 프로세스와 동일 (단, 모든 과정에서 차별적인 요소를 제외하는 활동이 추가)

채용설계	▷	모집	▷	선발
• 채용계획 • 직무능력 정의 및 직무기술서 개발 • 전형설계 • 차별요소 결정		• 채용공고 • 모집과정 차별요소 삭제 • 지원서 접수 관리		• 서류, 필기, 면접 등 • 채용과정을 통한 직무적합 인재선발 • 구조화된 면접도구

(5) 블라인드 채용의 평가 요소

- 직무에 필요한 직무능력을 토대로 차별적 요소를 제외한 평가요소 도출·정의
- NCS(국가직무능력표준) 활용 → NCS에 제시된 직무별 능력단위 세부내용, 능력단위 요소의 K·S·A를 기반으로 평가요소 도출
- 기업의 인재상·채용직무에 대한 내부자료 → 직무기술서, 직무명세서를 통해 지원자에게 사전안내

(6) 블라인드 채용의 기업 실천과제

채용설계
직무내용 및 직무능력의 구체화
- 기업규모, 특성에 적합한 전형설계 후 전형 별 평가요소 도출
- 채용대상 직무설명자료 제작

모집공고
채용직무 설명자료 사전제공
- 직무와 무관한 평가요소 원칙 삭제
- 채용직무의 직무내용 및 직무능력 구체화 후 사전공개
- 단, 차별적 요소가 직무 수행상 반드시 필요한 경우 예외사항으로 규정

서류전형
차별적이고 직무무관 항목 삭제
- 편견이 개입되어 차별을 야기할 수 있는 인적 사항 요구 금지
- 입사지원서에는 직무와 관련한 교육·훈련, 자격 경험(경력) 중심으로 항목 구성

필기전형
직무관련성 기반의 필기전형실시
- 직무수행에 반드시 필요한 지식·기술·능력·인성 등을 필기시험화
- 채용공고를 통한 필기평가 과목 공개(공정성확보)

면접전형
개인신상정보 면접위원 제공 금지
- 면접위원에게 지원자 인적사항 제공 금지
- 체계화된 면접을 통한 공정평가 실시
- 공정한 평가
- 면접 전 블라인드 면접위원 교육을 통한 사전 안내 필수

3

채용의 최종 관문, 면접과 공정 채용

　면접(面接, Interview)을 국어사전에 찾아보면 '서로 대면하여 만나 봄' 또는 '면접시험'이라고 하여 '직접 만나서 인품(人品)이나 언행(言行) 따위를 평가하는 시험'이라고 명명하고 있다. 면접시험이 인재를 선발하기 위한 최종 관문임은 누구나 아는 사실이다.

　중국 당나라 때 관리를 등용하는 시험에서 인물을 평가하는 기준으로 삼았던 것은 '신언서판(身言書判)'이다. 몸, 말씨, 글씨, 판단을 나타내는 말이다.

　첫째, '신(身)'이란 사람의 풍채와 용모를 뜻하는 말이다. 태도나 성품, 열정이나 간절함, 표정이나 이미지를 말하는 것으로 첫 번째 평가 기준이 된다.

　둘째, '언(言)'이란 사람의 언변을 일컫는 말이다. 말을 조리 있고 분

명하게 하는지를 보는 것으로 소통력, 표현력, 논리성 등이 평가 기준이 된다.

셋째, '서(書)'는 글씨를 가리키는 말이다. 글씨는 사람의 됨됨이를 말해주는 것으로 예전에는 글씨 쓰는 것을 중요시했지만 최근에는 시대의 변화에 맞춰 전문지식, 직무 경험, 문제 해결 능력을 평가 기준으로 하고 있다.

넷째, '판(判)'이란 사람이 사물의 이치를 깨달아 아는 판단력을 뜻한다. 최근에는 시대의 빠른 변화로 인해 여기에 순발력과 추진력을 평가 기준으로 더한다.

우리나라에서는 삼성그룹의 초창기 때에 이병철 창업주의 관상쟁이 에피소드가 전설처럼 내려오고 있는데 이것은 이병철 회장이 사람을 중시하는 경영을 했다는 방증이다. 삼성의 경영철학이 '인재제일, 사업보국, 합리추구'라는 것만 보아도 이 사실을 알 수 있다. 또한 이병철 회장은 "내 일생의 80%는 인재를 모으고 교육하는 데 썼다. 내가 키운 인재들이 성장하면서 두각을 나타내고 좋은 업적을 쌓는 것을 볼 때 고맙고 반갑고 아름다워 보인다"며 인재의 소중함을 역설하였으며, 사람을 의심하면 쓰지 말고 사람을 썼으면 의심하지 말라는 뜻의 '의인물용(擬人勿用), 용인물의(用人勿擬)'¹라는 말을 자주 썼다고 하는데 이는 중국 역사서인 금사(金史) 중 희종 본기(熙宗 本紀) 부분에서 송(宋)나라 사필(謝泌)이 한 말로, 기업 인재경영을 실천한 것이다.

---

1 삼성 창업주 이병철 회장은 대학 친구이자 해방 후 좌익운동에 투신했던 이순근을 지배인으로 기용하고 큰 성과를 내면서 '의인물용(擬人勿用), 용인물의(用人勿擬)'라는 인사 원칙을 세우게 된다. 이병철 회장은 세상을 뜨기 전 자신의 묘비에 '자기보다 현명한 인재를 모아 들이고자 노력했던 사나이가 여기 잠들다'라는 글이 기록되기를 바란다고 말하기도 했다.

이병철 회장에 이어 삼성의 오늘이 있게 한 것은 이건희 회장의 신경영인데, 신경영의 요체는 '사람이 전부다'라는 인재 중시 철학이다.

사실 필자도 면접관 활동을 하면서 사람과 관련된 관상학이나 심리학 관련 서적을 읽고 면접에 임할 때 참고하기도 한다.

면접의 종류는 질문지에 따라 크게 두 가지로 나뉜다. 면접 시 질문 내용을 미리 결정하여 제시하는 구조화된 면접 방법과 상황에 따라 면접 질문 내용을 유연하게 신축적으로 조정하는 비구조화된 면접이 있다. 최근에 공공기관들은 구조화된 면접 방식을 많이 쓰고 있는 편이며 일반 기업들은 각자의 사정에 따라 혼합하여 쓰고 있다.

면접 인원과 관련하여 면접관과 피면접자 간 일대일, 일대다, 다대일, 다대다의 면접 방식이 있을 수 있으며 상황에 따라서는 전화 면접도 이루어질 수 있다.

최근의 공공기관 면접 방식에 있어서는 우수 인재를 선발하기 위하여 인성 면접, 직무 면접, PT 발표 면접, 그룹 토론 면접 등 다양한 형태의 면접을 기관의 성격에 따라 네 가지 방법 중 1~4가지 방식을 선택하고 중복하여 시행하기도 하며 보통 2가지 이상의 면접을 보는 공공기관이 늘어나고 있고 몇몇 공공기관은 4가지 면접 방식을 모두 활용하여 피면접자가 하루 종일 면접을 보는 경우도 있다.

면접관은 내부 면접위원과 외부 면접위원으로 구분되는데 공공기관은 채용 비리를 예방하고 공정성과 투명성을 담보하기 위하여 면접 평가 시에 50% 이상을 외부 면접관으로 위촉하도록 정부의 공정성 기준 지침이 내려져 있어 실제 시행하고 있지만, 일반 기업들은 자율적으로 기업의 상황에 맞게 시행하고 있다. 간혹 일부 공공기관에서는 100% 외부 면접위원만을 투입하는 경우도 있다.

참고문헌

- 정부의 NCS 통합센터(www.ncs.go.kr)

- 공정채용 가이드북(증보판), 인사혁신처, 2019.

- 공공기관 채용 프로세스별 표준 매뉴얼, 기획재정부, 2018.

- 2017년 민간자격(SPI·PI) 취득을 위한 전문면접관 양성과정, 시너지컨설팅, 2017.

- 직무전문 면접관 양성 기본교재, 한국인재평가연구소, 2018.

김영기 KIM YOUNG GI

학력

· 영어영문학 학사·사회복지학 학사 졸업
· 신문방송학 석사 졸업·고령친화산업학 석사 수료
· 부동산경영학 박사 졸업·사회복지상담학 박사 수료

경력

· KBS공공기관면접관과정 전임교수
· 미국 캐롤라인대학교 경영학부 교수
· 공공기관 NCS 블라인드 전문면접관
· 정보통신산업진흥원 등 10개 기관 심사평가위원
· 중소기업중앙회 경영지원단 자문위원
· 소상공인시장진흥공단 소상공인 컨설턴트
· 서울신용보증재단 소상공인컨설턴트 및 창업강사
· 서울시 서울기업지원센터 전문위원
· 한국저작권위원회 저작권진단사업화컨설턴트
· (사)한국경영기술지도사회 창업창직단장
· 브레인플랫폼(주) 대표 컨설턴트
· KCA한국컨설턴트사관학교 교장/총괄교수
· 대한민국 정책기자(문화체육관광부 소속)
· 서울시·중앙대·남서울대·경남신보 창업 전문 강사
· 중앙대·경기대·세종대·강남대·한국산업기술대 강사 역임

자격

- 경영지도사·국제공인 경영 컨설턴트(ICMCI CMC)
- 사회적기업 코칭 컨설턴트·협동조합 코칭 컨설턴트
- ISO국제선임심사원(ISO9001, ISO14001)
- 창업지도사 1급·브레인 컨설턴트·창직컨설턴트 1급

저서

- 『부동산경매사전』, 김영기 외 4인 공저, 일신출판사, 2009.
- 『부동산용어사전』, 김영기 외 4인 공저, 일신출판사, 2009.
- 『부동산경영론연구』, 김영기, 아이피알커뮤니케이션, 2010.
- 『성공을 위한 리허설』, 김영기 외 20인 공저, 행복에너지, 2012.
- 『억대 연봉 컨설턴트 프로젝트』, 김영기, 시니어파트너즈, 2013.
- 『경영지도사 로드맵』, 김영기, 시니어파트너즈, 2014.
- 『메타 인지 학습 : 브레인 컨설턴트』, 김영기, e경영연구원, 2015.
- 『메타 인지 학습 : 진짜 공부 혁명』, 김영기 외 2인 공저, e경영연구원, 2015.
- 『창업과 경영의 이해』, 김영기 외 1인 공저, 도서출판 범한, 2015.
- 『NEW 마케팅』, 김영기 외 3인 공저, 도서출판 범한, 2015.
- 『브레인 경영』, 김영기 외 7인 공저, 도서출판 범한, 2016.
- 『저작권 진단 및 사업화 컨설팅(서진씨엔에스, 쿠프, 아이스페이스)』, 김영기 외 1인 공저, 충청북도지식산업진흥원, 2017.
- 『저작권 진단 및 사업화 컨설팅(와바다다)』, 김영기, 강릉과학산업진흥원, 2018.
- 『공공기관 합격 로드맵』, 김영기 외 20인 공저, 브레인플랫폼, 2019.
- 『브레인경영 비즈니스모델』, 김영기 외 6인 공저, 렛츠북, 2019.
- 『저작권 진단 및 사업화 컨설팅(파도스튜디오)』, 김영기, 강릉과학산업진흥원, 2019.
- 『2020 소상공인 컨설팅』, 김영기 외 9인 공저, 렛츠북, 2020.
- 『공공기관·대기업 면접의 정석』, 김영기 외 20인 공저, 브레인플랫폼, 2020.
- 『인생 2막 멘토들』, 렛츠북, 김영기 외 20인 공저, 2020.
- 『4차 산업혁명 시대 AI 블록체인과 브레인경영』, 김영기 외 21인 공저, 브레인플랫폼, 2020.
- 『재취업전직지원서비스 효과적 모델』, 김영기 외 20인 공저, 렛츠북, 2020.

- 『미래 유망 자격증』, 김영기 외 19인 공저, 렛츠북, 2020.
- 『창업과 창직』, 김영기 외 17인 공저, 브레인플랫폼, 2020.
- 『경영기술컨설팅의 미래』, 김영기 외 18인 공저, 브레인플랫폼, 2020.
- 『공공기관 합격 노하우』, 김영기 외 20인 공저, 브레인플랫폼, 2020.
- 『신중년 도전과 열정』, 김영기 외 18인 공저, 브레인플랫폼, 2020.
- 『저작권 진단 및 사업화 컨설팅(더웨이브컴퍼니)』, 김영기, 강릉과학산업진흥원, 2020.
- 『4차 산업혁명 시대 및 포스트 코로나 시대 미래비전』, 김영기 외 18인 공저, 브레인플랫폼, 2020.
- 『소상공인&중소기업컨설팅』, 김영기 외 15인 공저, 브레인플랫폼, 2020.
- 『미래 유망 기술과 경영』, 김영기 외 21인 공저, 브레인플랫폼, 2021.

수상

- 문화관광부장관 표창(2012)
- 대한민국청소년문화대상(2015)
- 대한민국교육문화대상(2016)
- 제35회 대한민국신지식인(교육분야) 인증(2020)

2장

공공기관 채용 현장 365일

김용수

1 들어가며

 2020년 3분기 말 기준 340개 공공기관에서 선발한 신규 채용 인력은 24,124명이다. 4분기에도 채용은 계속 진행 중이므로 좀 더 많은 채용이 이루어지겠지만, 채용 공고의 추이를 보면 2019년 43,990명에 못 미칠 것으로 보이고 채용 현장에서 일하고 있는 필자의 추정으로는 2020년 채용 총인원은 4만 명을 넘기기 어려울 것 같다.

년도	2015	2016	2017	2018	2019	2020-9
명	22,839	24,339	25,639	43,850	43,990	24,124

주) 340개 공공기관 신규 채용 인원

 연간 약 4만 명 전후의 채용이 이루어지고 있는 이 시장을 공공기관 채용 시장이라고 정의해보면 사업 관점의 진출과 전개에 대한 관심을 가질만한 시장이라고 제언할 수 있다.

공공기관 채용 시장은 최근 5년 전부터 활발하게 외부 전문기관 또는 업체에 위탁진행(Outsourcing) 방식으로 변경되었고 이는 채용 업무 규정의 변화 및 채용 도구의 고도화 등으로 인하여 공공기관의 자체 인력만으로 수행하기에는 어려운 한계에 도달하였기 때문이다.

공공기관의 채용은 아래 두 가지 가이드에 따라 채용 기획 단계를 거쳐 내부 보고 및 승인 후 주로 나라장터 입찰 공고를 통해 채용 대행 전문 업체를 선정하여 진행된다.

『공정채용 가이드북』 인사혁신처　　『능력중심채용 가이드북』 고용노동부

공공기관 340개, 지방공사/공단 153개 기준으로만 놓고 보더라도 연간 채용 계획이 평균 1.5건이라면 약 566건의 채용 대행 입찰 시장이 열리게 되고, 채용 인원 1인당 최소 2백만 원 정도의 비용이 투입되는 것을 감안하면 연간 채용 대행 시장의 규모는 약 1천억 전후로 추정해 볼 수 있다(입찰 공고로 진행되는 규모는 약 5백억 수준으로 판단됨).

구분	2019	인당 비용	총비용	비고
340개 공공기관	43,990	2	87,980	백만
지방공사/공단	4,219	2	8,438	
합계	48,209	-	96,418	

공공기관 채용의 특징에 대하여 정리해보고 채용 대행 사업에 대한 주요 핵심 역량을 짚어보는 것이 필요하다.

2

공공기관
채용의 특징

 채용을 담당하는 부서 담당자는 채용 기획 단계부터 업체 선정 단계까지 철저한 계획 채용과 행정 절차 준수 및 계약 규정에 따른 업체 선정까지 상당히 엄격하고 까다로운 과정을 거쳐서 채용 대행을 위탁하고 관리하게 된다.

- 철저한 정원 관리 및 충원 계획: 인사 업무
- 채용 기획 보고 및 상급기관 승인 과정: 행정 업무
- 채용 대행업체 선정 기획 및 입찰 진행: 관리 업무

정원관리 및 충원계획	채용계획 보고 및 승인	채용대행업체 선정
• 정원 및 현원 현황관리 • 결원에 대한 충원계획 작성 • 연간 정기/비정기 채용진행	• 채용계획(안) 내부 결재 승인 • 채용방향/분야/인원/일정/예산 • 채용공고문/직무기술서 확정	• 나라장터 채용대행용역 입찰공고 • 전형 전체 또는 전형 일부 위탁계약 • 기술/실적 80점, 가격 20점

 채용 대행업체 선정이 끝나면 채용 담당자는 대행업체와 함께 8~12

주 정도의 채용 진행 기간을 가지고 인재 채용의 막중한 그러나 고단한 여정을 가야만 한다. 고단하다는 의미는 채용 진행 과정 과정마다 엄청난 관리 요소가 동원되어야 하고 리스크 발생 억지 및 실수가 있을 경우 엄청난 인사 업무 사고로 이어지기 때문에 채용 진행 내내 스트레스가 따르기 때문이다.

3

공공기관 채용의 주요 관계자

공공기관 채용의 진행에는 채용 당사자인 기관의 담당자 그룹과 채용 대행을 수행하는 수행 그룹, 그리고 채용 평가를 위해 동원되는 전문가 그룹 등 세 가지 주요 관계자 그룹으로 나눌 수 있다.

구분	인원	수행 업무
채용 담당자 그룹	3~5명	채용 기획-보고-업체 선정-관리-임용-정산
채용 대행 수행 그룹	5~20명	채용 컨설팅-서류-필기-면접-합격 발표
채용 평가 전문가 그룹	10~50명	컨설팅-법무/노무 자문-서류 심사-필기 문제 개발-면접 질문 개발-면접관
채용 전형별 지원 그룹	20~100명	필기고사 감독관-필기고사 지원-면접전형 지원

주) 채용 인원의 규모에 따라 그룹별 동원 인력의 수는 상이함

상기 도표를 보면 통상적인 채용 과정의 가장 큰 특징 중의 하나는

투입되는 인력이 적지 않다는 점이며 채용 과정의 안정성과 채용 성과의 창출에 있어서 가장 중요한 채용 도구는 곧 '투입 인력의 전문성'이다. 따라서 공공기관이 채용 대행업체를 심사할 때 평가 항목 중 하나로 '인력의 전문성'을 평가하기도 한다.

4
공공기관의
채용 대행업체 선정 기준

기관마다 채용 대행업체의 상세 평가 기준은 다양하나 통상적인 업체 선정 기준은 아래와 같이 거의 동일하다.

구분	점수	평가 내용
가격 점수 평가	20	입찰에 참여한 업체별 점수 부여 - 예산 금액 기준, 국가계약법 적용
정성적 평가	80	제안서 기술 점수 + 정량적 항목을 합산하여 평가
(실적 점수)	(5~15)	채용 대행 수행 실적 건수, 금액 등 평가 - 기관마다 상이함
(신용도)	(5)	기업의 개별 신용 평가 등급 기준 점수 부여
(인력 전문성)	(5~10)	정량적 점수로 평가 또는 제안서 기술 점수 내 포함하여 점수 부여
(제안서 평가)	(50~65)	채용 대행 사업 전략, 전형별 운영 방안, 기타 관리 프로세스 전반 평가

상기 평가 항목을 자세히 보면 100점 만점에 가격 점수 20점, 정성적 점수가 80점인데 정성적 점수 안에 실적 점수, 신용도 점수, 인력 점수

등이 정량적으로 적용되는 것을 알 수 있다. 따라서 채용 대행업체로 낙찰받기 위해서는 여러 가지 경쟁력 중에 실적이 가장 크다고 할 수 있다.

필자는 올해 처음으로 채용 대행사업에 뛰어들었고 초기에 실적이 하나도 없는 상태에서 총 10건의 채용 대행사업을 수주하여 진행하였는데 그 과정은 참으로 치열했고 시행착오를 거치면서 최소한의 평가 기준을 충족시키면서 수행 전략에 대한 구체적인 방안과 경험, 결과 제시 및 아이디어 제안 등을 통해서 여러 공공기관과 고객 관계를 맺을 수 있었다.

초기 사업으로 채용 대행 시장에 진입하였거나 시장 진입을 검토하는 분들을 위하여 필자의 올 한해 수주 결과를 요약하면 아래와 같다.

NO	월	고객	수행 내역
1	2	대중소기업협력재단	컴퓨터활용-문서작성능력시험
2	3	한국에너지재단	서류-인성-필기-면접 1, 2차
3	5	경북테크노파크	서류-인성-필기(NCS/전공)-면접
4	6	국립생태원	서류-인성-필기-면접-진위검사
5	7	한국사학진흥재단	서류-인성-필기(NCS/전공)-면접
6	8	케이워터운영관리	서류-인성-면접
7	10	석유관리원	화상면접
8	11	코레일유통	서류-인성-진위검사
9	11	전북대병원	필기전형
10	11	청년상인육성재단	서류-인성-필기-면접-진위검사

5

공공기관 채용 대행사업
전개를 위한 준비사항

• 채용 대행사업의 특성에 대한 이해

  채용은 '시간+비용+인력'이 요구되는 인재 선발의 전체 과정이며 채용 프로세스의 통상적인 전형 단계 기준으로 6단계 30가지 주요 과제 및 150여 개의 세부 항목의 관리가 뫼비우스의 띠처럼 연결되고 각 이벤트마다 '기획-준비-실행-점검-반영-수정-확정' 등 섬세하고 정확한 관리력이 투입되는 까다로운 과정이다. 올 한해 10개 기관의 각양각색의 채용 기준에 따른 다양한 직급/직무별 채용 과정을 진행해본 결과, 필자는 채용 대행을 아래와 같이 정의하고 있다.

"채용 대행은 노가다이다.
그런데 '머리를 쓰는' 노가다이다."

주) 공공기관 채용전형 6단계 세부과제 도표

위와 같은 채용 프로세스를 직원 및 외부 전문가 및 수행지원 인력을 동원하고 필기/면접 고사장 대관, 평가 도구의 개발과 검수, 보안 인쇄 및 수송 관리, 평가표 및 교육 자료 제작, 각종 보고서 작성 및 고객 커뮤니케이션, 지원자 Q&A 대응 및 안내 지원 등 PDCA 싸이클을 수없이 돌리다 보면 머리가 두 개라도 부족할 정도의 경험을 종종 하게 된다. 그렇다고 채용 대행 완수의 결과가 다른 사업에서 창출하는 영업이익보다 월등하게 높은 수익사업도 아니기 때문에 채용 대행사업에 임하는 사업자 또는 책임자는 사업 가치의 정의를 ROI에 초점을 맞춘다면 처음부터 진입하지 마시기를 권하고 싶다. 경험에 의한 계약금액 대비 매출이익은 약 30% 전후이며 판관비와 인건비를 제하면 영업이익은 약 10% 전후에 그친다.

다만, 계약금액이 클수록 이익률은 떨어지나 매출이익금액이 커지므로 단위사업에 투입되는 총비용을 감안하여 사업계획을 설계하고 관리해보면 아직은 레드오션(Red Ocean)에 속하는 사업은 아니므로 ROI 관점에서도 어느 정도 매력적인 사업임에는 틀림없다.

또 하나 다행스러운 점은 채용 대행사업에 뛰어든 업체의 수는 약 70여 개나 활발하게 수주 활동을 하는 전문업체는 약 30개 안쪽으로 형성되어 있고, 지자체 및 규모가 작은 산하기관들도 점차 채용 대행 아웃소싱 시장으로 위탁을 하는 경우의 수가 늘어나고 있기 때문에 당분간 시장의 성장세도 기대해볼 만하다.

• 채용 대행 사업 수행 전문 인력과 도구의 준비

채용 대행을 위해 가장 중요한 것은 인력의 전문성이다. 전문성이란 인사관리 전문지식이나 관련학과 학위 등을 연상하겠지만 실제로 채용 대행을 수행해보면 '프로젝트 관리 역량'이 더욱 중요하다고 할 수 있다.

물론 인사 관리 및 채용에 대한 기본지식이나 최소한의 경험이 없이 수행은 불가능하지만 인사 관리 및 채용에 대한 학습은 빠른 시간 내 직간접적인 노력을 통해서 보완할 수 있다. 다음은 채용 대행 수행을 총괄하는 프로젝트 매니저(Project Manager, PM)가 갖추어야 할 역량에 대한 정리이다.

> **<채용 대행 PM의 역량>**
>
> - 공공기관 채용 프로세스에 대한 충분한 이해와 경험
> - 공정채용 및 직무 능력 중심의 채용 가이드 이해와 적용 능력
> - 채용 기관의 비전과 미션, 조직과 직무에 대한 이해
> - 채용 직급 및 직무의 특성 이해
> - 채용 전형 프로세스에 대한 단계별 상세 이해와 수행 능력
> - 기관마다 상이한 평가 기준, 평가 항목, 평가 프로세스 이해
> - 전형 단계별 외부 전문가 기준 이해와 섭외 역량
> - 평가 도구 기획 및 실행과 보안 관리
> - 외부 전문가 일정 관리 및 사전/현장교육 진행 역량
> - 필기, 면접전형 장소 기획 및 대관 역량
> - 전형 단계별 지원 인력 섭외 및 관리 능력
> - 대고객 커뮤니케이션(보고, 협의, 이슈 해결 기타)
> - 문서 작성 능력(한글, 엑셀, PPT 기타)
> - 리스크 관리 및 이슈 발생 시 해결 능력
> - 평가 도구, 인력, 장소 등에 투입되는 비용 및 손익 관리 역량
>
> * 일부 항목들은 PM이 지정하는 PL 또는 지원 인력에게 위임 가능

위와 같이 수행 PM에게는 채용 대행 프로젝트 내내 많은 업무들을 기획-실행-점검-수행-보고해야 하며 이런 점에서 PM은 인사/교육 분야 업무 경험자이거나 영업 또는 아웃소싱 사업을 실행해본 경험자가 적임자이다.

PM을 중심으로 수행 조직은 각 전형 단계별로 세부사항 준비와 일정 체크, 평가 도구 준비 및 실행을 전개할 PL 인력을 필요로 하는데 서

류전형-필기전형-면접전형 별로 각각 PL을 선정하여 수행하거나 PM과 공동으로 전형을 관리할 PL 1명과 지원 인력 팀원 2~3명 정도로 소수정예의 팀을 구성해 채용 대행 사업을 수행하는 방안도 모색할 수 있다.

채용 대행에서 첫 번째로 준비해야 할 도구는 서류 접수 및 전형 과정의 합격자 관리를 위한 '채용 시스템'의 준비이다. 가장 바람직한 형태는 수행사가 직접 개발한 커스터마이징(Customizing)이 자유로운 채용 시스템의 구비이며 이는 공공기관마다 서류 접수 시 적용하는 입사지원서 작성 항목이나 자격 요건 검증을 위한 서류 접수 방법, 자소서 작성 항목의 개수나 내용들이 제각각이기에 표준 프로세스만으로는 채용 대행 의뢰기관의 채용기준을 맞추기 힘든 현실적 문제가 있기 때문이다. 필자가 채용 대행 수행 시 이해하기 힘들었던 이슈가 모든 공공기관이 NCS 기반의 블라인드 채용을 표방하면서도 고유의 지원서 입사양식과 항목이 저마다 다르고 평가의 기준이나 평가 방안이 다르다는 점이었다. 즉, N개의 입사 지원 항목과 평가 항목들이 표준 시스템만으로 운영·관리되지 않았고 인사혁신처의 공정채용 가이드라인은 공통사항이었으나 채용 과정이 각양각색의 프로세스 하에서 수행된다는 점에서 채용 도구 중 시스템의 자유로운 커스터마이징이 필요하다고 볼 수 있다.

두 번째는 필기전형 및 면접전형을 진행하기 위한 각종 부착물 및 행정 서식들의 준비가 필요하다. 필기고사장을 섭외하고 나면 응시 인원과 시험 과목을 기준으로 고사실 배치 및 안내 데스크 준비를 해야 하고 고사장 안내를 위한 각종 준비 도구들이 동원되어야 한다.

- 현수막, 배너, 고사장 배치도, 안내 데스크 표지판
- 고사실별 좌석안내도, 고사실 내 좌석번호표
- 코로나19 예방관리를 위한 물품 일체(체온계, 마스크)
- 응시자 관리대장, 코로나19 발열 체크 관리대장
- 필기시험 문제지, 답안지, 여분의 문제지와 답안지
- 필기시험용 사무용품 일체
- 필기시험 일정표, 진행 시나리오, 시험 안내 방송 시나리오
- 필기고사 감독관, 수행 인원 및 비상연락망
- 필기시험 수행 관련 인력 제공용 간식 준비
- 필기시험 응시자 안내문, 감독관 안내문, 수행 인원 안내문
- 역할별 목걸이형 카드, 모든 인원의 보안각서
- 필기시험 현장 채점용 스캐너 등

응시자는 정해진 시간에 정해진 장소로 와서 시험에만 집중하고 퇴실하면 그만이나, 수행사의 입장에서는 위에 열거한 준비물 외 보안 관리 등에 유의하면서 추가적인 준비물이 없는지 현장을 사전 점검하고 시험 시간 내내 안전 관리와 소음 발생 등이 없도록 점검을 하면서 필기전형이 진행되도록 관리를 해야 하므로 사전기획과 준비에 만전을 기해야 한다.

세 번째는 외부 전문위원의 섭외 및 일정 관리, 보안 관리가 필요하다. 채용의 각 전형별로 평가를 위해 필요한 기준 자격 및 역량을 보유

한 외부 전문가를 필요로 하게 되는데 아래와 같이 채용 과정에 최소한 10명 전후에서 채용 인원이 많을수록 더욱 많은 외부 전문가를 필요로 한다.

구분	인원	수행 업무
채용 컨설팅	2~5명	직무기술서 개발 또는 고도화, 채용공고문 고도화 등
서류 심사 (지원서)	2~5명	지원자 100명당 2명 필요-적부 판단, 정량 평가, 정성 평가
필기문제 개발 (NCS)	2~5명	NCS 기초 50문항 기준-문제풀이 검수위원 포함
필기문제 개발 (직무)	2~10명	전공문제, 일반상식, 기관사업 이해 등 분야별 위원 필요
면접위원	3~50명	면접 인원 수에 따라 위원 수 상이함 (조별 여성 위원 1인 필수)
제출 서류 진위 심사	2~10명	필기 통과자 또는 면접 통과자가 제출한 서류 진위 여부 체크

· **채용 대행 수행의 전문 역량 배양 및 지속적인 강화**

공공기관의 채용 대행 사업 수행을 위한 수행사 입장에서 2항의 준비 도구(PM, 채용 시스템, 전문 인력)가 갖추어졌다면 채용의 목적과 기관의 요구사항을 충분히 이해 및 숙지하고 엄정하고 객관적이며 공정하고 투명한 채용 프로세스를 수행해야 한다. 이를 위해 요구되는 채용 대행 수행의 전문 역량은 다음과 같이 정리해볼 수 있다.

- 인사 관리(채용을 포함한)에 대한 업무 지식과 경험
- 공정채용 및 직무 능력 중심 채용의 구체적인 적용 능력
- 채용전형 일정 관리 및 전형 단계별 세부 일정 관리 능력
- 평가에 동원되는 물리적인 장소, 인원, 평가 도구 개발
- 전형 단계별 참여하는 외부 전문 인력에 대한 교육 능력
- 평가 기준 및 평가 방안에 대한 운영과 고도화 제안 능력
- 채용 시스템 구축과 운영 관리, 보안 관리 능력
- 지원자에 대한 커뮤니케이션 능력 및 공지 도구 사용 능력

채용 대행 수행 관리에 필요한 다양한 관리 능력과 동원 능력을 갖추어야 하며, 현장에서 채용 대행을 직접 준비하고 수행하면서 거친 시행착오를 차후 채용전형에 적용해 나가면서 수행 역량이 강화되고 고도화되어 나가야 한다. 채용 대행 수행의 목표는 다음과 같이 정의해볼 수 있다.

- NCS 블라인드 기반의 채용 도구를 사용
- 직무에 근거하여 최적 인재를 채용 예정 인원만큼 선발
- 모든 전형 단계마다 공정하고 합리적인 평가 도구를 적용
- 채용의 모든 과정 검수와 보안 관리 활동
- 지원자에게는 만족을, 기관에게는 감사 지적 Zero 달성을 제공

6

채용 대행 현장 스케치

필자가 올 한해 공공기관 채용 대행 사업을 수행하면서 잊지 못할 현장 이야기로 매듭을 지어보고자 한다.

• 점 찍어 주세요! 줄 맞추어 주세요!

○○재단으로부터 채용 공고문을 받아서 채용 시스템에 공고문을 등록하고 검수를 요청하였더니 전화가 왔다. 채용 공고문 '자격 조건' 란의 세 번째 항목 문장의 끝에 마침표가 찍혀 있지 않으니 찍어 달라는 거다. 마침표를 넣고 났더니 다시 전화가 왔다. 이제는 제출할 서류 목록의 세 번째 항목의 첫 글자가 다른 항목의 첫 글자보다 한 칸 밀려 있으니 좌측 정렬을 하여 줄을 맞추어 달라고 한다.

이후 채용 대행 공고문을 볼 때는 한글 맞춤법 검사기를 돌리고, 마침표와 기호 확인, 줄맞춤을 철저히 확인하고 있다. 이제는 기관의 담당자에게 채용 공고문 초안에 오탈자가 있음을 먼저 알려주고 있다.

채용 과정은 모든 것이 정확하게 전달되어야 하고 정리 정돈된 프로세스로 돌아가야 하며 모든 채용 관련 대행 서류들은 기관의 채용 담당자가 임의로 변경하면 안 된다는 사실도 알게 되었다.

• 저의 시험 문제지가 아닙니다

지방의 ○○기관 필기고사장에서 시험 준비를 하고 있었다. 전공과목이 10과목에 응시자별로 2과목을 응시해야 해서 응시자별로 각각의 시험 문제지를 준비하여 봉투에 밀봉한 후 응시자들의 좌석 위에 두었다. 시험 시작 20분 전인데 한 지원자가 질문이 있다고 하였다. 지원자는 면역학과 유기화학 문제를 응시해야 하는데 유전학과 유기화학 문제지가 놓여 있다고 했다. 과목별로 준비해간 여분의 문제지 중 하필 유전학 문제지는 없었다. 큰일이 났다.

즉시 기관 담당자에게 보고하고 현장 조치를 할 수 있도록 양해를 구했다. 기관 본부가 고사장이었기에 담당자와 함께 사무실로 가서 다른 응시자에게 배포 중이었던 유전학 문제지를 한 부 복사하여 뒤바뀐 응시자에게 제공할 수 있었다. 다행히 필기전형에 이르기까지 기관 담당자에게 신뢰를 쌓아 둔 상황이어서 구두경고 외에 다른 손해는 없이 채용 과정을 무사히 완료할 수 있었다.

확인 또 확인! 모든 준비물은 응시자별로 정확한 과목, 정확한 수량이 정확한 장소에 배치되는지 사전 점검을 두 번, 세 번 거듭해도 부족함이 없다는 교훈을 얻게 되었다.

• 안녕히 계세요

○○기관의 면접전형을 진행하러 지방으로 갔다. 사전에 모든 면접 대상자들에게 SMS와 이메일, 채용 시스템의 공지사항에 면접 장소와 약도, 시간, 조 편성 내용 등을 철저히 알렸고 SMS는 면접 당일 전에 한 번 더 공지하였기에 면접은 순탄하게 이루어졌다. 대구를 거쳐 전주 면접을 마치고 3일 차 대전에서 면접을 진행하는 중이었다. 면접 20분 전, 대기실에서 면접 대상자들을 확인하고 조별로 면접실로 인솔하는 중이었는데 30대 초반으로 보이는 한 면접 대상자가 대기실로 들어섰다. 그 대상자는 이미 2시간 전에 면접장으로 도착했는데 조 편성 시간을 깜빡 잊고 본인이 속한 조가 면접실로 입실 완료한 다음에 대기실로 들어온 것이었다. 이미 문은 닫혔고 면접에 응하게 할 수 없었다. 정중하게 사정을 설명하였더니 그 지원자는 "할 수 없지요. 안녕히 계세요" 하고 허리를 굽혀서 90도 각도의 정중한 인사를 하고 뒤돌아서서 나갔다. 그 뒷모습이 짠하고 울컥하였다.

그 이후 면접전형을 진행할 때마다 대기실 뿐만 아니라 면접 장소의 로비에서 면접에 오신 분이 있으시면 본인의 면접 시간을 다시 한번 확인하고 대기실로 입실하라는 안내를 두세 번 거듭하고 있다. 합격을 시킬 방법은 없으나 면접의 기회는 사전 안내의 강조를 통해 줄 수 있으므로….

• 산수를 잘해야 합니다. 국어를 잘해야 합니다

면접위원에게는 사전에 교육을 통해 면접평가표의 작성 방안에 대하여 설명을 해주고 있다. 그런데 하루 종일 면접이 진행되다 보면 종종 면접위원들이 평가 항목별 소계나 합계를 잘못 내는 경우가 생긴다. 특히 처음으로 면접위원 활동을 하시는 분들 중에 조금 덜 꼼꼼하신 분들이 그렇다. 공공기관마다 '면접개별평가표'의 양식이 다르게 생겼고 평가 항목, 평가 배점, 평가 방법이 각양각색이므로 실수의 개연성은 항상 도사리고 있지만 실수하는 분들이 연속으로 실수를 한다. 뿐만 아니라 평가 배점의 경우 항목에 대한 등급별 배점이 미리 확정되어 있는 경우가 있는데 예를 들면 S등급은 20점, A등급은 15점 등이다. 현장에서 어느 면접관이 창의적인 배점을 주어서 연속 두 번 실수를 한 경우가 있다. 등급별 점수를 준 것이 아니라 등급 간 사이 점수를 부여한 것이다. 즉, S등급 점수를 20점이 아니라 S와 A등급 사이 점수인 18점을 준 것이다.

이후 면접관 교육 시 위 사례를 들면서 꼭 강조하고 있다. 면접관 역량 중 가장 기본적인 역량은 초등학교 1학년 수준의 산수(연산)와 2학년 수준의 국어 이해력이라고….

"채용 대행은 노가다 맞다.
머리를 쓰는 '힘들지만 보람 가득한' 노가다이다."

김용수 KIM YONG SU

학력

· 연세대학교 상남경영대학원 AMSP 4기 수료
· 동아대학교 영어영문학과 학사

경력

· 신도리코, 삼성전자, TG삼보컴퓨터, LG서브원
· 중소기업유통지원센터 MRO 자문위원
· 50+재단 지정 휴넷 전문 컨설턴트
· 브레인플랫폼 면접관교육 전임교수
· 공공기관 채용대행사업 본부장

자격

· CPSM(국제공인 구매전문가)
· 공공기관 전문 면접관(브레인플랫폼 5기)
· 브레인플랫폼 전문교수

저서

· 『공공기관 합격 노하우』, 공저, 브레인플랫폼, 2020.
· 『소상공인&중소기업컨설팅』, 공저, 브레인플랫폼, 2020.

3장

공공기관
서류전형과
자기소개서

김재우

1
공공기관 서류전형

 2020년 3분기 말 기준으로 공공기관에 근무하는 임직원은 423,148명이다. 이 중에서 공기업에 149,697명이 근무하고 있고 준정부기관에 123,759명, 그리고 규모가 조금 더 작은 기타공공기관에는 149,692명이 재직하고 있다.

 이러한 통계는 공공기관 경영정보 공개 시스템인 알리오(www.alio. go.kr)를 통해 확인할 수 있다. 공공기관 입사를 원하는 구직자는 'ㅇㅇ공사는 지원자 스펙이 어떻다 하더라~'처럼 근거 없는 소문을 믿지 말고 여러 언론에서 소개되는 자료나 홈페이지를 즐겨찾기 해두고 수시로 확인하는 습관이 필요하다. 통상 이런 소문의 출처는 공공기관에서 근무하기보다는 불합격한 사람들 사이에서 나오는 경우가 많기 때문이다.

먼저 자신이 원하는 공공기관에 입사하고 싶다면 비슷한 부류의 공기업이나 공공기관들의 공시 내용과 전체적인 통계 내용 등을 꼼꼼하게 살피는 것부터 시작하는 게 맞다.

공공기관은 면접 이전의 전형은 여러 형태로 나뉘지만 대체로 직무지식에 대한 평가, 인성 또는 적성검사, 필기시험 등 패턴화되어 있는 경우가 많은데 서류 심사 없이 바로 필기시험을 보는 곳도 많다. 그래서 공공기관의 자기소개서는 적부 여부로만 평가하기도 하고 서류전형이 있는 공공기관은 면접 참고 자료로 활용된다고 보면 된다.

서류전형을 하는 경우 너무 많은 응시자에게 필기시험 기회를 부여할 수 없기 때문이다. 공공기관의 입사시험은 준비 과정에서부터 최종합격까지 약 3개월 정도 소요가 되는데 이를 준비하는 과정에서 공공기관 내 많은 인력과 예산이 투입된다. 특히 신입사원 공채 규모가 클수록 더욱 심하다.

예를 들어 한국공항공사는 채용 인원의 10배수 정도로 서류전형 심사를 하며 인천국제공항공사는 사무직의 경우 50배수 정도 선발한다. 필자가 재직 중인 코트라(KOTRA)의 경우에는 토익 등 공인 영어 성적이 특정 점수 이상이면 응시자 모두 필기시험을 볼 수 있다. 한국도로공사나 한국수자원공사는 서류를 적합, 부적합 여부로만 판단하기도 한다. 그래서 공공기관 전형은 처음부터 가급적이면 공정한 기회를 주는 것이 사기업과는 다른 특징이다.

2
자기소개서에 꼭 담았으면 하는 내용

공공기관은 공정성을 가장 중요시하기 때문에 자기소개서는 면접을 위한 기초 수단으로 하는 경우가 많다. 그렇지만 공공기관 면접은 사실상 합격과 불합격을 좌우하는 만큼 자기소개서를 대충 작성하려는 사람은 없다고 본다. 결국 구직자들의 최종 합격은 서류나 필기에서 끝나는 것이 아니고 최종 면접을 거쳐서 완성되기 때문이다.

자기소개서는 과거와는 달리 국가직무능력표준(National Competency Standards)에 따라 직무 위주로 쓰는 게 트렌드다. 물론 공공기관은 겸손하고 성실한 사람을 선호하기 때문에 자기소개서의 자연스런 뉘앙스는 직무를 담당하는 자세나 실제 경험이 있다면 그렇게 맞추는 것이 바람직하다. 그리고 공공기관은 자신이 실수했을 때 이를 인정하고 어떻게 대처할 것인지가 매우 중요하다. 공공기관은 한번 입사하게 되면 평생 수십 년을 같이 할 가능성이 높기 때문에 똑같은 마음이다.

"공공기관은 실수를 했을 때 이를 인정하고 어떻게 대처할 것인지 보여 주는 것이 중요한 듯해요. 입사해서 더 느껴졌어요."

『공공기관 합격 노하우』 책을 쓸 때 내게 직접 인터뷰를 해줬던 한국가스공사 김 대리의 이야기다. 김 대리는 필기시험에 합격하고 나서 면접 준비 중에 자기소개서를 훑어봤는데 공사 내의 부서와 직무를 혼동해서 썼다는 것을 뒤늦게 알게 되었다. 아니나 다를까! 면접관은 이 부분을 물어봤고 김 대리는 당시에 제대로 몰라서 그렇게 썼었고 지금은 잘 구별할 수 있다고 솔직하게 말했다고 한다. 결과는 예상대로 합격이었다.

실수나 잘못을 잘 인정하고 되풀이하지 않고 성장하는 것은 공기업과 사기업을 떠나 구직자에게 가장 중요한 마음가짐이다. 예를 들어, 에너지 공기업에 입사하고자 하는 지원자가 자기소개서를 작성할 때 한국가스기술공사와 한국가스안전공사를 제대로 구별하지 못했다면 면접에서는 이 부분을 솔직하게 인정해야 한다. 면접관은 분명히 이 둘의 차이점이 잘못되어 있다고 물어볼 것이다.

자기소개서에 단점을 적고 이를 극복한 부분에 대해서 또한 과거 잘못을 했던 부분을 어떻게 수습했고 반복하지 않게 되었는지를 적어보면 어떨까?

• 자기소개서는 경험에서 그대로 배어 나온다

　20여 년을 공공기관에 근무하다 보면 그동안 어리게만 봤던 인턴 학생이나 지인의 자녀들이 어느덧 취준생이 되어 있는 소식을 접하게 된다. 그리고 용기를 내어 연락이 온 인턴 학생이나 아는 이들의 조카뻘 되는 남, 여학생들의 자기소개서를 검토한 후 아직 대학 리포트 수준이라고 냉정하고 솔직하게 답을 들려주곤 했다.

　대학 졸업반 학생들의 리포트를 일일이 고쳐가며 수업을 진행했던 기억은 여전히 생생하다. 그만큼 우리 사회에서 대학생들 리포트와 회사의 보고서는 양 극단에 서 있다. 여러분의 취업 전선의 1차 관문인 자기소개서는 그 양 끝점에서 시작해 중간의 타협점을 찾아가는 과정이다.

　자기소개서를 비교적 잘 쓴 경우는 대부분 회사에서 인턴을 경험해 본 적이 있거나 단 몇 개월이라도 회사에 다녀본 취업 준비생들이다. 최소한 조직과 기관에서 자원봉사를 해본 경우도 현장 경험이 묻어나 있다.

　'취업 대란' 속에서 이직자나 인턴 경험이 많은 구직자를 선호하는 것은 당연하다. 현업에 즉시 투입할 수 있는 현장 전력이기 때문이다. 우리나라는 이제 도제식으로 가르치기보다는 글로벌 전쟁터에 투입할 수 있는 즉시 전력감을 원하는 무한경쟁 사회에 놓여 있다.

기업 문화를 살펴보면 일부 벤처 업종을 제외하고 전 세계적으로도 조직 문화는 유연하지 않은 편이다. 가장 자유롭다는 미국 실리콘밸리조차도 벤처 일부만 격의 없이 의사소통할 수 있는 환경이다. CEO나 중역이 직원들의 자리를 방문하면 자동으로 일어서거나 자신의 자리를 권하는 것은 어디든 비슷하다. 가끔 헐리우드 영화나 미드에서 너무 다른 모습을 비춰주는 것이 여러분에게 독이 될 수도 있음을 분명히 알아야 한다. 아예 모든 조직이 수직적이고 피라미드의 형태로 구성되어 있다고 믿고 공공기관은 이를 더욱 철저히 따른다는 점을 기억해라. 최상위의 국민을 위해 정부의 정책을 구현하는 게 공공기관의 설립 취지이기 때문이다.

• 족집게 채용 강의를 경계하라

워낙 채용 시장이 불안정하고 치열하다 보니 자기소개서를 쉽게 작성하는 방법을 알려주는 유튜브나 블로그, 소규모 강의뿐만 아니라 자소서 대필 서비스도 부지기수로 많다. 어떻게든 합격하고 싶은 마음에 구직자들이 여기에 의존하는 것도 충분히 이해가 된다. 하지만 꼭 필요하다고 생각될 경우 한두 번 정도의 첨삭을 받는 수준으로 끝내는 것이 장기적으로 볼 땐 훨씬 바람직하다. 자기소개서는 결국 자신이 살아온 경험을 기반으로 하므로 오롯이 자기가 써야 하기 때문이다. 자기소개서를 많이 작성해볼수록 기술적인 부분은 자연스레 나아지며 내가 어떤 부분이 부족한지도 많이 느끼게 된다.

수십, 수백 번의 서류 심사에서 떨어지고 좌절과 시련을 맛본 강철같이 담금질 된 취업 준비생들이 공공기관의 신입사원으로 당당히 입사하는 경우가 많다. 그리고 성실함과 인내심을 갖춘 이 직원들이 조직에서 두각을 나타내는 경우가 대부분이다.

• 모든 자기소개서는 두괄식으로 써라

미괄식과 두괄식은 보고서의 결론을 어디에 두느냐에 따라 달라지는 작성법이다. 대학교 리포트의 서론, 본론, 결론에 익숙한 구직자들이 자소서에서 번번이 무너지는 경우가 이 때문이다. 결론부터 말해 자기소개서는 두괄식으로 작성하는 게 가장 좋은데 면접관들이 빠른 찰나에 순간적으로 읽어야 하기 때문이다. 자소서는 면접관들이 읽게끔 여러분이 쓴다고 보면 되는데 사기업들은 서류 심사를 하는 과정에서 인사담당자나 채용 관련 부서에서 보는 반면에 공공기관은 대부분 면접관들이 보기 때문이다.

공공기관 면접관들은 하루 또는 며칠에 걸쳐 조 편성이 된 피면접자들을 계속 마주하게 되며 이들의 순번이 교체될 때 자기소개서를 쭉 훑어본다. 따라서 자신이 가장 자신 있는 대목부터 두괄식으로 쓰는 것이 매우 중요하다.

3

공공기관은 어떻게 채용하는가?

· 공공기관이 구직자에게 보내는 메시지

일부 유사 업종의 공공기관들은 동일한 날짜에 채용시험을 치른다. 그런데 우수한 구직자 한 명이 다른 날짜에 치러지는 공공기관마다 합격한 후 원하는 곳에 입사를 하게 되면 나머지 자리는 대체로 사라진다. 간혹 추가 합격자를 선발하기도 하지만 입사 후 교육 일정 등으로 인해 마감해 버리는 경우가 많다.

합동 채용은 보통 비슷한 실력을 갖춘 공공기관들끼리 묶는데 여기에는 그럴만한 이유가 있다. 산업은행, 수출입은행처럼 금융 공기업들이 대표적으로 동일한 날짜에 시험을 치른다. 박진석, 박재옥(2020)의 연구에 따르면, 공공기관의 서열이 뚜렷한 상황에서의 합동 채용은 구직자들이 선호도가 낮은 기관을 기피하게 되고, 결국 선호도가 낮은 기관이라도 채용되기를 희망했던 구직자들만 손해를 보게 된다는 것이다.

이처럼 공공기관이 구직자에게 보내는 메시지는 바로 공정성과 균등한 기회로 이는 보편적으로 국가가 지향하는 방향과 일치한다.

• 공공기관에 맞는 스타일이 있을까?

박사 과정 중 단국대 정윤세 상경대학장님과 무역 지원 공공기관의 계량 연구를 한 적이 있었다. 지도 교수님 역시 몇 곳의 공공기관 직원들의 스타일이 어떠한지 아는 것이 꽤 의미가 있다고 보셨다.

공공기관 사람들은 정말 비슷하다. 국민에 대한 봉사 정신이 투철하고 자신이 하고 있는 일에 대한 자부심이 높게 나타났다. 이를 인구통계학적으로 분석해보니 비교적 근속연수가 짧은 직원들이 이런 부분에 대해서는 덜 느끼는 것으로 나타났다(김재우·정윤세, 2014). 이 말은 공공기관에 합격한 구직자들이 오랜 기간 재직하면서 봉사 정신과 자부심도 함께 성장한다는 뜻이 된다. 이러한 자세가 대한민국의 경제 발전을 이뤄내지 않았을까!

사람들은 공공기관에 대해 말할 때 흔히 '철밥통', '칼퇴근', 사기업에 비해 현저히 떨어지는 스트레스 등 눈에 보이는 단편적인 것들을 주로 이야기한다. 그런데 입사해보면 업무량도 상당하고 매년 경영 평가와 국정 감사뿐만 아니라 고객들의 민원 등에 치이는 경우가 대부분이다. 봉사 정신과 자긍심이 없이는 입사해서도 버티기가 매우 어렵다.

• 이직자에게도 문은 열려 있다

회사를 이직해본 경험이 있는 구직자들은 경력기술서와 자기소개서를 모두 써본 적이 있을 것이다. 경력기술서는 이전에 다닌 직장 경력이나 이력을 쓰는 것으로 회사에 다닌 경력이 있음을 입증해주는 증명서라고 볼 수 있다. 사기업의 경우 전에 다녔던 직장 경력이 너무 짧다면 보이지 않는 불이익이 있을 수 있으나 공공기관은 대체로 그런 부분을 신경 쓰지 않는다는 점을 명심하자.

4 결론

공공기관에 입사한 지 어느덧 20여 년이 다 되어간다. 신입사원 시절, 내가 잘못 작성한 보고서를 고쳐주었던 선배, 때로는 엄하게 업무를 가르쳐주고 한편으로는 따뜻하게 대해주었던 선배들은 모두 퇴직하고 자리에 없다. 언젠가는 나 역시 그렇게 되겠지만 나를 포함해 선배들이 남겨준 경험과 국가에 대한 봉사 정신은 후배들에게 전해질 것이다.

지금 당장 공공기관에 들어가 지긋지긋한 취업 전쟁에서 해방되고 싶은 마음이 굴뚝 같을 것이다. 불안정한 고용 시장에서 상대적으로 안정적이고, 주위에서 바라보는 부러운 시선도 기대될 것이다. 그렇지만 이는 정말 단편적인 부분이라는 점을 강조하고 싶다. 공공기관의 임직원들은 늘 국민에 대한 섬김의 자세가 몸에 배어 있다. 정부 예산을 허투루 쓰지 않으면서 가장 효과적이고 공정한 방법으로 정책의 성과가 날 수 있도록 치열하게 일하고 끊임없이 공부해야 한다.

나는 미국, 유럽, 중동, 아프리카 대륙에서 십수 년 이상 근무를 해오고 있다. 같이 근무했던 인턴사원들이나 함께 나와 있는 대기업 주재원들의 신입사원들을 겪다 보면 청년들의 역량이 얼마나 대단한지를 실감한다. 그런데 그중에는 남을 배려하는 마음이 깊고 자기 일을 마친 후 옆의 동료를 도우려는 사람들이 종종 있다. 그들은 얼마 지나지 않아 내게 공공기관에 입사했다는 기쁜 소식을 들려주곤 한다.

단군 이래 가장 많은 지식과 스펙을 갖고도 취업 대란에서 계속 낙방의 고배를 마시는 심정은 이루 말할 수 없을 것이다. 나는 군대를 다녀오고 다음 해인 1998년 IMF 금융위기를 고스란히 맞았다. 수십 군데에 입사지원을 해보았으나 모두 떨어져 좌절하기도 했고, 면접장에 제때 도착하지 못해 면접을 보지 못한 안타까운 경험도 있었다. 내 주위에는 입사시험에 합격하고도 갑자기 취소되거나 구직의 기회를 영영 찾지 못해 제도권에 들어가지 못한 사람들도 많았다.

지금의 구직자들은 그때보다도 더욱 힘든 시기를 보내고 있을 것이다. 그렇지만 한국인은 그 어떤 민족보다 어려운 환경에 잘 적응하고, 쓰러져도 포기하지 않고 오뚝이처럼 다시 일어나는 저력을 갖고 있다. 성실함과 근면함, 그리고 인내심과 평정심, 마지막으로 국가와 국민에 대한 봉사 정신이 투철하다면 공공기관은 적극적으로 여러분의 손을 잡아줄 것이다. 대한민국의 미래를 짊어질 후배들의 건투를 빈다.

참고문헌

- 김재우 외, 『공공기관 합격 노하우』, 브레인플랫폼, 2020.
- 김재우·정윤세, 「중소기업 수출지원기관의 조직성과에 영향을 미치는 요인에 관한 실증연구」, 『통상정보연구』, 14권 4호, 2012.
- 박진석·박재옥, 「공공기관 합동채용: 누가 이익을 보고 누가 손해를 보는가?」, 『계량경제·학보』 31권 1호, 2020.
- 알리오, 공공기관 경영정보 공개시스템(http://www.alio.go.kr/)

김재우 KIM JAE WOO

학력

· 산업공학 학사, 컴퓨터시스템학 학사
· 경영학 석사, 경영학 박사(무역학)

경력

· 현) KOTRA 부장, 아프리카 수단 무역관장
· 현) 관세학회, e비즈니스학회, 통상정보학회, 무역금융보험학회 이사 및 논문심사위원
· 현) 성결대 경영기술연구소 객원 연구원
· 전) 단국대 무역학과 외래교수
· 전) 대통령자문 국가경쟁력강화위원회 - 외국교육기관, 투자유치분야 경쟁력 담당
· 전) 구글(Google) 유치 실무협상 미국팀장

자격

· 경영지도사
· 생산성 경영시스템(PMS) 심사원
· 직업능력개발계좌제 심사팀장

저서

· 『4차 산업혁명 시대 AI 블록체인과 브레인경영』, 공저, 브레인플랫폼, 2020.
· 『창업과 창직』, 공저, 브레인플랫폼, 2020.
· 『공공기관 합격 노하우』, 공저, 브레인플랫폼, 2020.

· 『경영기술컨설팅의 미래』, 공저, 브레인플랫폼, 2020.

수상

· 서울벤처정보대학교총장 표창(2010)
· 대통령자문 국가경쟁력강화위원장 표창(2010)
· 지식경제부장관 표창(2012)
· 국무총리 표창(2019)
· 한국해운항만학술단체협의회장 공로상(2020)

4장

합격으로 통하는 이력서, 자소서 작성 알짜 정보

허제인

1
이력서 전략

• **이력서에 대한 오해와 진실**

대부분의 취준생들이 취업 준비 과정에서 잘못 생각하고 있는 것 중의 하나는 바로 자소서만 잘 쓰면 1차 서류전형을 무난하게 통과할 수 있다고 생각하는 것이다. 그래서 처음 입사 서류를 준비할 때, 이력서보다는 자소서를 작성하는데 모든 에너지를 쏟아낸다.

채용 관련 업무를 오랫동안 진행해 오면서 취업 컨설팅을 의뢰받는 경우가 종종 있는데 다른 어떤 준비보다 자소서 검토를 요청하는 학생들이 많다는 것을 알게 되었다. 이는 취업을 준비하는 취준생들이 가지고 있는 가장 큰 오류 중 하나라고 볼 수 있다.

사실 이력서는 자소서보다 훨씬 더 중요한 평가 자료이다. 이력서를

통해 해당 지원자가 우리 회사에서 찾고 있는 역량을 갖춘 인재인지 아닌지 한눈에 판단할 수 있으므로 적합한 인재라고 판단이 되어야 비로소 자소서를 읽게 되는 것이다. 이 말은 바꿔 말하면 이력서와 자소서는 함께 제출하긴 하지만 이력서가 통과되지 않으면 자소서는 읽혀질 기회도 얻지 못한 채 서류 탈락의 결과를 낳게 된다는 것이다. 지금부터 이력서는 어떻게 작성하는 것이 좋은지 하나하나 살펴보기로 하자.

• 개인정보 작성 요령

이력서 작성에 있어 가장 기본적이고 중요한 사항은 지원 회사의 이력서 작성 요령에 대한 안내를 꼼꼼히 읽어보고 그 지시에 따라 작성하는 것이다. 공공기관이나 국내 대기업, 중견기업들은 각 회사 양식이 따로 있어 그에 맞춰 작성하는 것이 일반적이고, 외국계 기업이나 중소기업의 경우는 자유 양식으로 제출하는 경우가 많다.

이번 장에서 설명하는 양식은 회사의 지정된 양식, 자유 양식 가리지 않고 어디에나 적용 가능한 사항이므로 잘 참고하면 매력적인 이력서를 작성할 수 있을 것이다. 그럼 지금부터 실제 작성된 입사지원서를 예시로 살펴보자.

입사지원서

지원 분야	경영지원
희망 근무지	서울
희망 연봉	회사 내규에 따름

최근 3개월 사진	성명	[한글] 허제인	[한자] 許製리	[영문] HUE JE IN
	생년월일	1991. 03. 01		
	현주소	서울시 강남구 OOOOOOOOO길(도로명 주소로 정확하게 기록)		
	주민등록지	정확하게 기록		
	전화번호	02-XXXX-XXXX	휴대폰	010-XXXX-XXXX
	E-mail	정식 메일 기재	국가보훈여부	대상( ), 비대상(O)

학력	구 분	학교명	전 공	기 간	소재지	취득학점
	고등학교	xx고등학교	인문계열	2007.03 ~ 2010.02	서울	
	대학교	OO대학교	경영학과	2010.03 ~ 2015.02	서울	3.83/4.5

첫째, 지원 분야 작성란은 채용 공고에 나와 있는 채용 공고상의 모집 분야 중에 정확한 명칭을 찾아 자신의 지원 분야에 맞게 작성한다. 핵심은 채용 공고에 나와 있는 지원 분야를 작성하는 것이다. 자신이 알고 있는 일반적인 비슷한 부서명을 기재해서는 절대 안 된다.

둘째, 희망 근무지 작성란이 있다면 채용 공고 선택 분야 안에서 작성한다. 자유 양식 작성으로 근무지가 여러 곳인 기업이라면 최소 3순위까지 기재한다.

셋째, 희망 연봉 작성란이 있다면 '회사 내규에 따름'으로 작성하는 것이 무난하다.

넷째, 사진 첨부란은 공공기관의 경우 사진과 이름을 블라인드 처리하는 것이 일반적이지만 사기업의 경우 그렇지 않은 경우도 많기 때문에 밝은 인상, 정장 차림의 최근 3개월 이내 사진을 첨부한다. 비용을 절약한다고 같은 기업의 상하반기 지원에 동일한 사진을 첨부하게 되면 3개월 내 사진 첨부 규칙에 어긋날 수 있으므로 주의해야 한다. 또한

대부분의 지원자들이 사진을 보정하는 경우가 일반적이기는 하나 과하지 않게 피부 톤 정도만 보정하는 것을 권장한다.

다섯째, 장난기가 느껴지는 이메일 주소는 기재하지 않도록 한다. 예를 들면, 'merong@naver.com'이라든지 'ilove@naver.com' 등 별생각 없이 만든 메일을 그대로 기재하면 첫인상에서 직장인의 자세가 부족한 것으로 판단될 수 있다. 공식적인 메일로 사용하기 부적절한 이메일은 다시 만든 후 기재한다.

여섯째, 입사지원서의 학력란의 경우는 보통 시간순으로 고등학교부터 작성하는 경우가 많은데 요즘의 추세는 최근 학력부터 역순으로 작성하는 경우가 대부분이다. 기업에 따라서는 다르게 작성하는 경우가 많으니 작성 요령에서 나와 있는 안내를 꼭 확인하고 작성한다. 그리고 고등학교 때의 전공 분야 작성란에는 인문계인지 이공계인지를 구분해서 작성하면 된다. 빈칸으로 두는 것은 절대 안 된다. 기간의 경우도 연월일까지 작성하는 것이 바람직하나 연월까지는 반드시 작성하고 취득 학점의 경우도 4.5점 만점의 소수점 2자리까지 성적증명서에 기재되어 있는 취득 학점을 정확하게 기재한다. 임의로 반올림을 해서 소수점 한자리로 작성한다거나 '대충 이 정도였을 거야'라는 생각으로 기재하는 일이 없도록 한다. 또한 고등학교 학점란도 빈칸으로 두는 것이 아니라 '-' 혹은 '/'사선으로 해당사항이 없음을 표시한다. 다시 말해 빈칸으로 남겨두는 곳이 없어야 한다. 이렇게 작성하는 가장 큰 이유는 자소서나 면접에서 일관성을 갖기 위함이다. 예를 들면 자소서나 면접에서 자신의 성격의 장단점을 이야기할 때 자신이 꼼꼼한 성격이라고 어필한 후 서류는 전혀 꼼꼼하게 작성되어 있지 않고 빈칸이 너무 많거나 대충 기재되어 있으면 일관성이 없어 보이기 때문이다. 직장인에게 있어 가장 기본적인 업무 중 하나는 바로 서류 작성이다. 서류 작성에서 정확성과 꼼꼼함은 기본 중의 기본이기 때문에 기본이 부족한 사람으로 판단된다면 합격은 기대하기 힘들 것이다.

일곱째, 남자 지원자의 경우 병역란을 정확하게 기재해야 한다. 특히 전역 날짜는 연월일까지 상세하게 기재하도록 한다. 여자 지원자의 경우 보통 해당사항이 없으므로 '해당 없음' 또는 '-'를 기재하면 된다. 다시 한번 강조하지만 입사지원서는 절대로 빈칸을 남겨두지 않도록 한다.

· **경력사항 작성 요령**

	근무처	근무 부서	담당 업무	근무기간	세부내용
경력 (인턴, 아르바이트)	(주) 서울대리운전 아르바이트	운전 기사 부서	대리 운전	2014.12 ~2018.02	고객 300명, 60일간 NO Complain, 무사고 Best Driver 선정, 서비스맨 직원 선정
	더페이스샵	오산점	매장 판매 (파트타임)	2013.02 ~2014.02	상품 판매 및 고객 응대 우수 판매 사원 선정
	스타벅스	강남점	매장 판매 (파트타임)	2010.12 ~2013.02	신메뉴 건의로 매출 30% 상승

취준생 대부분이 궁금해하는 사항 중 하나는 '경력'과 '경험'이 어떻

게 다른가 하는 것이다. 이는 돈을 받고 일을 했는지(경력), 아니면 돈을 받지 않고 했는지(경험)로 구분하면 쉽게 구분할 수 있다.

취준생들은 아르바이트나 인턴 경험은 있어도 경력직은 아니므로 회사에서 정식으로 일했던 경험은 거의 없다. 그렇기 때문에 자신이 노동의 대가를 받고 일한 인턴이나 아르바이트 경험을 경력사항에 기재하면 된다.

이때 내가 지원하는 직무 분야와 맞는 아르바이트 경력이나 인턴 경력을 가장 먼저 작성하는 것을 권장한다. 그 이유는 이력서를 볼 때 맨 첫 줄에 시선이 먼저 가기 때문이다. 경력은 최근 순으로 작성하는 것이 일반적이기는 하나 작성 시 주의사항에서 언급되지 않았거나 입력상의 문제가 없다고 하면 순서를 바꿔서 작성하는 것도 가능하다. 만약 관련 경험이 없으면 가장 오랫동안 일했던 경력을 작성하는 것을 권장한다. 오랫동안 한곳에서 아르바이트했던 사람이라면 회사에서도 쉽게 이직을 하지 않을 것이라는 인식을 갖게 되기 때문이다.

· **주요 활동 또는 경험란 작성 요령**

	활동 단체명	활동 기간	직책	주요 성과	세부내용
주요 활동	OO학생회	2014.03 ~2016.02	부회장	회원 50명 유치	학생회 홈페이지 제작, 역대 우수학생회 선정
	OO마케팅 조사학회	2011.03 ~2012.05	학회장	콘테스트 동상	spss 통계 프로그램 활용 10편의 논문 작성
	S리서치 설문조사	2010.05 ~2011.02	조사원	우수 조사원	4주간 설문 조사원 연수 과정 이수, 정부시책 설문조사 3회 수행 (A 일보에 3회 기사화)

　주요 활동이나 경험을 작성하는 곳에는 앞서 언급했던 것과 같이 대가를 받지 않고 했던 경험들을 작성하면 된다. 예를 들면 자신이 소속되어 활동했던 동아리나 협회명, 단체명을 작성하면 된다. 활동 기간도 최근 순으로 작성하되 직무 관련 활동을 가장 먼저 작성하고 그 다음 순으로 가장 오랫동안 활동했던 단체명을 위쪽에 작성하는 것이 좋다. 단체 활동을 하면서 맡았던 직책과 주요 성과 활동에 대한 세부 내용을 성과 위주로 한눈에 알아볼 수 있도록 키워드 중심으로 작성하는 것 또한 중요하다. 자소서에는 나의 모든 활동 사항들을 다 담을 수 없으므로 자신이 얼마나 직무와 관련된 다양한 활동들을 했고, 지원 회사에서 찾는 가장 적합한 인재인지 한눈에 파악할 수 있도록 하는 것이 바로 이력서이기 때문이다.

　이력서 양식은 업체마다 다르므로 주어진 양식에 맞춰 작성하되, 나

의 역량을 잘 어필할 수 있는 비슷한 항목에 기재하고, 자유 양식의 경우는 나의 역량을 잘 표현할 수 있는 항목들을 직접 만들어서 작성하면 된다. 또한 회사의 로고도 첨부하는 등 자신의 컴퓨터 활용능력을 어필할 수 있는 기회가 되기도 한다.

• 자격 면허 작성 요령

	자격명	등급	취득일	발행처
자격 면허	직업상담사	2급	2011.09.13	한국산업인력공단
	브랜드관리사	2급	2012.02.12	한국브랜드마케팅협회
	운전면허	1종 보통	2013.12.09	서울지방경찰청

자격사항의 경우도 가독성을 높이기 위해 채용 공고상에 우대 자격증이 있는지 확인하고 우대 자격증을 제일 먼저 작성하는 것이 중요하다. 또한 자격사항의 등급, 취득일, 발행처를 상세히 기재한다. 발행처는 인터넷으로 검색해서 정확한 발행처 이름을 작성한다. 일련번호나 자격증 인증번호까지 기재하는 경우도 있기 때문에 자격증을 취득하거나 교육을 이수했을 시에는 반드시 사진을 찍어두거나 스캔을 해서 컴퓨터에 잘 저장해 바로바로 확인할 수 있도록 정리해야 한다.

· **외국어/컴퓨터 활용 역량 작성 요령**

외국어	외국어명	TOEIC	컴퓨터 활용	한글, 워드	스타일 편집/고급편집 가능
	점수	750		엑셀	고급 함수 사용 가능/ 피벗 테이블 가능
	구사 정도	영문 시사잡지 독해 가능		파워포인트	전문가 수준 활용 가능/ 그래픽 가능
	해외연수	-		기타	SPSS, 파이썬

    외국어 역량을 작성할 때는 TOEFL, TOEIC, IELTS, TEPS, OPIC, GRE, G-TELP, TESOL 등 무수한 종류가 있기 때문에 지원 회사에서 인정해 주는 자격으로 작성한다. 만약 지원 회사에서 지정한 공인 영어 인증기관의 점수가 준비되지 않았다 하더라도 빈칸으로 놔두지 말고 반드시 자신이 보유하고 있는 영어 성적이라도 기재하도록 한다. 또 하나의 중요한 사항은 나의 외국어 수준을 표시할 때 위의 예시처럼 '영어 시사잡지 독해 가능'과 같이 구체적인 기준으로 작성하는 것이 포인트이다. 취준생 대부분은 '독해 상', '리딩 상', '쓰기 상'과 같이 임의로 기준을 나누어 작성하는 경우가 많은데 이렇게 작성할 경우 사람마다 생각하는 상중하의 기준이 다르기 때문에 오해를 불러일으킬 수 있다. 따라서 누구나 납득할 수 있는 기준으로 작성하는 것이 핵심이다.

    컴퓨터 활용 능력은 회사에서 가장 필요로 하는 역량 중의 하나이다. 특히 실무 능력을 검증할 수 있는 ITQ(한컴오피스, MS오피스) 활용 능력은 기본 중의 기본이라고 할 수 있겠다. 컴퓨터 활용 능력의 경우도 예

시의 표와 같이 내가 가능한 수준 단계가 어느 정도인지 상세하게 작성하는 것을 권장한다.

그 외의 활용 가능한 컴퓨터 활용 능력이 있다면 기타 사항에 반드시 기재하도록 한다. 채용 공고상에는 기재되어 있지 않더라도 부서에 따라서 필요로 하는 컴퓨터 능력이 있을 수 있기 때문에 기타 사항에 기재하는 것을 잊지 말도록 하자.

• 수상 경력 작성 요령

	수상명	수상일	수상기관	평가 내용
수상 경력	한국대학교 영어경시대회 (상에 대한 설명 기재)	2015. 08. 25.	OO대학교	교내 영어 경시대회에 150명 지원자 중 최종 3위
	OOO 공모전 (상에 대한 설명 기재)	2017. 12. 24.	OO협회	차별화된 마케팅 방안 제시로 최종 2위

수상 경력은 없는 경우가 많으므로 양식을 바꿀 수 있다면 교육 내용으로 바꾸는 것도 좋다. 수상 경력을 작성할 때는 간략하게라도 수상명 아래에 어떤 대회였는지 키워드 중심으로 간략하게 설명을 작성하거나 비고란이나 평가 내용란에 어떤 평가로 수상을 했는지 간략하게 작성하는 것도 좋다.

2
자소서 작성 포인트

• 자소서에 대한 오해와 진실

　취준생 대부분은 서류 탈락의 원인을 자소서에서 찾으려고 한다. 자소서를 잘 작성하지 못해서 서류 통과가 되지 않은 것이라는 생각에 재지원할 때 자소서에 많은 공을 들이고 합격할 것이라는 희망을 가져보기도 하지만 결과는 마찬가지일 때가 많다. 따라서 이력서 작성 전략에서 언급했던 내용들을 종합적으로 살펴보며 탈락의 원인이 무엇인지 제대로 판단하는 것이 중요하다.

　또한 상반기 지원에서 합격했던 나의 자소서라고 그대로 제출해도 된다고 생각하기도 한다. 최근 AI의 도입으로 인해 자신이 작성한 자소서라도 표절한 것으로 오류가 나는 경우도 있으므로 소재는 같아도 구성을 달리한다든지 내용을 바꿔서 작성하는 것이 안전하다.

• 자소서 작성에서 간과하고 있는 10가지 사항

(1) 자소서 작성 전에 반드시 기업 분석부터 한다.

　자소서를 작성함에 있어서 선행되어야 할 일은 바로 기업에 대한 조사이다. 그러나 대부분의 지원자들은 지원서 마감일에 임박해서 지금까지 지원에 대해 생각하지 않았던 기업임에도 내 친구가 지원하니까 혹은 유명한 기업이니까 한번 해보자는 식으로 지원하는 경우가 종종 있다. 이것은 도전이라고 하기보다는 경쟁률만 높이는 무모한 태도라 할 수 있다.

　대학에 입학하면서 아니면 그 훨씬 이전부터 꿈꾸던 기업이었다든지 최소한 1년 전, 6개월 전, 3개월 전부터라도 관심을 가지고 기업을 조사해보고 입사지원서를 작성한 경우 간절함이 더해져 합격의 결과로까지 이어지는 사례를 많이 접할 수 있었다. 급한 마음에 자소서를 작성하는 것은 탈락의 아픔만 더해질 뿐이다. 그러므로 지원하고자 하는 산업 분야나 직무 분야는 물론, 기업이 원하는 인재상을 꼼꼼히 파악하고 조직도를 살펴보면서 자신이 입사하게 된다면 어떤 파트에서 지금까지 갈고 닦은 역량을 어떻게 펼쳐 나가고 기업에 기여하게 될지 고민하면서 작성을 해야 한다.

(2) 각 항목이 평가하려고 하는 역량을 생각한 후 소재를 선정한다.

　자소서 항목들은 각각 평가하려고 하는 역량이 정해져 있다. 예를 들면 직업 기초 능력에 나와 있는 문제 해결 능력, 조직 이해 능력, 대인관계 능력, 자기개발 능력, 의사소통 능력, 직업윤리 등과 함께 업무 전문성이나 발전 가능성 등을 평가 요소로 담고 있는 항목들로 구성되어 있다. 공공기관의 자소서 항목의 경우는 기관에 따라 자소서 항목 맨 앞에 '문제 해결 능력'이라고 친절하게 미리 알려 주는 경우도 있다.

그러므로 항목들을 보고 어떠한 역량을 평가하려고 하는지를 생각하면서 직업 기초 능력의 하위 요소들을 고려하여 지금까지 자신이 해왔던 경험들 속에서 소재를 찾아내고 그 하위 요소들과 맞는 소재를 선정하여 작성해야 좋은 평가를 받을 수 있다.

(3) 글자 수에 제한을 두지 말고 작성한 후 점차 글자 수를 줄여 나간다.

필자는 글자 수 제한이 1,000자일 경우 999자까지 쓰는 것을 권장한다. 물론 최소 글자 수만 넘기면 특별히 문제가 되지는 않지만, 자소서가 빽빽하게 작성되어 있어야 평가자 관점에서 볼 때 '나는 할 말이 넘쳐 나지만 이 정도에서 마무리합니다'라는 인상을 주게 되고 입사 지원에 대한 간절함과 열정을 더 어필하게 된다. 최소 글자 수 맞추느라 고생 많이 했겠다는 인상을 주는 자소서는 결국 최종에서 탈락하게 되는 경우가 다반사이다.

그래서 우선은 글자 수를 고려하지 말고 주어진 질문에 맞춰 최대한 어필하고 싶은 내용을 다 작성해보고 글자 수를 점검해 가면서 중복되는 내용은 없는지, 삭제해도 전체 내용 전달에 문제가 없는 부분은 없는지 파악하면서 내용을 줄인 후 최종적으로는 연결어미와 접사, 조사

등을 삭제해 가면서 글자 수를 점차 줄여 나가는 것이다. 이러한 방법으로 작성하다 보면 내가 하고 싶은 말은 다 들어가면서 내용을 임팩트 있게 작성할 수 있다.

(4) 수시로 띄어쓰기와 맞춤법을 체크하라.

자소서 최종 제출 전에는 반드시 읽어보면서 최종 점검을 해야 한다. 중간중간 내용을 줄여 나가면서 띄어쓰기와 맞춤법을 점검하기도 하지만 최종적으로 한 번 더 점검하는 것이 중요하다. 네이버나 구글 등을 활용하면 띄어쓰기와 맞춤법은 간편하게 점검할 수 있으므로 수시로 점검하고 최종적으로 한 번 더 점검하는 것을 권장한다. 이렇게 하는 이유는 맞춤법 전체 적용 버튼을 누르면서 내가 작성하려고 했던 의도의 내용이 맞춤법 점검과 동시에 의도하지 않게 살짝 바뀌는 경우가 있기 때문이다. 그러므로 최종 점검을 할 때는 반드시 처음부터 다시 읽어보면서 점검하도록 한다.

(5) 자소서는 절대 한 번에 완성되지 않는다.

자소서는 제출 전까지 최소 5번 수정을 기본으로 한다. 자소서는 자신의 이야기이니까 쉽게 금방 작성될 것으로 생각한다든지 한 번에 작성하여 지원하려고 해서는 안 된다. 글쓰기를 직업으로 하고 있는 작가들도 열 번, 스무 번, 수정 작업을 거듭한 끝에 글을 완성해 나간다. 그와 마찬가지로 자소서가 한 번에 완성되는 경우는 드물다. 고치면 고칠수록 더욱 좋아지는 것이 글이다. 제출하는 마지막 그 순간까지 읽고 또 읽어보면서 수정 작업을 거쳤을 때 비로소 합격 가능성이 높아진다.

(6) '~습니다', '~입니다'의 형태로 작성한다.

간혹 자소서를 읽다 보면 글자 수를 이유로 '~이다'의 형태로 작성하는 경우를 보게 된다. 하지만 자소서는 아무리 글자 수 제한을 고려해도 절대로 '~이다'의 형태로 작성하는 것을 지양하기 바란다. 자소서는 나의 첫 이미지이고, 자소서를 읽는 대상자는 나의 상급자분들이다. 그러므로 상급자분들에 대한 예의를 갖춰 최대한 겸손한 자세로 나를 어필하는 것이 좋다. 문장은 구어체가 아닌 문어체로 작성해야 한다는 것 또한 명심하자.

(7) 자소서는 문장력보다 정보력이 먼저이다.

자소서는 사실을 기반으로 자기 자신을 소개하는 설명과 상대를 설득하는 문장으로 이루어진다. 따라서 기교나 기술은 필요 없다. 작성된 자소서를 반복적으로 읽어가면서 질문사항에 대해 빠진 내용은 없는지 철저하게 확인하고 설명과 설득을 통해 공감을 얻을 수 있도록 순서대로 작성해 나가면 된다. 문장력보다는 기업에 대한 정보력과 내가 그에 얼마나 적합한 인재인지를 설명하면서 면접관들을 설득할 수 있는 내용으로 구성해야 한다.

(8) 두괄식으로 작성하는 것을 기본 원칙으로 한다.

자소서 작성의 기본 원칙 중의 하나는 두괄식으로 작성하는 것이다. 평가자의 입장에서 보면 처음 2~3줄만 읽어봐도 지원자가 기업에 적합한 인재인지 아닌지 어느 정도는 판별이 가능하다. 첫 문장에서는 내가 말하려고 하는 내용을 요약 정리해서 첫 줄에 작성하고 그 다음 단락에

서 육하원칙에 맞춰 상세히 설명하는 식으로 작성하면 된다.

회사의 업무를 진행함에 있어서도 실제로 두괄식 보고 형태가 주를 이루기 때문에 인사 담당자의 경우 두괄식 문장에 익숙한 것이 당연하다. 미사여구나 수식어는 지양하고 깔끔하고 간결한 문장으로 작성하는 것이 좋다.

(9) 자소서는 내가 하고 싶은 말을 하는 것이 아니라 기업에서 듣고 싶어 하는 말을 해야 한다.

자소서를 읽다 보면 솔직함을 너무 어필한 나머지 자신의 부족한 점을 구구절절 설명하는 경우를 종종 본다. 대부분 문장 마지막에는 '앞으로 배우면서 성장해 나가겠습니다'라는 내용으로 마무리된다. 하지만 묻지도 않은 자신의 단점을 설명하는 것은 오히려 나에게 불리한 요소로 작용할 수 있으므로 자소서 항목에서 묻고 있는 사항에 대해 꼼꼼히 확인하고 물어본 질문에 대해서만 답변을 기재하는 것이 합격의 가능성을 높이는 지름길이다.

(10) 자소서의 문장만 봐도 그 사람의 인품을 알 수 있다.

자소서를 읽다 보면 해당 지원자의 성격이 유추되는 경우가 종종 있다. 이를테면 사소한 부사어 하나로 '겸손한 성격의 소유자이겠구나' 아니면 '자신감이 너무 과한 지원자이겠구나'라는 식으로 문장에서 성격이 묻어나기 때문이다. 이러한 지원자의 성격 요소들은 면접에서 다시 한번 재확인하게 되고 기업의 조직 문화에 걸맞은 사람인지 아닌지를 판단하는 요소가 되기도 한다.

• 자소서 작성 핵심 SKILL

(1) 자소서 항목에서 중요한 평가 우선순위는 지원 동기, 직무 적합성, 발전 가능성 부분이다. 절대로 순서대로 쓰지 마라.

최근의 채용 트렌드를 살펴보면 경력직 같은 신입을 선호하는 추세이기 때문에 직무 적합성의 중요도가 매우 높아지고 있다. 하지만 예나 지금이나 변함없이 중요시하는 부분은 바로 지원 동기이다. 같은 산업군의 같은 직무인 다른 회사도 있는데 굳이 우리 회사에 지원하는 이유를 알고 싶은 것은 어찌 보면 당연하다. 그래야 오랫동안 함께 일할 수 있는 조직원으로 키워나갈 수 있는 인재인지 아닌지 판단할 수 있기 때문이다. 아무리 능력 있는 사원이라 할지라도 다른 회사로 스카우트가 된다거나 1년도 못 채우고 다른 회사로 이직한다면 회사는 인재 선발을 잘못한 것이 된다.

그러므로 대부분의 기업들은 가장 중요하다고 판단되는 지원 동기 항목을 1번으로 배치하는 경우가 많다. 때로는 반대로 가장 중요한 항목이 뒤쪽에 있는 경우도 있으므로 이 경우에는 순서대로 작성하지 말고 가장 중요한 항목부터 먼저 작성하는 것을 권장한다. 취준생들이 처음 자소서를 작성할 때는 의욕에 넘쳐 앞쪽 항목은 열심히 작성하지만 시간이 갈수록 에너지가 고갈되어 뒤쪽 항목은 처음보다 대충 작성하

는 경우를 종종 보아왔다. 물론 모든 항목을 다 정성껏 작성하는 것이 기본이기는 하나 시간이 부족하거나 전략을 세워 작성할 때는 우선순위별로 지원 동기, 직무 적합성 관련 항목, 발전 가능성을 묻는 항목을 찾아 먼저 작성하는 것이 바람직하다.

(2) 지원 동기, 직무 적합성, 발전 가능성 작성 요령

취준생들이 가장 중요한 항목이라고 생각하면서도 어떻게 작성해야 하는지 가장 막막해 하는 부분이 바로 지원 동기 부분이다. 지원 동기를 작성할 때는 '2WHY'와 '2WHAT', '2HOW'의 원리를 생각하면 된다.

우선 2WHY를 생각해보자. 첫 번째 WHY는 지원하려고 하는 회사의 존재 이유를 고민해보는 것이다. 모든 회사는 설립 목적과 존재 이유를 가지고 있다. 그것이 바로 회사의 미션과 비전하고도 일맥상통하게 된다. 그리고 회사가 성장·발전해 나가면서 사람들과 이 사회에 어떠한 편리함과 혜택을 주고 있는지를 파악해 보는 것이다. 두 번째의 WHY는 자신이 왜 이 회사가 걷고 있는 길에 함께하고 싶은지에 대한 이유를 찾아보는 것이다. 지원하려는 회사의 아이템에 왜 관심을 갖게 되었고, 왜 이 회사의 일원으로 합류하고 싶은지 생각해보자.

다음으로 2WHAT에 대해 생각해보자. 첫 번째 WHAT은 WHY에서 찾은 해답을 무엇으로 충족시키고 있는가를 생각해보는 것이다. 지원 회사가 회사의 존립, 존속의 이유를 해결하기 위해 무엇으로 해결하고 있고 어느 단계까지 해결했는지를 파악하는 것이다. 두 번째 WHAT은 자신이 가지고 있는 어떠한 역량을 활용해서 회사와 함께 회사의 존립, 존속의 이유에 기여해 나갈지를 고민해보는 것이다.

마지막으로 2HOW는 지원 회사가 어떠한 방법으로 회사의 존립, 존속의 문제들을 해결해 나가고 있는지를 파악한 후 자신이 회사의 목적과 목표에 동참하기 위해 어떻게 노력해왔고 어떻게 더욱 발전시켜 나갈지를 고민해보는 것이다.

이와 같은 2WHY, 2WHAT, 2HOW의 방법으로 지원 동기를 작성하면 쉽게 해답을 얻을 수 있다. 직무 적합성과 발전 가능성 모두 위와 같은 방법을 활용하여 작성할 수 있다.

(3) 작성 방향을 제시하는 경우 vs 제시하지 않은 경우

최근의 자소서 양식을 보면 필수적으로 작성해야 할 사항들에 대해 상세하게 안내되어 있는 경우가 많다.

<공기업의 예: 한국전력공사의 경우>

한국전력공사의 4가지 인재상 중 본인과 가장 부합된다고 생각하는 인재상을 두 가지 선택하여 그렇게 생각하는 이유를 본인의 가치관과 연계하여 교육사항, 경험/경력 등 구체적인 사례를 들어 기술하여 주십시오. (100~700자)

위와 같이 상세하게 안내가 되어 있는 경우에는 지시한 내용을 하나

도 빠짐없이 하나하나 체크하면서 작성하면 된다. 하지만 자소서 양식에 따라서는 자유 양식도 있고 작성 내용에 대한 설명이 간략하게 되어 있는 경우도 있으므로 이러한 경우에는 STAR 기법을 활용해서 작성하면 된다. 최근의 자소서나 면접의 트렌드는 반드시 사례 기반으로 작성하는 것을 기본으로 하고 있다. 나중에 면접 대비를 위해서도 자신의 실제 경험을 바탕으로 소재를 잘 선정하여 STAR 기법의 원리대로 작성해야 한다.

> S: 그때의 상황(Situation)
> T: 그 상황에서 맡았던 나의 역할이나 임무(Task)
> A: 그 문제를 해결하기 위해 했던 나의 행동(Action)
> R: 그로 인한 결과(Result) 또는 교훈

실제 경험을 통해 지금까지 필자가 전한 '합격으로 통하는 이력서 및 자소서 작성 알짜 정보'를 활용해서 취업의 첫 관문인 입사지원서 작성에 조금이나마 도움이 되기를 바라는 바이다.

참고문헌

- 장재훈, 부기철 「기업의 채용 목적에 부합하는 맞춤형 취업지도 방안 연구 - 취업준비생의 마음가짐, 자기소개서 작성방법, 면접 준비방법을 중심으로 - 」, 『취업진로연구』, Vol.6 No.2, 2016.
- 윤영돈, 『채용 트렌드 2020』, 비전코리아, 2019.
- 이우곤, 『취업특강』, 청년정신, 2006.
- 이우곤, 『20대, 취업은 연애다』, 북카라반, 2008.
- 윤영돈 외, 『NCS 기반 블라인드 채용 자소서 & 면접 마스터』, 비전코리아, 2018.
- 한국전력공사 홈페이지

허제인 HUE JE IN

학력

· 경희대학교 일반대학원 경영학과 경영학 박사
· 단국대학교 정보지식재산대학원 지식재산벤처경영 석사
· 경희대학교 외국어대학 일어일문학 학사

경력

· 한양대학교 겸임교수
· 중앙대학교 시간 강사
· 제인파트너스 대표이사
· ㈜테크노경영종합연구소 (일본 경영컨설팅)
· 아시아나항공㈜

자격

· ISO 9001/14001 심사원
· 직업상담사 2급
· 커리어컨설턴트 1급
· NCS 직업교육지도사 2급
· 관광통역안내사

저서

· 『체험형 진로탐색 프로그램 워크체인』, 공저, 북마크, 2016.

· 『전공으로 보는 직업세계』, 공저, 북마크, 2017.

수상

· (사)한국문화교육협회 대한민국문화교육대상(2016)

5장

7초 안에 사로잡는 자기소개서

성은택

1 들어가며

　자기소개서는 보통 5~10개의 질문으로 구성된다. 소수의 질문으로 회사와 직무에 적합한지 아닌지를 확인하는 것이기에 판단하는 사람과 쓰는 사람 둘 다 어려움이 있다.

　자기소개서를 쓰면서 기억하기 힘든 과거의 이야기를 미화시켜 억지로 연결하는 고역은 나중에 면접에서 내가 쓴 글을 다시 읽고 기억해야 하는 것에 비하면 쉬운 것일 수도 있다. 그런데 이 질문들을 통해서 '나의 역량을 파악할 수 있을까?', '어렵게 한 땀 한 땀 고민해서 적은 것을 읽기나 할까?'라는 고민이 든다.

　내가 작성한 자기소개서를 읽는 것은 AI가 아닌 사람이기에 언제나 편견과 오류는 피할 수 없고, 가능한 그 오류와 실수들이 나에게 이로울수록 좋다. 반드시 기억해야 할 점은 자기소개서를 읽는 사람은 독서

를 하는 것이 아니라는 사실이다.

　내가 쓴 자기소개서만 읽는 것이 아니고 여유롭게 하루에 한 장의 자기소개서만 읽는 것도 아니다. 하나의 자기소개서를 5분씩만 읽어도 한 시간에 20개, 하루에 160여 개다. 10일 동안 아무것도 하지 않고 읽기만 해도 한 명이 1,600개 이상은 읽기 힘들다. 결국, 모든 글을 신중하게 읽고 이해하기가 어렵기에 자기소개서는 반드시 읽는 사람의 관점에서 작성해야 하고, 빠르게 판단할 수 있도록 두괄식으로 핵심을 먼저 이야기하는 것이 중요하다.

　일단 서류를 통과하여 면접까지 간다면 자기소개서는 인터뷰의 자료가 된다. 면접관들은 지원자의 자기소개서를 사전에 2회 이상 읽고 질문해야 할 포인트를 미리 표시해 두거나 면접 중에 읽으면서 질문을 하기에 최종 합격을 위해서 자기소개서는 필수적인 관문이다.

　자기소개서를 읽고 '이 사람이 괜찮다, 아니다'를 판단하는데 보통 5~7초 정도가 걸리고, 나머지 시간은 본인의 직감을 확인하는데 할애하게 된다. 그렇기에 7초 안에 꼼꼼히 읽어볼 필요가 있는 사람이 되는 것이 매우 중요하다.

2
읽기 쉬운 자소서
vs 읽어주기를 바라는 자소서

힘들게 작성한 자기소개서를 읽을 때 나의 의도와 전달하고자 하는 바를 한 번에 잘 이해해주면 좋겠지만, 현실적으로 많은 양의 자기소개서를 제대로 이해하기는 그리 쉽지 않다. 따라서 읽는 사람이 잘 읽어주기만을 바라는 것보다는 읽는 사람이 쉽게 나의 의도를 파악하도록 작성하는 것이 중요하다. 읽는 사람이 쉽고 빠르게 전체 맥락을 이해하면서 재미있게 읽으려면 가독성이 확보된 스토리텔링이 필요하다.

• 재미와 각인의 스토리텔링

자신의 경험과 역량을 직무 역량과 회사의 인재상으로 표현하는 것이 중요하다. 회사마다 추구하는 가치가 조금씩 달라서 같은 질문이라도 단어나 문구의 톤을 조금씩 조절할 필요가 있다. 본인만의 이야기로 회사에 꼭 필요한 '맞춤형 인재'라는 것을 지루하지 않고 가독성 있게 설명해야 한다.

사람들은 책을 살 때 모든 책 내용을 다 읽고 나서 사는 것이 아니라 흥미로운 책 제목에 관심을 가지고 목차와 내용을 훑어본 후 구매한다. 관심이 가지 않거나 진부한 제목의 경우 대충 보고 스쳐 지나가게 된다.

• 넘치면 망한다

재미있고 쉬운 스토리텔링을 위해서는 욕심을 버려야 한다. 잘된 것을 자랑하고 싶은 것은 누구나 똑같은 마음이겠지만, 읽는 사람에게는 진부할 수 있다. 예를 들어 어학연수에서의 어려움, 공모전에서의 기쁨, 군대에서의 경험 등은 개인적으로 매우 어려운 일이고 성취감을 가지기에 충분한 것이지만, 읽는 사람으로서는 별로 특별할 것이 없다. 내가 가진 모든 것을 쏟아내기보다는 회사가 원하는 바와 유사한 것을 최대한 매칭시키는 것이 필요하다.

채용의 과정은 2가지 단계로 이루어져 있다. 먼저 탁월함을 보고, 어느 정도 이상이라면 조직 적합성을 본다. 아무리 뛰어난 인재라도 조직이나 팀에 적응하지 못하고, 기존에 있는 사람들과 어울리지 못한다면 채용하기가 어렵다. 온통 자기 자랑만 늘어놓고 있다면 자기소개서를 신뢰할 수 없게 되고, 조직 적합성이 떨어진다는 생각이 들 수도 있다. 자신의 장점만을 부각하게 되면 안 하느니만 못한 결과가 나올 수 있다. 조금은 힘을 빼고, 면접에서 할 이야기를 남겨 자연스럽게 대화가 이어지도록 하는 것이 좋다.

• 가독성은 소두(소제목과 두괄식)가 기본이다

사람을 만날 때 첫인상이 중요하듯이 문장을 읽을 때 제목을 보고 전체 내용을 짐작하게 된다. 드라마처럼 흥미롭게 빠져들어 단어 하나하나 꼼꼼하게 읽는다면 마지막에 반전과 핵심을 이야기할 수 있겠지만, 대부분의 인사 담당자나 면접관들은 내가 제출한 자기소개서만 읽는 것이 아니기에 처음부터 이야기하고 싶은 부분을 정확하게 짚어주어야 한다.

글자 수 제한이 있다면 가능한 80% 이상을 채우는 것이 필수적이며, 문단 간의 간격과 띄어쓰기가 없다면 제대로 읽기 어려울 수 있다. 읽지 않는 개인을 탓하기보다는 읽기 쉽고 읽고 싶게 작성하는 것이 중요하다.

3
회사는 내가 꼭 필요할까?

자기소개서의 모든 항목은 지원한 회사와 분야에 연관되어야 한다. 나 중심이 아니라 회사의 관점에서 자기소개서를 바라보아야 한다. 자기소개서는 통상 성장 과정, 성격 장/단점, 학창 시절 활동사항, 지원동기 및 입사 후 포부 등 네 가지로 구성된다. 이 네 가지를 묻는 이유는 결국 직무와의 연관성을 알기 위함이다.

> **1순위** 회사와의 연관성
> **2순위** 직무와의 연관성
> **3순위** 직무에 필요한 성향(성격)

자기소개서를 작성하기 전에 간략히 키워드를 뽑아 연결해야 한다. 회사의 인재상과 직무에 필요한 성격적인 특성과 역량이 내가 쓰고자 하는 핵심 메시지와 매칭이 되는지를 확인해야 한다.

예를 들어 공기업 재무 관련 직무에 지원하는데, 숫자에 약하거나 실수가 잦고 일을 정확하게 하는 것보다 빠르게 하는 것이 장점이라고 쓴다면 직무와 성격적인 특성이 맞지 않는다. 또 중국어 영업 담당을 뽑는데 중국어를 전혀 못 하거나 사람과의 관계에서 어려움이 있다고 작성하면 직무와 적합하지 않다. 자신의 이야기를 하는 것에 앞서 핵심 키워드를 담당 역량과 맞추어보는 것이 매우 중요하다.

4

자기소개서 작성 프로세스

일반적으로 자기소개서는 다음과 같은 프로세스에 따라 작성한다.

1. 회사의 인재상 및 요구 역량 확인
자기소개서 작성 방향을 위해 기본적인 정보를 파악한다.

2. 지원 직무 및 회사 현황 확인
회사 홈페이지 또는 현직자 선배, 뉴스 기사와 전자 공시 시스템 등을 통해 회사의 매출 구조, 주요 제품(서비스), 경영진 현황과 뽑고자 하는 직무의 범위와 본인이 희망하는 직무인지를 확인한다.

3. 인생 경험 맵 작성
고등학교 혹은 중학교 때부터 현재까지 대표할 수 있는 주요 경험과 느낀 부분을 정리한다. 되도록 경험이 다양하고 많을수록 다양한 콘텐츠가 확보되므로 최대한 많이 작성한다.

4. 요구 역량과 주요 경력 매칭

기업의 요구 역량에 맞는 본인의 주요 경력을 매칭시킨다. 없을 때는 유사한 경험이나 평소에 본인이 생각하는 태도에 대해 작성하여 나를 모르는 타인이 보았을 때 '맞춤형 인재'라는 부분을 부각할 수 있도록 작성한다.

5. 자기소개서 항목 배열

성격의 장단점, 사회 경력 등 일반적인 부분에 있어서 미리 정리해 두었던 부분을 작성한다.

6. 초안 작성

초안은 빠르게 작성하고, 작성하면서 너무 많이 고민하지 않고 작성을 하는 것이 좋다. 아무리 늦어도 2일 이상 넘지 않고, 되도록 시작한 자리에서 바로 끝내는 것이 이상적이다. 초안을 작성할 때도 최대한 글자 수는 채워야 한다.

7. 타인의 의견 반영 및 수정

나의 자기소개서를 최종적으로 읽는 사람은 나를 모르는 사람이다. 나를 전혀 모르는 사람이 나와 함께 일을 하고 싶어 하는 많은 지원자와 비교해가며 나를 뽑아야 하는 이유가 명확해야 한다. 따라서 내가 쓴 글을 다른 사람에게 보여주어 부족한 부분이 있는지 확인하고 초안 작성이기에 반드시 수정하여 최종 제출해야 한다.

8. 최종 제출 및 보관

제출한 자기소개서는 면접 때 중요한 자료가 된다. 따라서 내가 작성한 자기소개서는 보관해야 하며, 최종 제출은 되도록 마감 시한까지 기다리지 말고 이른 시일 안에 제출하는 것이 좋다.

5

자기소개서의
3가지 구성 요소, 3E

자기소개서는 설명의 과정이 아니라 설득의 과정이고, 훑어보았을 때 읽을만해야 하며, Experience(경험), Emotion(감성), Expression(표현력) 등 3E가 포함되어 있어야 한다.

• **Experience(경험)**

자기소개서에서 가장 중요한 부분은 바로 경험이다. 매우 희귀한 경험이나 직무와 잘 맞는 경험이 유리하게 작용하므로 평소에 다양한 경험을 많이 해보는 노력이 필요하다. 그렇다고 단순히 희귀한 경험만 나열해서는 안 된다.

본인의 다양한 경험과 강점을 바탕으로 회사의 인재상과 매칭을 시켜보아야 한다. 회사가 원하고 바라는 핵심가치와 인재상에 부합되는 내용을 선별하여 자기소개서에 담아내야 한다. 이때 자신의 모든 경험을 쓰는 것은 불필요하며 이는 오히려 읽는 사람에게 과잉정보로 인해 아무런 메시지를 전달할 수 없을 수도 있다.

• Emotion(감성)

스토리가 잘 짜여 있는 것이 설득력이 높다. 읽는 사람의 마음을 움직일 수 있는 스토리가 담겨 있어야 면접관이 흥미롭게 읽을 수 있고, 지원자를 긍정적으로 볼 가능성이 커진다. 경험을 통해서 무엇을 느끼고 배웠는지, 입사 후에 이를 어떻게 활용할지를 잘 녹여내야 한다.

• Expression(표현력)

경험과 감정을 효과적으로 표현해야 한다. 표현력은 하루아침에 갖추어지지 않는다. 다양한 독서와 글쓰기 양에 비례하여 표현력과 문장력이 확보된다. 하지만 인사 담당자들은 높은 수준의 글쓰기 실력을 요구하지 않는다. 근본적으로 자기소개서를 읽는 것은 채용의 목적을 가지고 적합한 사람을 선발하는 데 있지, 독서를 하는 것이 아니기 때문이다.

- 효율적이고 핵심적인 것 위주로 쓴다.
- 비문을 쓰지 않고, 단순하고 명확하게 작성한다.
- 빠르게 초안을 작성하고, 2번 이상 수정하여 다듬는다.

6 스토리텔링 만들기

자기소개서 작성을 위해서 반드시 이해해야 할 개념이 바로 스토리텔링(Storytelling)이다. 이때 핵심은 본인이 아니라 채용 담당자 관점에서 이야기를 전개해 나가야 한다는 것이다.

질문이 정해져 있는 자기소개서의 특성상 Something New를 만들고 찾는 것은 쉬운 일이 아니다. 따라서 남들과 다른 '나'를 가장 잘 호소하는 방법이 하나의 스토리를 만들어 전달하는 것이다.

• 배경과 주제

배경과 주제는 본인이 처해 있는 상황에 대한 구체적인 전달이다. 상황이 발생한 계기나 이유가 무엇인지 설명을 하고, 상황 설명을 통해

앞으로 자신이 서술할 행동과 결과들에 대해 타당성을 주어 지원자의 경험과 직무 연관성을 자연스럽게 연결하는 것이 좋다.

• **역할**

배경과 주제를 언급한 다음에는 본인이 처해 있는 상황에서 맡은 과제의 목적, 목표 등 본인이 추구하는 궁극적인 실현 가치에 대해 언급할 필요가 있다. 자신이 처해 있던 상황에서 해결하거나 수행한 과업이 무엇인지 설명한다.

• **갈등(어려움)**

본인이 설정한 목표나 주제에서 내가 겪게 된 주요 문제들을 언급하고 그 문제가 발생하였을 때 나의 행동과 생각들을 작성한다. 특히 어려움이 발생한 이유와 그 어려움에 대해 결국에는 긍정적으로 된 것이라는 느낌을 주는 것이 중요하다.

• **조정**

어려움을 해결하기 위해 내가 취했던 행동과 주변인들의 의견을 서술한다. 갈등(어려움)에 대한 나의 태도가 중요하고, 이 문제를 어떻게 정의하고 극복하였는지가 중요하다. 실제로 조정 능력을 통해 지원자가 가지고 있는 능력뿐 아니라 사고방식, 위기 대처 능력 등을 확인하고 유사한 일이 발생하였을 때 지원자의 행동을 예상할 수 있다.

• **결과**

앞서 겪은 모든 일의 결과와 성과로 구체적이고 객관적으로 기술하는 것이 좋다. 특히 면접에 가서는 본인이 기술한 숫자는 반드시 기억해야 하며, 숫자가 나온 로직도 기억해야 한다.

위 순서에 맞춰 스토리텔링을 하되, 중요한 것은 여기에 대한 자신의 진솔한 느낌을 포함시키는 것이다.

7

없으면 BAD, 묻지 않아도 포함되어야 하는 3가지

기업이 사원을 채용하는 이유와 요구를 정확하게 파악하고 원하는 바를 이룰 수 있게 도움을 주겠다는 느낌과 확신을 주어야 한다. 기업이 사원을 채용하고자 하는 이유는 결국은 성과를 올리고 싶기 때문이다. 조직의 성과는 보통 조직 몰입으로 설명할 수 있는데, 자기소개서를 작성할 때 조직 몰입을 하는 지원자라는 것을 어필하는 것이 중요하다. 보통 학계에서나 실무에서 생각하는 조직 몰입을 하는 사람은 다음과 같은 특징을 가진다.

- **소속감을 유지(Sense of Belonging)**

자기소개서에서 어필하기 어려운 부분 중 하나이다. 입사하지도 않은 지원자가 기업에 소속감을 느끼는 것은 거의 불가능하다. 마치 한 번도

본 적이 없는 사람에게 고백을 받는 것과 비슷하다. 하지만 소속감을 폭넓게 생각하여 함께하고자 하는 의지나 속하고 싶어 하는 긍정적인 감정이라고 생각하면 보다 쓰기 쉬워질 것이다.

채용하고자 하는 회사에서는 하나의 공동체로 비슷한 가치를 공유하고 있다. 따라서 회사에 속해 있는 사람들은 유사한 가치관을 따르고 있기에 다른 가치관 체계를 가지고 있는 사람들을 만나거나 보면 쉽게 구분할 수 있다. 따라서 소속감을 표현하고 싶다면 본인의 생각을 가감 없이 표현하는 것보다 일부 양보해야 하는 부분을 알아야 한다.

• 조직의 목표와 가치에 대한 수용(Acceptance)

회사는 조직이 나아가고자 하는 방향에 대해 이해를 하고, 수용하는 사람을 원한다. 생각이 다르거나 조직의 목표와 반대되는 혹은 이해를 반복해서 시켜야 하는 경우, 아무리 우수한 인재라고 하더라도 채용을 하는 것이 조직의 성과 향상에 기여하지 않는다.

따라서 자기소개서를 작성하기 전 반드시 회사의 미션, 비전, 핵심가치, 인재상을 확인하고 본인이 맞출 것인지 아니면 본인에게 잘 맞는 회사를 지원할 것인지 결정해야 한다. 본인과 맞지 않는 회사에 입사해 봐야 결국은 회사와 본인 둘 다 손해가 된다.

• 조직을 위해 기꺼이 큰 노력을 하려는 의지(Dedication)

지원자의 역량이 충분하더라도 조직을 위해 노력을 하고자 하는 의지가 없는 경우에는 함께 일하기가 어렵다. 자기소개서에서는 반드시 팀으로 일하면서 솔선수범하거나 희생하고 노력하여 성공 체험을 한 내용이 들어가야 한다. 아무리 작은 성공이라도 자신이 조금 힘들고 손해가 나더라도 팀을 위해서 노력했던 경험을 강조하도록 하자.

8

믿고 거르는
자기소개서

자기소개서에는 한 가지 법칙이 있는데 반드시 합격하는 자기소개서는 없지만, 절대로 합격하지 못하는 자기소개서가 존재한다는 것이다.

• 회사 이름을 잘못 쓴 경우

간혹 회사 이름을 잘못 쓰고도 면접에서 매우 뛰어난 모습을 보이거나 면접관이 이를 크게 신경 쓰지 않을 경우 합격할 수도 있지만, 대부분의 경우 일을 꼼꼼히 처리하지 못하거나 소속감이 낮게 보이기에 회사 이름을 잘못 쓰지 않도록 주의해야 한다.

• 합리성이 모자란 경우

자기소개서는 남들보다 자신을 돋보이게 하는 것이 중요하므로 과장이 아예 없을 수는 없다. 하지만 정도가 심한 경우 자기소개서 자체를 신뢰할 수 없게 된다. 자신이 서울대학교에 들어가지 않고, ○○○대학교에 입학한 이유는 역사가 더 오래되었고, 민족의 정통이기 때문에 입학하지 않았다는 자기소개서를 본 적이 있는데, 실제로 그랬을 수도 있지만 일반적일 때와 상식에서는 일어나기 힘든 경우이므로 이런 내용은 아예 쓰지 않는 것이 현명하다.

• 단점이 너무 치명적인 경우

솔직하고 본인이 깨달음이 있어 진심으로 쓴 것이지만 내용이 윤리성, 공정심 결여, 성 문제, 폭력 등의 범죄 경험이나 범죄까지는 아니라도 일반적으로 문제가 있을 수도 있다는 생각이 드는 경우가 있다. 문제가 전혀 없는 사람을 뽑아도 문제가 생기는데, 문제가 생길 수 있는 사람을 채용하고 같이 일하고 싶어 하는 사람은 아무도 없을 것이다.

9
마지막 체크리스트

각 문항을 읽고 해당하는 내용에 V을 표시하고, 최종 제출 전에 반드시 보완해야 한다.

	대부분 항목은 '나는'으로 시작한다.
	한 단락에 숫자는 0~1회 정도 쓴다.
	'성장 과정에' 부모님의 이야기가 절반 이상이다.
	작성한 분량은 제시된 글자의 60% 내외이다.
	지원 회사명이 '지원동기, 입사 후 포부'에만 나온다.
	한 문장의 평균 길이는 100자 이상이다.
	다른 곳에 지원했던 자기소개서를 이름만 바꿔 사용한다.
	두괄식으로 쓰지 않는다.
	단락에 '하지만, 그러나,' 등 접속사가 3회 이상 나온다.
	한 단락에 속담, 명언을 2줄 이상 인용한다.
	인터넷 용어, 비속어가 보인다.
	구체적인 사례를 쓰지 않는다.

	단락에 '저는, 제가' 등 일인칭 대명사가 3회 이상 나온다.
	'나는 ~ 이다'처럼 반말로 쓴다.
	개근상, 군대, 반장, 홈스테이 이야기가 3회 이상 나온다.
	소제목이 없다.
	이름을 구체적으로 쓰지 않는다.
	같은 소재가 2회 이상 나온다.
	한 단락에 '~것입니다. ~할 계획입니다, ~고 싶습니다.' 등의 종결어미를 3회 이상 반복해서 쓴다.
	한 단락에 '생각합니다.'라는 단어가 2회 이상 보인다.
	첫 문장은 가족소개로 시작한다.
	한 단락에 쉼표가 3회 이상 나온다.
	'귀사'라는 표현이 있다.
	맞춤법, 띄어쓰기, 오탈자 검토를 하지 않았다.
	한 단락에 온점(.)이나 반점(,)을 제외한 문장부호가 없다.
	기업의 인재상을 확인하지 않고 쓴다.
	다양한 경험을 단순히 나열한다.
	'~ 것 같습니다.'라는 표현을 쓴다.
	다른 사람의 자기소개를 보고 일부 베껴 쓴다.
	'입사 후 포부' 외의 나머지 항목은 과거형으로 끝난다.
	내가 쓴 글을 기억하지 못한다.
	쓴 글을 읽어 3회 이상 읽어 보지 않고 제출한다.
	가독성이 떨어진다.
	묻고자 하는 질문에 충분한 대답을 하지 못한다.

참고문헌

- Crag C Pinder, 『조직의 직무 동기』, 학지사, 2014.
- 조민혁, 『기적의 자소서』, 조선Books, 2013.
- 신길자, 『뽑히는 자기소개서』, 서울문화사, 2012.
- 우민기, 『자소서의 정석』, 라온북, 2014.
- 조민혁, 『합격을 부르는 NCS 자소서』, 위포트, 2017.
- 에듀피디 취업연구소, 『NCS 자기소개서 면접 끝판왕』, 에듀피디, 2018.

성은택 SEAN SUNG

학력
· 연세대학교 경제학 석사
· 연세대학교 경영학 학사

경력
· 한국알앤디컨설팅 이사
· LG이노텍 본사 HR팀 선임
· 경기도 기술닥터사업 평가위원
· 한국컨텐츠진흥원 마케팅 지원사업 평가위원
· 중소기업유통센터 마케팅 지원사업 평가위원
· 성남산업진흥원 자문위원
· K-Start up 초기창업패키지 멘토위원
· 이화여자대학교 '공예매개인력양성과정' 경영자문

자격
· 경영지도사 마케팅
· 창업보육전문매니저
· 자산관리사
· 세무회계

6장

AI 채용
프로세스 이해

정혜승

1
AI 채용이란?

• 비대면 시대 채용의 다양화

  일반적인 기존 채용 단계는 서류, 필기, 면접으로 이루어지는데 면접은 기업에 따라 PT 면접, 토론 면접 등으로 이루어진다. 면접관은 지원자의 정보를 빠르게 수집하여 지원자의 실제 역량을 관찰·기록 및 평가해야 하며 면접의 객관성, 타당도, 공정성 기본 원칙을 준수해야 한다. 즉, 면접관은 측정 도구이자 평가 도구로서 중요한 역할을 하고 있다.

  최근 들어 면접 시 편견으로 인해 공정하지 못한 차별을 하는 평가 요소를 제외시키고자 블라인드 채용이 확산되고 있으며, 채용 직무를 수행하는 데 필요한 직무 능력으로 평가하고자 기업들은 다양한 노력을 하고 있다.

  코로나19로 언택트 채용이 활성화되면서 온라인 화상 면접이 시행되

었다. 대부분을 차지했던 대면 면접 방식이 어디서나 컴퓨터로 면접이 이루어지는 비대면 방식으로 바뀐 것이다.

우리는 이미 인공지능(Artificial Intelligence)을 활용한 기기로 생활하고 있다. 간혹 AI기가 "잘 알아듣지 못했어요. 현재 지원하지 않는 기능입니다"라는 답변을 하며 미리 입력된 데이터 외에는 처리하지 못하는 경우가 있지만, 앞으로 기술은 점점 발전할 것이다. 디지털 시대에서 자란 밀레니얼 Z세대에 AI 채용은 예견된 것이며 코로나19로 시기가 더 앞당겨진 것뿐이다.

본 장에서는 AI 채용의 의미와 절차 그리고 지원자 입장에서의 대비책을 살펴보려 한다. 채용의 프로세스를 정리해보면 다음의 세 가지로 볼 수 있다.

첫째, 기존 오프라인 채용은 서류 → 인성·적성검사 → 대면 면접이다.
둘째, 온라인 채용은 온라인 서류 접수 → 온라인 인성·적성검사 → 비디오/화상 면접이다.
셋째, AI 채용은 AI 자기소개서 분석 → AI 역량검사 → AI 면접으로 구성된다.

AI 채용은 기존의 채용 프로세스에서 필요에 의해 개발되었으므로, 기존 채용에 당연히 부분적으로도 활용된다. AI 채용은 인공지능 기술을 채용 과정에 활용하는 것으로, 최종 채용 결정은 사람이 한다. AI가 창의력 분야는 판단할 수 없기 때문이다. AI가 최고점을 주었어도 최종 채용 평가자는 탈락시킬 수도 있다는 사실을 명심하자.

현재 많은 기업이 공개 또는 비공개로 AI 자기소개서 분석기를 도입하여 채용에 활용하고 있다. AI 면접은 인공지능을 활용하여 지원자의 역량을 평가한다. 결국 AI 면접은 거의 AI 역량검사로 이해하면 된다. 뇌신경과학 기반으로 하여 사고, 행동의 패턴을 분석하여 지원자의 성향, 역량이 기업과 직무에 적합한지 여부를 판단하는 것이다.

• AI 채용에 무엇을 대비해야 할까?

코로나19로 언택트 채용이 확산하면서 AI 채용을 도입하는 기업이 늘어나는 가운데, 구직자 10명 중 6명 이상은 AI 채용에 관해 부담을 느끼는 것으로 조사됐다. 구인·구직 매칭 플랫폼 '사람인'에 따르면, 구직자 1,788명을 대상으로 'AI 채용에 대한 생각'을 조사한 결과, 64.4%가 부담을 느낀다고 답했다. 이들이 AI 채용에 부담을 느끼는 이유는 '무엇을 준비해야 할지 몰라서'(58.6%, 복수 응답)가 1위를 차지했다(출처: 월간 리쿠르트, 2021.01.04.).

AI 면접은 질의 응답, 게임, 자기보고 문항 등으로 진행된다. 답변을 텍스트로 변환하여 핵심 키워드를 파악하고, 지원자의 표정과 음성 등

을 분석한다.

　게임을 수행하는 것은 무의식적 반응을 분석하여 지원자의 역량을 파악하는 것이다. 자극에 대한 즉각적이고 자연스러운 반응을 보기 위함이다. 게임 점수나 게임을 잘하는 것 자체가 의미 있는 것이 아니라, 좋은 컨디션에서 집중하여 게임을 수행하는 것이 중요하다.

　만약 지원자가 자기소개에서 '신중함'을 강점으로 언급했다면, 게임에서도 '신중함'을 보여야 할 것이다. 게임 수행에서 급하게 마구 반응한다면 자기소개와는 상반된 내용으로 결과가 나타나서 성향 불일치로 판단할 것이며 다음 단계인 후속 질문에 반드시 언급될 것이다.

2

AI 자기소개서

· AI 자기소개서의 특징

채용 평가자는 마음을 울리는 문장이나 스토리, 경험 중심으로 평가한다. 즉, STAR-F 기법을 사용한다. 그런데 채용 평가자는 지원자들을 일관된 기준과 컨디션으로 평가하기가 힘들다.

필자의 경우 서류평가위원으로 현장에 가보면 평가자마다 편차도 있고, 며칠간 업무로 컨디션 조절하며 정확한 평가를 해야 하는 부담감이 항상 있다. 이에 서류전형의 시간, 비용을 줄이고 맞춤형 직원을 찾아줄 AI 해결 방법이 등장한다. AI 자기소개서 분석기는 동일한 컨디션과 기준으로, 축적된 데이터를 통해 빠른 시간에 비교분석이 가능하다.

AI 자기소개서 분석기는 현재 SK의 '에이브릴(Aibril HR for recruit)'과 무

하유의 '카피킬러(Copy Killer HR)', 에듀스의 '아리플러스(ARI+)'가 사용되고 있다.

'에이브릴'은 자기소개서를 분석하여 채용 기준에 맞는 인재를 선발할 수 있도록 지원하는 솔루션(프로그램을 지칭함)으로, 자기소개서에 나타나는 키워드 및 성향 분석 결과를 제공한다. 제작사에 따르면, 에이브릴이 전문지식, 인재상, 사자성어, 비유 등을 학습하고 있으며 기존에 1인당 3분 걸리던 평가 시간을 1인당 3초로 단축할 수 있다고 한다. 1만 명의 자기소개서를 평가하는데 보통 담당자 10명이 하루 8시간씩 7일간 일을 해야 한다면, '에이브릴'은 1만 명의 자기소개서를 평가하는데 약 8시간이 걸린다는 말이다. 주로 문장과 문서 단위 평가, 성향 분석, 직무 적합도를 평가한다. 또한 기업의 평가 항목별 점수, 자기소개서에 드러난 성향을 5가지로 분석하는데 친화성, 신경성, 성실성, 외향성, 개방성 등이다. 각 항목 점수, 자기소개서에 세 가지 키워드 추출, 주요 세 가지 문장을 추출 요약해준다. 이러한 분석 내용은 면접 질문으로 활용할 수 있다.

'카피킬러'는 자기소개서의 기본 결함 검사, 블라인드 체커, 표절 검사, 직무 적합도, AI 평가로 구성된다. 기본 결함 검사는 기업명 오기재, 맞춤법 오류, 중복 문장 등의 결함 내용 검사로 결함 수를 표시해준다. 블라인드 체커는 블라인드 채용 관련 인적사항을 숨겨 처리하여 준다. 필자가 평가위원으로 서류 평가 현장에 가보면 대다수 기업이 블라인드 체커를 실시하고 있음을 알 수 있다. 기업이 필요한 프로그램을 자체 개발하기도 하므로, 기업에서 공개하지 않고 AI 채용을 부분적으로라도 실시하고 있음을 잊지 말자. 표절 검사는 지원자 간 또는 기업 내 합격 서류와 유사도를 비교 검사한다. 표절률이 몇 퍼센트(%)인지 표시해준다. 직무 적합도는 자기소개서와 직무기술서를 연결하여 적합한 인재인지 상중하로 평가한다. AI 평가는 기존의 합격·불합격 자기소개서를 바탕으로 결과를 상중하로 예측한다.

'아리플러스'는 '채용'과 '교육용'으로 활용되고 있다. 자기소개서 작성, 평가와 첨삭을 도와준다(유료, 현재 5회 88,000원). 60만 건의 빅데이터로 자기소개서 완성도 점수를 제시한다. 자기소개서에 표현된 역량의 우수/부족으로 제시, 항목별 점수로 지원 분야, 전체 등수를 확인할 수 있다. 내용의 분량이 충분한지 체크하며, 분량이 불충분할 때 '주의'로 표시된다. 각 항목의 내용에 제시된 주제와 일치하는지 적합/주의로 표시된다. 첨삭은 부족한 표현에 대해 표시, 표절 여부, 맞춤법 등을 제공해준다.

· AI 자기소개서 대비

AI 자기소개서 분석기는 문장의 키워드를 파악하여 해당 기업과 직무 관련 데이터와 비교·분석하는 것이 특징이다.

채용 평가자는 문장 속에 사람의 정서가 담긴 은유적 표현을 이해하나, AI 자기소개서 분석기는 직접적인 표현을 써야 분석할 수 있다. 기업 인재상과 직무 관련 키워드를 잘 활용해야 하는데 똑같은 키워드를 계속 쓰는 것이 아니라, 키워드와 연상되는 유사한 단어를 문맥에 맞게 같이 쓰는 것도 한 방법이다.

지원하는 기업의 직무 정보는 해당 기업 채용 사이트, NCS 사이트의 직무기술서, 직업 기초 능력 자료를 참조하길 바란다.

자기소개서에는 지원자의 구체적인 직무와 관련된 교육 수료, 자격증, 경력, 아르바이트 경험, 봉사활동, 공모전 수상 등 구체적으로 근거 사항을 적도록 하여 직무 적합성이 잘 드러나도록 한다. AI는 구체적 자료를 분석한다는 사실을 늘 기억하자.

기본적으로 맞춤법, 글자 수 위반, 기업명 오기재, 비속어, 표절은 반드시 주의해야 한다. AI가 이런 항목별 오류 횟수까지 표시해준다는 것을 잊지 말도록 하자. 자기소개서의 기본적인 항목에 어긋난다는 것은 최종 면접의 선발 대상자에 오르기도 전에 일단 탈락 대상자에 속하게 된다. AI는 사람의 정서가 반영되지 않고 오직 데이터 기반에 따라 판단하기 때문이다.

맞춤법은 지원자가 생각해오던 것보다는 맞춤법검사기를 통해 기준을 잡는 것이 AI에 대비하는 바람직한 태도이다. 무료인 한국어 맞춤법 검사기나 채용 포털사이트를 추천한다.

표절률 검사는 대표적인 것으로, 앞서 소개한 '카피킬러'를 활용하면 된다. 문서 파일을 올리면 표절 부분과 출처가 표시되며, 표절률이 몇 퍼센트(%)인지 수치로 평가된다(회원 가입하면 현재 '카피킬러 라이트'로 1회 업로드 100KB까지, 1일 최대 3회 무료 검사할 수 있음).

최근 논문 표절 때문에 유명인들이 기사화되어 입에 오르내림을 잘 알 것이다. 자기소개서는 지원자 자기 생각을 표현하여 작성하고, 다른 사람의 글을 인용할 때는 확실히 인용 표시로 출처를 밝히도록 한다.

지원자 입장에서 AI 자기소개서를 작성하기에 부담된다면, '코멘토'의 AI 자기소개서 솔루션의 도움을 받을 수 있다. 지원자의 자기소개서 작성 방향을 제시해주고 보완점도 직무에 맞춤형으로 검토할 수 있다. 분석 희망 직무와 표현하고자 한 역량을 선택하고 자기소개서를 붙여 넣으면 바로 결과를 확인할 수 있다(유료, 2021년 현재 올인원 패키지 30일 이용권 10,900원).

또한 단어의 빈도수를 알아볼 수 있는 '젤리랩'에서 제공하는 무료 프로그램을 사용해도 좋다. 텍스트를 붙여넣으면 단어별로 빈도수를 정렬해서 보여주므로 기업의 인재상이나 지원자의 자기소개서의 키워드 분석에 용이하다.

AI의 자기소개서 분석기에서 좋은 점수를 받기 위해서는 첫째, 탈락할 사람을 걸러내려는 기본적인 항목, 즉 결함 수나 표절률 등은 가능

한 적게 나오게 한다. 둘째, 선발할 사람을 걸러내려는 항목인 기업과 직무 적합성에 맞는 키워드를 사용하여 자신의 강점을 문맥에 맞는 내용으로 작성해야 한다.

3
AI 면접

· AI 면접의 특징

AI 면접은 대면 면접에서 합격 결과가 달라질 수 있는 면접관의 일반적 오류들(관대화 경향, 투사 오류, 최신 오류 등)을 예방할 수 있다. 대면 면접에서는 면접관의 뛰어난 역량이 요구되고 구조화 면접으로 면접 질문을 하지만, AI 면접은 지원자 데이터를 기반으로 분석하여 개인에게 맞춤 질문 문항을 생성할 수 있다. 물론 AI 면접은 온라인으로 장소, 시간에 제한 없이 응시할 수 있고 일관성과 공정성을 갖는 점은 가장 큰 장점이다.

현재 AI 역량검사는 마이다스아이티의 '인에어'가 많이 사용되고 있고 AI 면접은 제네시스랩의 '뷰인터'가 주로 사용된다. 앞으로 더 많은 솔루션 업체들이 새로 생겨날 것이다.

'뷰인터'는 '채용(뷰인터 HR)'과 '교육용', 둘 다 널리 활용되고 있다. 특징은 AI 역량검사가 아닌 AI 면접만 진행한다. AI 역량 게임은 '인에어'에서 평가를 진행하고 '뷰인터 HR'은 하지 않는다. 초점, 표정, 음성 높낮이 등으로 지원자의 특성을 분석한다. 면접 영상에서의 모습을 분석하여 5가지 지표로(Big5 성격 분석) 지원자의 성향, 즉 성실성, 외향성, 친화성, 신경성, 개방성에 대해 알려준다. 그리고 지원자가 말한 내용을 텍스트로 변환해주는 기술(STT)로 내용 분석이 가능하다. PC나 모바일로도 면접이 가능하므로 편리하다(회원 가입 시 1일 체험 쿠폰 제공).

'인에어'는 영상 면접, 인성·적성검사 평가가 모두 섞여 있어서 지원자의 다양한 면을 평가할 수 있다. 많은 기업에서 활용되고 있는데 아직 교육용이 없으나 이후에 소개할 AI 면접 업체의 '인에어'와 유사한 솔루션으로 체험해볼 수 있다.

일반적으로 AI 역량 면접 단계는 다음과 같다. 물론 기업에 따라 단계가 가감되거나 항목에 따라 내용이 계속 업그레이드될 것이다.

> 1단계 - 검사 환경(인터넷, 웹캠, 컴퓨터, 키보드, 마우스, 마이크 체크)
> 2단계 - 안면, 목소리 등록 (부정행위 방지와 원활한 검사 진행을 위함)
> 3단계 - 기본 질문(자기소개, 지원 동기, 장·단점 등)
> 4단계 - 성향 체크(지원자의 성향 체크를 하는 객관식 문제)
> 5단계 - 상황 대처 질문(무작위 특정 상황을 주면 실제처럼 답변)
> 6단계 - 보상 선호 질문(둘 중 선호하는 방법을 선택)
> 7단계 - 역량 분석 게임(역량과 직군 적합도 분석. 뇌신경과학 기반)
> 8단계 - 심층 질문(앞 단계 결과를 토대로 개인별 맞춤 질문)

　AI 면접 시스템은 구글 크롬에 최적화되어 있으므로 반드시 이 브라우저를 이용해야 한다. AI 면접에서는 카메라가 안면 근육이나 맥박, 시선, 목소리 등 생체적인 데이터를 종합적으로 파악하므로, 긴장하지 말고 최대한 자연스러운 표정과 발성을 해야 한다.

　그리고 AI 면접 전 과정은 녹화 기록되므로 시작부터 끝까지 태도, 언어를 유의해야 한다. 녹화된 동영상은 기업에서 채용 평가자의 면접 시 참고할 수 있다. 비속어나 감탄사 등 스스로 의식하지 못하는 평소의 습관이 드러날 수 있으므로 주의하도록 한다.

· AI 면접 대비

　AI 역량 면접 프로세스를 좀 더 자세히 살펴보면 다음과 같다. 안면 등록 시 밝은 표정으로 등록하고 기기 상태를 꼭 점검하도록 한다. 기

본 질문에서 자기소개에 핵심 키워드를 사용하며 직무 역량에 맞게 준비한다. 자기소개, 지원 동기, 장·단점은 미리 준비할 수 있는 부분이므로 자신 있게 답변하도록 한다. 질문 준비 시간은 30초, 답변은 90초이다.

20초 이내에 '다시 시작하기'를 클릭하여 한 번은 다시 답변할 수 있다. 주의할 점은 영상 응답에서 AI는 지원자의 표정, 음성, 언어, 안면을 분석하고 있으므로 기본적으로 밝은 표정과 일관된 음성과 시선을 유지해야 한다는 것이다. 생리적 데이터를 측정하는 안면 분석은 '인에어'에서 평가하고 '뷰인터 HR'은 없다.

성향 체크는 개인의 성향에 관한 문항이므로 정답은 없으나 인성검사에서 보던 지문이라고 생각하면 된다. 주의할 점은 다른 단계와 종합적으로 분석되는 것이므로 솔직하고 성실하며 일관성 있게 답해야 한다는 것이다. '매우 그렇다'에서 '전혀 그렇지 않다'는 리커트 척도 5~6개 중에서 고르는 방식이다. 1페이지당 60초 제한 시간이 있으니까 신속하게 고르도록 한다.

상황 대처 질문은 특정 상황을 제시하고 반응을 실제로 상황극을 하는 것이다. 표정과 말투를 대화하듯 해야 함을 주의한다. 예를 들면 질문이 '줄을 서 있는데 누군가 슬쩍 새치기한다. 이 상황에서 어떻게 말하겠는가?'이다. 답변할 때 지원자는 '여보세요, 늦게 오셨으니 뒤에 가서 서세요'라고 직접 말을 하면 된다. 상황 파악하는 이해력, 공감력 등

문제 해결 능력을 체크하는 과정이다. 준비 시간 30초, 답변 시간 60초이다.

보상 선호 질문은 둘 중 선호하는 방법을 선택하는 것이다. 예를 들면 '다음과 같은 조건이라면, 보너스를 어떻게 받겠습니까? 지금 85만 원 또는 한 달 후 100만 원' 중 선택을 한다. 질문에 대한 정답은 없으나 본인 성향에 맞게 일관성을 유지해야 한다.

AI 역량검사 유형으로는 게임 형태의 문제들이 직군에 따라 몇 가지로 다르게 설정된다. 게임 점수보다는 게임을 하는 과정에서 보여주는 반응 패턴으로 지원한 직무에 적합한 적성인지를 알아보는 과정이다. 뇌과학을 기반으로 관련된 역량을 분석하는 20여 가지의 게임으로, 예를 들면 '공 탑 쌓기 게임'은 적극성이나 열정과 관련 있고, '방향 바꾸기 게임'은 지속성과 관련지을 수 있다. 게임 종류는 솔루션 업체 홈페이지에 공개되어 있다. 유사한 게임 '하노이의 탑, N-Back' 등 두뇌 훈련 게임은 스마트폰 애플리케이션을 내려받아서 연습해보길 추천한다. 어떤 게임이 나오건 당황하지 말고 끝까지 성실하게 하는 것이 중요하다.

심층 질문은 앞 단계의 결과를 바탕으로 지원자 맞춤형이다. 자신의 성향을 이해하고 일관성 있게 답변해야 한다. 자신의 경험을 바탕으로 솔직하게 답변해야 후속 질문에도 무리 없이 답변 가능할 것이다. 단답형 질문(5초 이내 답변) 후 구술형의 질문(준비 30초, 답변 60초)을 하는 형

식이다.

이상 AI 역량 면접 단계를 살펴봤다. AI 역량검사는 지원하고자 하는 기업의 인재상을 세밀하게 파악하고, 제시한 질문에는 최대한 주저하지 말고 신속하고 솔직하게 대답하는 것이 중요하다. 기존 면접 평가자는 주로 '경험'을 바탕으로 평가한다면, AI 면접은 기업 성과 우수자의 검사 결과 등의 입력된 '데이터로 비교·분석하는 것'이 큰 특징이다.

AI 면접 솔루션으로 에듀스의 '인페이스'는 '인에어'와 비슷하게 만들어졌다. AI 게임을 대비하여 체험해보기에 적당할 듯하다. 면접 동영상 분석에서는 면접 시 저장된 영상을 보여주고 그래프에 나타난 영상에 대한 결과를 해석해준다. 역량검사 결과지에서는 AI 면접 결과를 해석해주고 AI 성향 분석과 AI 게임을 통한 역량을 상세하게 분석해준다. 무엇보다도 지원자들이 제일 부담스러워하는 AI 게임을 집중적으로 연습할 수 있다. 애플리케이션 서비스로도 제공하고 있다.

또한 AI 면접 솔루션으로 사람인이 2019년 10월에 출시한 동영상 모의 면접 애플리케이션 '아이엠그라운드'가 있다. 이 또한 '인에어'와 유사하게 동영상 면접, 인성검사, 적성 게임으로 이루어져 있다. AI 분석 결과를 통해 좋은 점과 부족한 점을 알려준다. 특히 다른 사람의 응답 내용과의 표절률도 분석하는 특징이 있다. 현재 제휴 대학교 학생이라면 무료로 이용할 수 있다.

또 하나의 AI 면접 솔루션으로 시대고시의 '윈시대로(WIN SiDAERO)'가 있다. 역시 '인에어'를 간접적으로 체험하는 구성으로 되어 있고 모바일로도 가능하다. 단계별로 구매하거나 패키지로 구매할 수 있어서 지원자의 필요에 따라 선택할 수 있다.

정리하자면, AI 면접에서는 V4(Visual, Vocal, Verbal, Vital)의 영상 정보, 즉 시선, 음성, 어휘, 생체적인 평가에서 긴장하지 않고 자연스럽게 녹화되도록 미리 영상으로 연습한다, 미리 준비해갈 수 있는 자기소개 등의 기본 질문은 자신 있게 답하도록 한다. 성향이나 상황 대처, 보상 선호 질문 항목에서는 자신의 특성을 일관성 있게 답하도록 한다. 역량 분석 게임은 공개된 유사 게임으로 미리 연습해놓고, 처음 보는 게임이라도 당황하지 말고 성실하게 끝까지 수행하도록 한다. 심층 질문 항목은 앞 단계와 연관성이 있으므로 역시 일관된 자기 성향을 유지하며 답변하도록 해야 한다.

• VR 면접 대비

VR 면접 대비는 민트팟의 '면접의 신'이 알려져 있다. VR 면접을 기업에서 하는 것이 아니라, 기업의 실제 면접을 위한 모의면접 대비 연습 기기이다. 입시 편 또는 취업 편 콘텐츠로 이용 가능하며, 현재 전국에 학교와 관공서 등 200개 기관에 설치 운영되고 있다. '면접의 신'에 입시 편 콘텐츠가 있듯이, 현재 AI는 AI 채용뿐 아니라 AI 입시에도 활용되

고 있다. 경복대가 2020년 입시부터 자기소개, 인성검사, 게임 등을 포함한 AI 면접을 대학 최초로 실시했다.

서울에서는 송파구 일자리통합지원센터, 문정비즈밸리 일자리 허브 센터에서, AI·VR 면접 체험관(2019.12~)에서 할 수 있다. AI 면접은 프로그램 '인에어'로 체험한다. AI 자기소개서 분석은 빅데이터 기반의 AI를 활용한 지원자의 직무 적합도, 직무 역량 분석 및 첨삭이 가능하다.

구직자인 경우 현재 안양시 일자리센터(2020.2~), 광주 서구 일자리센터(2020.3.~), 성남시 일자리센터(2020.9~)에서 AI·VR 무료 체험이 가능하다.

VR 면접은 직무별, 기업별 실제 기출 문제를 토대로 재현된 가상 면접 체험이다. 소요 시간은 약 30여 분 내외이다. 직군을 선택하고 자기소개로 시작하고 가상면접관과의 면접을 진행하게 되는데, 시선을 다른 곳을 응시하거나 목소리가 작거나 면접하는 중의 태도에 바로 반응하여 피드백한다. 종료 후 목소리 크기, 톤, 대답 속도와 시선 처리 등 객관적인 사항을 분석해준다.

지금까지 AI 채용 프로세스, 즉 AI 자기소개서와 AI 면접(역량검사)을 살펴보고 그 대비책도 생각해보았다. 인공지능을 활용한 채용 시스템은 기업에서는 시간적, 인적 비용의 효율성과 빅데이터 정보를 활용한 신뢰성 면에서, 그리고 지원자로서는 채용 기회의 공정성과 일관성 면에서 긍정적 평가이다.

초기에 AI 채용을 하다가 기존 고성과자(백인, 남성)의 비교 데이터에서 나타난 단점 때문에 포기한 유명 해외기업도 있지만, 과도기를 지나 기술력의 발달로 이러한 단점은 극복되고 보완될 것이다. 간혹 대필이나 컨설팅의 의혹으로 지원자의 역량 파악이 미흡했던 자기소개서는 AI 면접 절차에 구술이 텍스트로 변환되는 기능 덕분에 흡수되어 서류가 간소화될 것이다. 면접관들은 기관에서 추천한 구조화된 면접 질문이 아니라, AI 면접 절차의 결과로 나온 지원자 개인별로 추천한 질문을 활용할 것이다.

대부분의 기업이 기존 면접이나 AI 채용에서, 어느 부분에서 어떤 솔루션들을 사용하는지 거의 공개하지 않는 상황이다. 하지만 지원자들은 기존 면접 프로세스에 AI 채용 프로세스가 접목된 내용, 즉 운영 방식과 평가 절차를 이해하고 대비한다면 전혀 두렵지 않을 것이다.

온·오프라인으로 접할 수 있는 AI 채용 체험을 통해 특징을 미리 경험해볼 것을 추천하는 바이다. 시시각각으로 변화되고 있는 AI 채용에 대응하기 위해서는 관심 기업의 홈페이지나 기사에 관심을 두는 것과 동시에 AI 채용 솔루션 업체 홈페이지에도 방문해서 정보를 얻을 수 있어야 한다. 지원자들을 위해 추천 사이트를 제시했으므로 활용하기 바란다.

앞으로 국내 AI 채용 평가 시스템뿐만 아니라 해외의 평가 시스템이 유입될 것이고 보다 다양한 형태로 발전할 것이다.

<AI 채용 관련 추천 사이트>

1. **워크넷**(https://www.work.go.kr/)
채용 정보, 20여 종의 직업 심리검사 무료 서비스

2. **잡코리아**(https://www.jobkorea.co.kr/)
채용 정보, AI 면접 연습, 화상 면접 컨설팅을 실시(무료 쿠폰 이벤트)

3. **사람인**(http://www.saramin.co.kr/)
채용 정보, 동영상 면접 테스트 '아이엠그라운드' 애플리케이션

4. **잡알리오**(https://job.alio.go.kr/)
공공기관 채용 정보 시스템

5. **커리어**(http://www.career.co.kr/)
채용 정보, 인·적성검사 가능(유료)

6. **성격인사이트**(https://personality-insights-demo.ng.bluemix.net/)
텍스트(자기소개서)를 분석해서 언어 분석 및 성격을 분석함

7. **젤리랩**(http://lab.newsjel.ly/analy/morpheme/)
텍스트의 단어(형태소)별로 분류하여 빈도수로 정렬함

8. **에듀스**(http://www.educe.co.kr/)
취업 포털 사이트이며 AI 자기소개서, AI 역량검사 등을 제공함

9. 코멘토(https://comento.kr/edu)
직무 경험을 쌓을 수 있게 하는 멘토링 사이트

10. 잇다(https://www.itdaa.net/)
직무 취업 멘토링 사이트

11. 한국어 맞춤법/문법 검사기(https://speller.cs.pusan.ac.kr/)
맞춤법, 문법 오류 검사

참고문헌

- 김영기 외, 『공공기관 대기업 면접의 정석』, 브레인플랫폼, 2020.
- 최준형, 『언택트 채용 AI 취업 전략』, 렛츠북, 2020.
- 박수한, 『AI 역량검사의 모든 것』, 에듀스, 2020.
- 설민준, 『AI 면접 합격 기술』, 시대고시, 2020.
- 공공기관 채용 프로세스별 표준 매뉴얼, 기획재정부, 2018.
- 능력 중심 채용모델 면접관 교육과정, 고용노동부, 2020.
- 서울경제, 「에이브릴로 지원자 자기소개서 분석한다」, 2018.04.16.
- 동아일보, 「블라인드 채용 자기소개서 꼼수 가지가지」, 2019.08.29.
- 조선일보, 「AI는 누굴 뽑아야 하는지 알고 있다」, 2018.07.22.
- 중앙일보, 「경복대, 2020년부터 AI 면접 대학 최초 실시」, 2019.10.02.
- 월간 리쿠르트, 「구직자 10명 중 6명, 'AI 채용 부담스럽다'」, 2021.01.04.
- SK(주) C&C AIBRIL 「서류전형의 올 인원 AI 솔루션」, 2019.12.24.
- NCS 국가직무능력표준(https://ncs.go.kr/)
- 아리플러스(http://ariplus.educe.co.kr/educe)
- 마이다스HRI/잡플러스(https://www.midashri.com/main)
- 뷰인터(https://front.viewinter.ai/index.html#/landing)
- 카피킬러(https://www.copykiller.com/)
- 잡코리아(https://www.jobkorea.co.kr/)
- 사람인(http://www.saramin.co.kr/)
- 면접의 신(https://www.godofinterview.com/)
- 윈시대로(https://www.winsidaero.com/)

정혜승 CHUNG HYE SEUNG

학력

· 사회복지학 학사
· 불어불문학 학사
· 불문학 석사

경력

· 공공기관 서류평가위원(금융감독원, HF 한국주택금융공사 등 다수)
· 공공기관 면접위원(한전 KPS, 한국중부발전 KOMIPO 등 다수)
· 인천 ITP 유유기지 자기소개서·면접 컨설팅
· 커리어리서치 취업진로 강사
· 학교지원네트워크 인성·진로 전문강사
· EBS교내캠프 지도강사
· 위클래스 상담(개별, 집단코칭)
· 경찰대학 출강

자격

· AI 채용컨설턴트(PRO등급 1기)
· 채용전문면접관 1급
· 창직컨설턴트 1급
· 공기업 채용분석관
· NCS 활용 취업지도관

· KBS 면접관 1기
· 기업가정신 교육전문가
· 사회복지사 1급
· 국비선발 입학사정관 2기
· 중등교원자격
· 심리상담사
· 음악·미술심리상담사
· 인성지도사
· PIA 심리분석평가사

7장

알고 보면 친근한 NCS 국가직무능력표준

윤 실

1
NCS 국가직무능력표준의 정의

· NCS란?

국가직무능력표준(NCS, National Competency Standards)은 산업현장에서 직무를 수행하기 위해 요구되는 지식, 기술, 태도 등의 내용을 국가가 산업부문별·수준별로 체계화한 것이다. 한 마디로 그 사람의 직무 수행 능력과 직업 기초 능력을 판단하는 현장의 '직무요구서'의 세부적인 틀이다.

· 국가직무능력표준(NCS)의 특성

첫째, 한 사람의 근로자가 해당 직업 내에서 소관 업무를 성공적으로 수행하기 위하여 요구되는 실제적인 수행 능력을 의미한다.

① 직무 수행 능력 평가를 위한 최종 결과의 내용을 반영한다.
② 최종 결과는 '무엇을 해야 한다' 보다는 '무엇을 할 수 있다'는 형식으로 제시된다.

둘째, 해당 직무를 수행하기 위한 모든 종류의 수행 능력을 포괄하여 제시한다.
① 직무 능력: 특정 업무를 수행하기 위해 요구되는 능력
② 작업 관리 능력: 다양한 다른 작업을 계획하고 조직화하는 능력
③ 돌발상황 대처 능력: 일상적인 업무가 마비되거나 예상치 못한 일이 발생하였을 때, 대처하는 능력
  - 미래지향적 능력: 해당 산업 관련 기술적 및 환경적 변화를 예측하여 상황에 대처하는 능력

셋째, 모듈(Module) 형태로 구성된다.
① 한 직업 내에서 근로자가 수행하는 개별 역할인 직무 능력을 능력 단위(Unit)화하여 개발한다.
② 국가직무능력표준은 여러 개의 능력 단위 집합으로 구성된다.

넷째, 산업계 단체가 주도적으로 참여하여 개발한다.
① 해당 분야 산업별 인적자원개발협의체(SC), 관련 단체 등이 참여하여 국가직무능력표준을 개발한다.
② 산업 현장에서 우수한 성과를 내고 있는 근로자 또는 전문가가 국가직무능력표준 개발 단계마다 참여한다.

• 국가직무능력표준(NCS)이 왜 필요한가?

국가가 산업부문별·수준별로 직무 능력을 체계화하기 전까지 학교에서 가르쳐주는 것들을 열심히 배우지만 인재 채용 후 정작 취업과 업무 현장에서는 활용할 수 없는 지식들이 대부분이다. 그저 좋은 학벌, 높은 토익 점수, 무분별한 자격증 따기 등 불필요한 일에 전념했기 때문에 직무에 적합하지 않은 인재들이 해당 직무에 배치되어 오히려 인력을 낭비하는 일이 생기게 된다. 이를 개선하기 위해 능력 있는 인재를 개발해 핵심 인프라를 구축하고, 나아가 국가경쟁력을 향상시키기 위해 국가직무능력표준이 필요하다.

첫째, 기업은 직무 분석 자료, 인적자원 관리 도구, 인적자원 개발 프로그램, 특화자격 신설, 일자리 정보 제공 등을 원한다.

둘째, 기업교육훈련기관은 산업 현장의 요구에 맞는 맞춤형 교육 훈련 과정을 개설하여 운영하기 원한다. 그 요구에 따라 NCS 국가직무능력표준 제도로 바뀌게 된다.

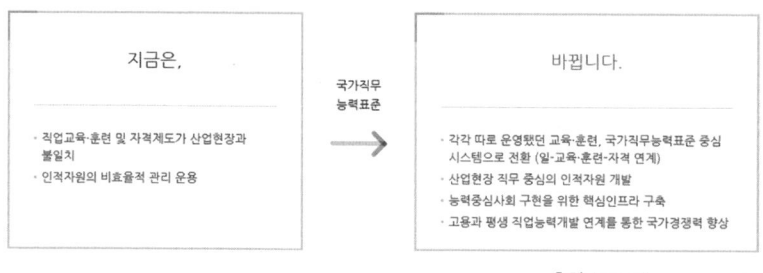

출처: https://www.ncs.go.kr

셋째, NCS 국가직무능력표준의 적용으로 채용 방식도 변화되었다.

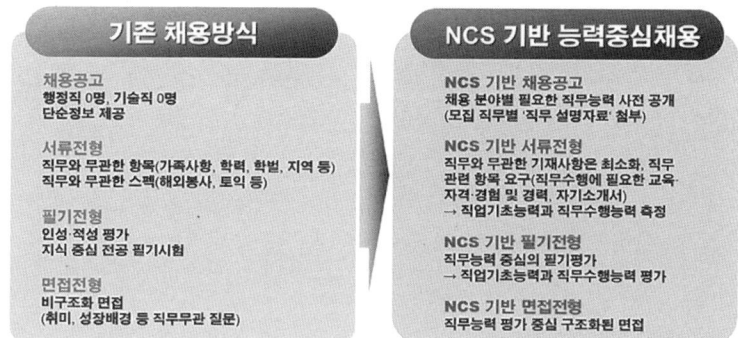

출처: 블로그 기업교육엔터

· **국가직무능력표준 개념도**

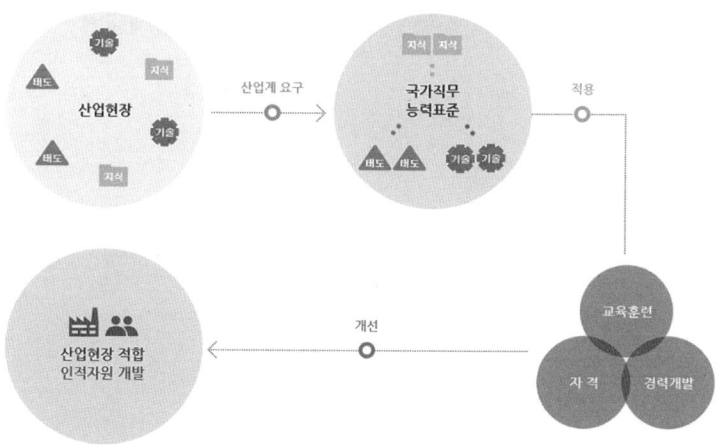

출처: NCS 통합센터(www.ncs.go.kr)

2
NCS의 적용

· **산업인력공단 사업**

근로자의 직업 능력 개발을 지원하고 기업의 인적자원 경쟁력을 높여 국가 생산성 향상을 도모하며, 근로자의 평생 능력 개발을 지원하기 위하여 NCS 제도를 적용한다.

(1) 청년직업능력개발지원
직무 능력 향상을 위한 직업 능력 개발 지원을 통해 청년들의 일자리 미스매치 해소에 기여

(2) 근로자·기업 직업 능력 개발 지원
근로자와 기업이 직업 능력 개발을 통해 경쟁력을 강화할 수 있도록 다양한 훈련 사업들을 지원

(3) 직업 능력 개발 인프라 지원

고객 맞춤형 HRD 콘테츠 개발·보급, 일자리 정보 및 직업 능력 개발 프로그램을 제공하는 직업 방송 송출 등 직업 능력 개발 인프라 지원

(4) 직업 능력 개발 훈련 품질 향상

상시적 현장·원격 모니터링의 체계성, 전문성, 활용성 강화로 직업 능력 개발 훈련 품질 향상

① 일학습병행

일학습병행은 독일, 스위스 등 세계적으로 확산되고 있는 일터 기반 학습을 한국 현실에 맞게 설계한 '현장 기반 훈련'으로, 기업이 청년 등을 채용한 후 NCS 기반으로 업무 현장 및 사업장 외에서 훈련을 실시하고 평가를 통해 자격을 주는 새로운 교육 훈련 제도다. 이 제도를 시행할 경우 다음과 같은 효과를 얻을 수 있다.

1. 기업은?
- 기업의 핵심 인재 양성이 가능하다.
- 학습 근로자의 장기근속 유도가 가능하다.
- 신입사원의 교육 비용을 절감할 수 있다.

2. 근로자는?
- 스펙 쌓기 없이 조기 입직이 가능하다.
- 직무 전문성을 강화할 수 있다.
- 국가자격 및 학위 취득이 가능하다.

3. 유형별 추진 현황

① 학습기업 유형

단독기업형	공동훈련센터형
도제식 현장 교육훈련과 사업장 외 교육훈련을 개별 기업 독립적으로 수행하는 학습기업 참여형태(50인 이상)	도제식 현장 교육훈련은 학습기업이 수행하고 사업장 외 교육훈련은 학습기업과 협약을 체결한 공동훈련센터가 수행하는 학습기업 참여형태(20인 이상)
참여희망 기업이 전문지원기관의 사전컨설팅 후 HRD-Net전산 신청	참여기업이 HRD-Net전산신청 (공동훈련센터가 신청 가능)

출처: 한국산업인력공단(hrdkorea.or.kr)

② 재학생 단계 일학습병행: 산학 일체형 도제학교, 전문대 재학생 단계, IPP형 일학습병행

③ 재직자 단계 일학습병행: 재직자 단계, P-TECH(고숙련 일학습병행)

② 근로자 직무 능력 향상 지원

기업이 창의와 실용을 겸비한 지식 근로자를 키우고 가치 창조를 통해 지속 가능한 성장을 할 수 있도록 지원하는 제도이다. 이 제도를 실행하기 위해 사업주가 소속 근로자, 채용 예정자, 구직자 등의 직무 능력 향상을 위하여 직업훈련을 실시한 경우, 이에 소요되는 비용의 일부를 사업주에게 지원해준다. 실시 대상은 15세 이상의 근로자(재직자, 채용 예정자, 구직자 등)에 해당한다.

1. 지원 요건
- 집체훈련·현장훈련: 전체 훈련의 80% 이상 출석했을 경우만 인정
- 인터넷 원격훈련: 평가 성적 60점 이상, 주 1회 이상 학습 활동을 부여하고, 훈련 실시자가 수립한 별도 수료 요건을 충족할 것

2. 지원 절차 및 제출 서류
- 훈련 수료 후 사업장 관할 한국산업인력공단 지역본부·지사에 신청
- 제출 서류: 비용 지원 신청서, 수료자 명부, 비용 증빙 서류 등

3. 지원 내용

훈련종류	지원내용
집체훈련	• 자체훈련 훈련비 : 직종별 훈련비용 기준단가×훈련시간×훈련수료인원×사업주규모별 지원율 • 위탁훈련 훈련비 : 직종별 훈련비용 기준단가×훈련시간×훈련수료인원×사업주규모별 지원율 • 훈련수당 : 채용예정자 및 구직자를 대상으로 월평균 120시간 이상 훈련을 1개월이상 실시하고 훈련수당을 지급한 경우 월 20만원까지 지원 • 숙식비 : 1일 평균 5시간 이상의 훈련을 실시할 경우 식비 1일 3,300원, 숙식비 1일 14,000원까지 지원(1개월 한도 : 330,000원) • 임금의 일부 : 유급휴가훈련과정으로 인정받은 과정에 한하여 훈련에 참여하는 시간에 해당하는 임금의 일부 지원
현장훈련	• 자체훈련 훈련비 : 직종별 훈련비용 기준단가×훈련시간×훈련수료인원×사업주규모별 지원율 • 숙식비 : 1일 평균 5시간 이상의 훈련을 실시할 경우 식비 1일 3,300원, 숙식비 1일 14,000원까지 지원(1개월 한도 : 330,000원) • 훈련수당 : 채용예정자 및 구직자를 대상으로 월평균 120시간 이상 훈련을 1개월이상 실시하고 훈련수당을 지급한 경우 월 20만원까지 지원
원격훈련	• 원격훈련지원금×훈련시간×훈련수료인원×훈련과정공급수준에따른조정계수×사업주규모별 지원율

※ 지원한도 : 해당연도 고용보험료 중 고용안정·직업능력개발사업 보험료의 100%. (단, 우선지원대상기업은 240%.)

출처: 한국산업인력공단(hrdkorea.or.kr)

③ 청년 및 취약계층 일자리 지원

청년 및 취약계층을 위한 교육 과정 개설을 통해 취업으로 연계하여 지원한다. 운영기관(기업·사업주단체, 대학, 민간 우수훈련기관)이 대학 및 기업과 협약을 맺고, 협약 대학 또는 자체 교육 훈련 시설에서 산업 현

장 수요를 반영한 연수 과정을 개설하여 연수생 모집, 교육 과정 운영, 취업 지원 등 사후 관리를 통한 지속적 취업 연계를 지원한다.

1. 연수 대상
① 단·장기 과정: 대학(원) 졸업(예정)자
② 창직 과정 : 대학 재학생 및 졸업 예정자

2. 연수 신청
신청 기간: 3월부터(운영기관에 따라 탄력적으로 운영하며, 경우에 따라 2월에 조기 운영 가능)

3. 양성 과정
① 현장맞춤인재 양성 과정(단기 과정): 본인의 전공 분야에 대한 현장 중심 및 전공 심화 교육 등을 통해 취업 역량을 극대화하여 개인의 취업을 지원
② 융합인재 양성 과정(장기 과정): 인문·사회·교육·예체능계 학생을 대상으로 타 전공 분야(이공·자연·의학·보건 등) 융합 교육을 제공하여, 개인의 직업 능력을 향상시키고 사회적으로 새로운 일자리를 창출할 수 있도록 지원
③ 창직 과정: 문화, 예술, 콘텐츠 분야 등 청년들이 도전적이고 창의적인 활동을 통해 새로운 일자리를 창출할 수 있도록 지원

④ 전 국민 능력 개발 향상 지원을 위한 직업 방송

'한국직업방송'은 고용노동부와 한국산업인력공단이 운영하는 정부 출연 일자리 창출 지원 TV 채널이다. 직업 및 채용 정보, 평생학습 강좌, 능력 성공 시대 등 다양한 정보 및 프로그램을 구인·구직자, 재직 근로자, 청소년 등 모든 국민에게 다양한 시청 매체로 제공하여 직업을 통한 국민의 삶의 질 향상에 기여하고 있다.

> <주요 방송 내용>
>
> - 다양한 직업 정보 제공
> - 실시간 채용 정보 및 오늘의 채용 정보 제공
> - 재직 근로자 직업 능력 개발 향상 강좌 프로그램 운영
> - 신중년 재취업을 지원하는 프로그램 운영
> - 주부 특화 프로그램 운영
> - 아동, 청소년의 올바른 직업관 확립을 위한 직업진로 프로그램 운영
> - 4차 산업혁명에 대응할 각종 프로그램 운영

• 폴리텍·기능대학

폴리텍대학(Polytechnics)은 호주, 영국, 독일, 싱가포르 등 세계적으로 '종합기술전문학교'라는 뜻으로 통용되며, 한국폴리텍대학은 새로운 직업교육 패러다임과 미래지향적이며 역동적인 이미지, 한국을 대표하는 직업 교육 훈련 기관이라는 개혁 의지를 담고 있다. 폴리텍대학은 기업 현장 실무 중심 교육 훈련(Factory & Learning: 다기능 기능사), 학습 근로자의 일학습병행(Work & Learning: 일학습병행 재직자), 취업 취약계층의 재취업 지원(Restart & Learning: 베이비부머, 경력 단절 여성, 기타 구직자) 등 다양한 사업 체계를 운영하는 종합 직업 능력 개발 대학이다. '기능대학'이란 고등교육법에 따른 전문대학으로서 직접 훈련 과정을 병설 운영하는 교육·훈련기관이다.

(1) 폴리텍·기능대학의 역할

① 조직문화 혁신의 동력: NCS 기반의 체계적이고 구체화된 교육을 통한 평가, 인사, 보상으로 기업의 조직문화 혁신의 동력이 된다.

② 대외협력·산학협력으로 인한 조직 시너지: 정부·노조·지자체·학생·기업·교수협·인자위·파트너·국제협력 등 다양한 고객, 이해관계자와 소통하고 협력한다. 이를 위해 지역 캠퍼스, 특성화 캠퍼스, 신기술 교육원, 다솜학교 등의 권역별, 기능별 다양한 캠퍼스 간의 활용을 통해 시너지를 높인다.

③ 학사 제도 개선 및 인프라 확충: NCS 바탕의 일병행학습으로 신자격을 갖춘 지역산업 맞춤형 인력 양성을 위해 도심형, 산단형, 특성화한 성과 기반의 인프라를 확충한다.

④ 중소기업 기술 지도 및 창업보육센터 운영 등 산학 협력의 역할을 한다.

(2) 교육 훈련 과정

① 학위(학력) 과정: '15년 교육부 발표 취업률: 폴리텍 85.8%(전문대 61.4%, 4년제 54.8%)로 취업 전문대학의 선두 모델이 되었다. 2년제 학위 과정(다기능), 학위전공 심화 과정(야간), 다솜고등학교(다문화 가족 청소년을 위한 기숙형 기술고등대안학교)가 있다.

② 비학위 직업 훈련 과정: 생애 전 단계를 지원하는 직업 훈련 과정 운영으로 평생 직업 능력 개발의 기회를 제공한다. 전문기술 과정, 하이테크 과정, 일반계고 직업교육 위탁 과정, 기능장 과정, 신중년 특화 과정이 있다.

③ 실업자 과정: 지역산업 맞춤형 인력 양성 사업, 지역산업 맞춤형 일자리 창출 사업, 여성 재취업 과정, 중장년 재취업 과정

④ 재직자 과정: 재직자 향상 훈련(사업주 훈련 등), 지역산업 맞춤형 인력 양성 사업, 일학습병행 인력 양성 사업, 소규모 사업장 훈련

⑤ 주요 성과

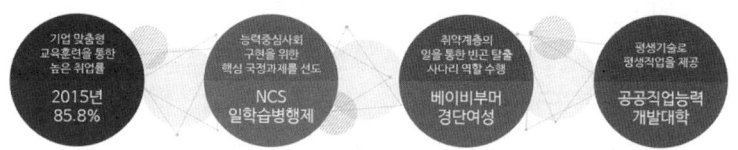

출처: 한국폴리텍대학(https://www.kopo.ac.kr)

⑥ NCS Level을 고려한 수준별 과정 체계(K_NET)

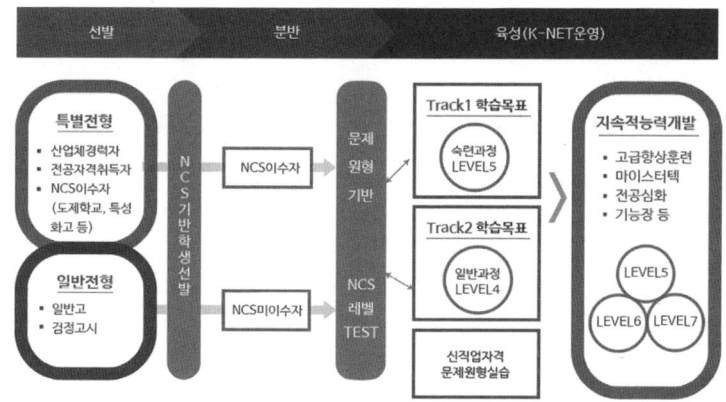

출처: 한국폴리텍대학(https://www.kopo.ac.kr)

⑦ NCS 기반 학생종합이력취업 관리 시스템

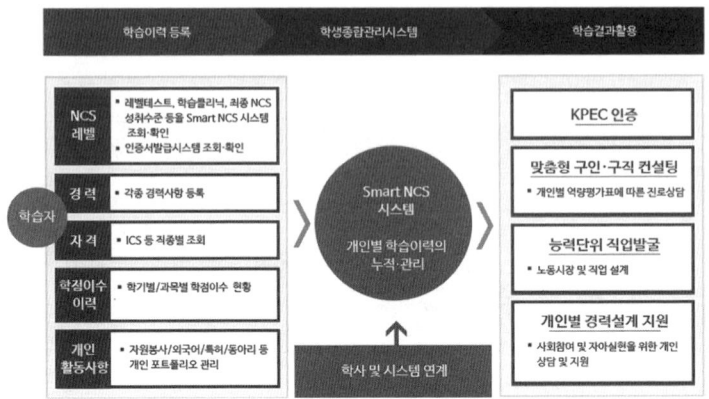

출처: 한국폴리텍대학(https://www.kopo.ac.kr)

· **특성화고, 마이스터고**

특성화고란 특정 분야의 인재 양성을 목적으로 하는 학교로서, 학생 개개인의 소질과 적성에 맞는 교육을 통해 우수한 인재를 양성하고 좋은 일자리에 취업할 수 있도록 지원하는 학교이다.

마이스터고란 초·중등교육법시행령 제90조 제1항 제10호의 산업수요 맞춤형 고등학교로 정의하고 있으며 구체적으로 '전문적인 직업교육의 발전을 위하여 산업계의 수요에 직접 연계된 맞춤형 교육과정 운영을 목적으로 하는 고등학교'로 제시되어 있다.

(1) 특성화고·마이스터고 학생의 성장 경로

출처: 특성화고·마이스터고 포털(http://www.hifive.go.kr)

(2) 직무 능력 중심 교육 과정

① NCS 기반 직업 교육 과정 개발

② 정부부처·지자체·산업체 연계(특성화고 육성): 8부 3청(과학기술정보통신부, 국방부, 문화체육관광부, 고용노동부, 농림축산식품부, 고용노동부, 해양수산부, 중소벤처기업부, 산림청, 특허청, 관세청)이 산업 분야별 핵심 인력 양성 지원 중이며 신규 분야 발굴 및 부처 참여 확대

③ 특수 분야 전문 인재 양성(마이스터고 육성: 산업 수요 맞춤형 교육으로 우선 취업 및 조기 기술명장 육성(졸업생 취업률: 93.0%('17)

④ 산학 일체형 도제 교육: 학교에선 이론·기초 실습, 기업에선 체계적 현장 교육 훈련 실시(67개 사업단, 197과정, 162교('19)로 확대)

⑤ 명장 공방 시범 설치 운영: 명장 공방을 학교에 설치하여 산업 현장 교육, 기술 전수 기회 제공 (7개교 시범사업('14)에서 23개교('18)로 확대)

3
NCS 직업 기초 능력 평가

· **직업 기초 능력이란?**

효과적인 직무 수행을 위해 대부분의 산업 분야에서 공통적으로 필요한 능력으로, 10개 영역 및 34개 하위 능력으로 구분된다.

1. 의사소통 능력
문서 이해 능력, 문서 작성 능력, 경청 능력, 의사 표현 능력, 기초 외국어 능력

2. 수리 능력
기초 연산 능력, 기초 통계 능력, 도표 분석 능력, 도표 작성 능력

3. 해결 능력
사고력, 문제 처리 능력

4. 자기 개발 능력
자아 인식 능력, 자기 관리 능력, 경력 개발 능력

5. 자원 관리 능력
시간 관리 능력, 예산 관리 능력, 물적자원 관리 능력, 인적자원 관리 능력

6. 대인관계 능력
팀워크 능력, 리더십 능력, 갈등 관리 능력, 협상 능력, 고객 서비스 능력

7. 정보 능력
컴퓨터 활용 능력, 정보 처리 능력

8. 기술 능력
기술 이해 능력, 기술 선택 능력, 기술 적용 능력

9. 조직 이해 능력
경영 이해 능력, 조직 체제 이해 능력, 업무 이해 능력, 국제 감각

10. 직업 윤리
근로 윤리, 공동체 윤리

• 직업 기초 능력 평가란?

실제로 직업 기초 능력을 사용할 능력을 보유하고 있는지 객관적으로 측정하는 평가 방법이 직업 기초 능력 평가다. 직업 기초 능력 평가는 응시자의 직업 기초 능력 관련 지식만을 단순히 평가하는 것에서 더

나아가 직무 관련 특정 상황에서 직업 기초 능력 관련 지식을 응용하여 구체적으로 어떻게 행동할 수 있는지를 확인하기 위한 것이다.

① 직업 상황: 실제 산업 현장에서 직무를 수행하면서 일어날 수 있는 상황이 문항의 배경으로 제시된다.
② 직업 기초 능력: 기존 인·적성 검사가 단순한 지적 능력을 평가한 것과 달리, 실제 직무를 수행할 때 필요한 기초 능력, 즉 10개 영역에 대한 능력을 평가한다.
③ 행동 중심: 특정한 직무를 수행하고 있는 사람이 직업 기초 능력에 대한 지식을 토대로 할 수 있는 구체적인 행동을 찾도록 한다.

· **직업 기초 능력 평가 출제 영역**

직업 기초 능력 10개 영역 중 각 기업과 직무 내용에 따라 NCS 적용 출제 영역의 내용은 조금씩 다르다.

기관	NCS 출제영역
사립학교교직원연금공단	의사소통, 수리, 문제해결
한국전력공사	의사소통, 수리, 문제해결, 자원관리, 정보
한국조폐공사	의사소통, 수리, 문제해결, 자원관리
시청자미디어재단	의사소통, 문제해결, 자원관리, 대인관계, 조직이해

출처: 해커스잡 공식 블로그

4

HRD로
나의 경쟁력 만들기

· HRD 훈련 안내 및 절차

① 구직자 지원사업 신청 절차: 거주지 관할 고용센터 상담 → 동영상 시청 및 구직 신청 → 훈련 과정 검색 및 구비 서류 준비 → 지원 가능 여부 결정 및 지원 → 훈련 수강 → 훈련 종료 → 취업 및 창업

② 근로자 지원사업 신청 절차: 직업 능력 개발 계좌 발급 신청 및 제출(HRD-Net 홈페이지 관할 고용센터) → 계좌 발급 승인 여부 결정 → 훈련 과정 검색 → 훈련 수강 및 자부담 결제 → 훈련 종료

③ NCS 적용 가능한 948개 직종 직업 능력 개발 훈련 과정 검색하기

④ 한 눈으로 지원 절차 알아보기

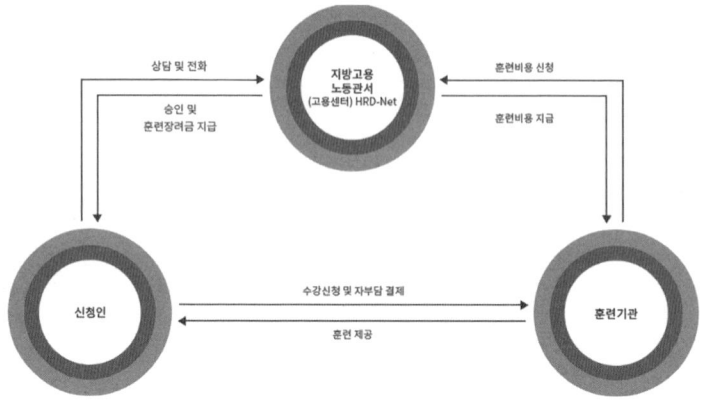

출처: HRD-net(http://www.hrd.go.kr)

· 직업 능력 개발 훈련 지원 안내

① 재직 근로자 직업 능력 개발 훈련 지원

훈련종류	훈련목적	훈련대상	훈련방법	지원내용
근로자 직업능력 개발훈련	근로자의 직무능력 향상과 경쟁력 강화를 도모하기 위해 근로자 자율적으로 직업능력 개발훈련에 참여할 경우 훈련수강비용의 일부를 지원하는 제도	- 이직예정 근로자 - 무급휴직/휴업자 - 비정규직 근로자 - 우선지원대상기업 근로자 - 대기업 50세 이상 근로자 - 고용보험 체납액이 없는 자영업자 - 3년간 훈련이력이 없는 근로자	근로자 직업능력개발 훈련 카드를 발급받아 고용노동부 장관의 인정을 받은 훈련과정을 수강	1인당 연간 200만원 한도내에서 훈련과정에 따라 50%~100% 지원 (5년간 합산 300만원 한도로 지원)

※ 근로자직무능력향상훈련, 내일배움카드제 훈련(재직자)은 2014년 4월 15일 부로 '근로자 직업능력개발훈련'으로 통합되었음

출처: 한국기술교육대학교 직업능력심사평가원(https://www.ksqa.or.kr)

② 실업자 직업 능력 개발 훈련 지원

훈련종류	훈련목적	훈련대상	훈련방법	지원내용
국가기간 전략산업 직종훈련	국가기간산업이나 국가 전략산업 중 인력 부족직종에 대한 기술·기능인력 양성	- 일반구직자 (직업안정기관에 구직 신청한 실업자) - 영세자영업자 - 고등학교 3학년에 재학중인 상급학교 비진학 예정자 - 대학(전문대학) 최종학년 재학생으로 대학원 등에 진학하지 않는 학생 (다음 연도 9월 이전 졸업예정자)	계좌카드를 발급받은 후 고시직종을 중심으로 지정된 훈련기관에서 실시	- 훈련비 전액 - 훈련 장려금
일반직종 계좌적합 훈련	실업자 등에게 필요한 직무수행능력을 습득·향상시킬 수 있는 직업능력개발훈련을 지원함으로써 실업자 등의 고용촉진 및 고용안정 도모	- 고용보험 피보험자격을 취득한 건설일용직근로자 - 농어업인으로 농어업 이외의 직업에 취업하려는 사람과 그 가족 - 1개월간 소정근로시간이 60시간 미만인 자 중에서 구직등록을 하고 피보험자가 아닌 자 (단, 생업을 목적으로 근로를 제공하는 자 중 3개월 이상 계속하여 근로를 제공하는 자와 일용근로자는 제외) - 전역예정자 - 취업성공패키지지원사업에 참여 중인 사람 등	계좌카드를 발급받은 후 지정된 훈련기관에서 실시	- 연간 1인당 200만원 (취성패 I 참여자 300만원) - 훈련 장려금

※ 실업급여 또는 다른 정부지원 훈련비용을 받고 있는 동안에는 비용 지원이 되지 않음

출처: 한국기술교육대학교 직업능력심사평가원(https://www.ksqa.or.kr)

참고문헌

- NCS 국가직무능력표준 홈페이지(https://www.ncs.go.kr/)
- 김소원 외, 『해커스 NCS 직업기초능력평가+직무수행능력평가』, 해커스공기업. 2020.
- 한국기술교육대학교 직업능력심사평가원(https://www.ksqa.or.kr/)
- HRD-net(http://www.hrd.go.kr/)
- 해커스잡 공식 블로그
- 특성화고·마이스터고 포털(http://www.hifive.go.kr/)
- 한국폴리텍대학(https://www.kopo.ac.kr/)
- 한국산업인력공단(http://hrdkorea.or.kr/)
- 블로그 기업교육엔터

윤 실 YOUN SIL

학력

· 유아교육학 학사
· 사회복지학 석사 재학 중

경력

· 더 행복상담센터 인지치료 강사 리더
· 노인장기요양 치매예방 강사 리더
· 노인장기요양보호센터 운영위원 대표

8장

공무원 채용 면접관의 기술

전영하

1 들어가며

올해 공무원 시험은 경쟁률이 더 치열해질 전망이다. 취업 포털 '사람인'에서 2021년 1월에 조사한 결과를 보면, 성인 남녀 중 35.8%가 현재 공무원 시험을 준비하고 있거나 준비할 의사가 있는 것으로 나타났다. 2019년 조사보다 무려 1.5배가량 늘어난 비율이다.

공무원 시험을 준비하는 이유는 압도적으로 '안정된 직업을 희망해서'(85.5%)가 꼽혔고, '공무원연금으로 노후가 보장되어서'(32.5%)가 뒤를 이었다. '코로나19 사태 이후 현재 직장 경영 상황이 어려워져서'(20.8%)도 있었다.

공무원이 되기 위한 최후의 관문이 바로 면접이다. 그리고 이 면접을 주관하는 이가 면접관이기에 면접관의 중요성은 말로 다하기 어렵다.

면접관이 꼭 갖추어야 할 덕목이 있다면 전문성과 책임감이라고 할 수 있다. 면접을 보다 보면 예상치 못한 여러 가지 상황에 부딪히기에 주어진 매뉴얼에 따라 응시자를 평가할 수만은 없다.

면접관의 주관적인 판단에 무게가 실리고, 그 판단은 전문적이어야 한다. 또한 응시자에게 있어 인생의 상당한 부분을 결정짓는 직업 선택의 순간을 면접관이 함께하는 것이므로 이것에 대한 책임감을 생생하게 느껴야 한다.

면접관들이 면접장에 들어가기 전에 교육 시간이 별도로 주어진다. 그러나 현장에서의 사전교육은 제한된 시간과 공간, 다수의 참여 인원 등의 요인으로 인해 확실한 교육이 어렵다. 그러므로 공무원 시험 관리 부처인 '인사혁신처'의 관련 자료들을 활용하여 해당 교육 내용을 다뤄 보고자 한다. 면접관으로서 갖추어야 할 자세와 책임, 역할, 프로세스 등을 미리 익혀 둔다면 시험 주최기관과 응시자에게 양질의 면접 서비스를 제공할 수 있을 것이다.

면접의 가치는 필기시험 합격자를 대상으로 면접을 통해 전문지식과 그 응용 능력, 공무원이 지녀야 할 정신 자세 등 직무 수행에 필요한 능력 및 적격성을 종합적으로 평가해 우수 인재를 선발하는 것이다.

이 책자가 공무원 채용 면접관으로 참여하는 이들에게 지침서로 활용되어 보다 심도 있고 효과적인 면접을 진행하는 데 도움이 되었으면 좋겠다. 또한 응시자들도 면접관의 입장에서 생각해 보는 시간을 가짐으로써 면접시험 준비에 조금이나마 도움이 되길 바란다.

2

공무원 채용 면접관에게 필요한 자질

공무원 면접시험은 공직자 업무 수행에 필요한 종합적이고 총체적인 역량을 검증하는 데 초점을 두고 있다. 애써 불합격 요소를 찾아내어 떨어뜨리려고 하는 것은 아니다. 다만, 선발 예정 인원을 초과해 합격시킬 수 없으므로 전체적인 평가 내용을 바탕으로 응시자 간의 상대평가로 합격 또는 불합격을 결정한다고 보면 될 것이다.

공정성의 핵심은 '운의 중립화'이다. 어디에서 태어났는지, 남자인지 여자인지, 부자인지, 가난한지 등 우연히 나타날 수 있는 사회적·자연적 조건을 없애야 한다. 그래야만 공정한 사회를 만들 수 있다(존 볼스).

• 공정한 면접시험

채용의 공정성을 확보함으로써 국민의 신뢰를 제고할 수 있다. 공정채용이라고 하는 직무 중심 채용은 차별적인 요소를 배제하고 공정한 채용과정을 통해 채용 분야에 적합한 인재를 선발하는 방식이다. 정부는 공정한 면접시험을 집행하기 위해 응시원서에 학력 란을 폐지했으며 응시자의 필기시험 성적도 면접위원에게 제공하지 않는다. 면접위원도 무작위 추첨을 통해 면접 조에 배정된다.

공무원 시험은 매우 객관적이고 공정성이 요구된다. 특히 당락 결정의 최종 단계인 면접에서는 더욱 그러하다. 면접시험은 면접관의 주관성을 완전히 배제할 수는 없다. 좀 더 객관성을 두기 위해 정부에서 시스템적 장치를 하고는 있으나 면접시험의 특성상 면접관의 판단이 작용한다고 본다.

면접관의 주관이 개입되는 것은 최소화해야겠지만 이 때문에 면접시험의 공정성에 문제가 있다고 생각하는 것은 올바르지 않다. 최대한 객관성을 확보하기 위해 평가 방식도 점차 다양화되고 있다.

면접시험은 구체적인 질문으로 지원자의 직무 능력을 검증·평가하는 단계이다. 몇 년 전부터 일상적이고 단편적 질문이나 지원자의 인적사항을 물어보는 전통적 면접 방식에서 벗어나 직무 능력을 중심으로 구조화된 면접을 통해 지원자를 평가한다.

기존 면접전형	직무 능력 중심 면접전형
- 집이 근무 예정지랑 거리가 먼데 출퇴근이 가능하겠어요? - 나이가 좀 있는 편인데 조직에 잘 적응할 수 있나요?	- 본인이 업무 담당자라면 제시된 상황을 어떻게 해결할 것입니까? - 예상치 못한 고난을 극복한 경험이 있습니까?

출처: www.ncs.go.kr

• 공무원 채용 전문면접관 교육

면접시험에 참가하는 응시자들의 기량은 비슷하다. 필기시험을 통과한 실력으로 면접시험을 위해 최선의 준비를 했을 것이다. 이렇게 기량이 비슷한 사람들 안에서 우열을 가리는 것은 쉽지 않다. 면접관의 역량이 더욱 중요하다 할 것이다.

공무원 면접시험에 관한 전문 면접관을 양성하는 별도의 교육 과정이 필요하다. '면접 스킬 및 공직에 대한 이해' 등을 일정 시간 이상 수료한 사람에 한하여 면접관으로 위촉하는 것이 바람직하다. 일정 능력 이상의 면접위원을 Pool 관리를 통해 필요하면 각종 국가공무원 및 지방공무원 면접시험장에 투입하는 규정이 만들어지길 희망한다.

교육 프로그램은 인사혁신처 또는 행정안전부 등의 정부부처에서 직접 추진하거나 민간에 위탁하여 실시하는 것도 좋은 방안이다. 면접위원 간 편차의 최소화를 위해서도 필요한 장치라는 생각이 든다.

면접관의 역량과 자질에 따라 최종 합격한 인재들의 수준이 달라지므로 우수한 인재를 채용하기 위해서는 면접관의 선발 및 사전교육 등이 매우 중요하다.

면접관을 희망한다면 '공공기관 전문 면접관 양성 과정 교육'을 이수하는 등 꾸준히 공무원에 대한 관심을 가지고 면접관으로서의 역량을 갖추어야 한다. 응시자들의 면접관에 대한 불신과 자질 문제에 대한 비판이 줄어들 것이다. 장차 공공기관 전문 면접관 자격제도도 도입될 것이라고 본다.

3
공무원 채용 면접관의 중요한 역할

면접 서비스 제공자로서 면접관은 조직과 응시자 양측 모두에게 조직의 대표자로서 역할을 다 해야 한다. 면접관은 공무원을 선발하고자 하는 시험 주관기관이 정한 적정 인재를 선발하는 데 중점을 두고 면접을 진행하는 사람이다. 직종별, 직군별, 해당 기능별로 맞춤화된 세부 역량을 공정하고 객관적으로 평가할 수 있도록 고도로 훈련된 전문가여야 한다.

면접관은 면접 방법과 면접의 프로세스, 면접의 주요 기법, 질문과 평가 지표, 평가 척도를 이해해야 하고, 질문과 평가, 관찰 기록, 평가에 대한 스킬을 가져야 한다. 뿐만 아니라 면접 진행과 커뮤니케이션 스킬도 익혀야 한다.

• 면접관의 면접 스킬

면접에 있어서 질문은 주요 질문과 후속 질문이 매끄럽게 연결되도록 하는 것도 기술이다. 응시자가 이미 언급한 내용과 관련된 답변을 되받아 질문하는 경우도 있다. 예를 들면 "조금 전에 말씀하신 내용 중에… 그 이유는 무엇입니까?"처럼 질문할 수 있다.

응시자가 한 말을 요약하여 이를 반복하여 언급하게 되면 응시자는 면접관이 자신이 하는 말에 주의 집중하고 있다고 인식한다. "음", "예", "네, 잘 알겠습니다"와 같은 간단한 반응을 보이는 것도 면접관으로서 좋은 행동이다. 이상이 언어적 의사소통 스킬이라고 한다면 다음은 비언어적 의사소통 스킬이다.

면접관의 경우 얼굴 표정도 중요하다. 시종일관 부드러운 표정을 유지하며 관심을 표현하되 표정을 통해 평가 단서를 제공하지 않도록 해야 한다. 응시자와 적절한 눈 마주침은 필요하나 지나치게 눈을 응시하는 것은 삼가야 한다. 질문을 던진 면접관이 다른 곳을 바라보는 것은 옳지 못한 행동이다. 중간 중간에 고개를 끄덕이는 등의 행동으로 응시자에게 관심을 표현하는 행동은 좋다(출처: KCA 공공기관 전문면접관 교육 교재).

역량 있는 면접관은 제한된 시간 내에 주어진 질문과 응시자의 답변만 가지고도 응시자의 숨겨진 내면과 인성을 볼 수 있어야 한다. 지나

치게 많은 요소들을 평가하기보다는 소수의 평가요소들을 심층적으로 평가한다는 접근 자세를 취하는 것이 바람직하다. 면접이 종료될 때까지 집중력과 성실한 자세는 응시자에게만 요구되는 것이 아니고 면접관에게도 그대로 적용된다는 것을 명심해야 한다.

• 면접관이 알아야 할 5대 평정 요소

면접관들은 법령상에 명확하게 명시가 되어있는 아래 5가지 평정 요소로 응시자들을 평가한다. 서류전형과 필기시험으로 파악하기 힘든 가치관, 의사 표현, 상황 대응 능력 등을 종합적으로 파악 및 평정한다.

(1) 공무원으로서의 정신 자세
공무원은 국가와 국민을 위해 일하는 사람들이다. 국가관과 공직관, 윤리관을 평가한다.

질문 예시) 상사가 부당한 업무를 지시했을 때 어떻게 대처할 것인가?

(2) 전문지식과 그 응용 능력
공무원은 각 직렬별로 전문성이 다를 수 있다. 진문지식과 함께 관련 경험, 관심과 흥미, 정보 수집 및 처리 능력, 자기계발 의지 등을 평가한다.

질문 예시) 지원한 직렬에서 업무 수행 시 중시해야 하는 가치는 무엇인가요?

(3) 의사 표현의 정확성과 논리성

커뮤니케이션 능력, 타당한 근거를 들어 쉽고 명확하게 전달, 정보 파악과 핵심 이슈를 도출, 이슈 간의 상관관계와 우선순위, 대안별 장단점과 파급 효과를 고려한 적절한 대안 제시 능력도 필요하다.

질문 예시) 지금까지 내린 의사결정 중 가장 만족스러운 결정은 무엇인가요?

(4) 예의, 품행 및 성실성

응시자의 사고방식, 성향 및 정서, 대인관계, 리더십, 준비성, 책임감 등을 종합적으로 판단하는 항목이다. 듣는 사람을 배려하고 경청하는 자세, 공감 등을 들 수 있다. 이 항목은 면접 과정 전체를 통해 평가할 수 있는 항목이다.

질문 예시) 상대의 속마음을 알지 못하고 실수를 하거나 후회한 적이 있는지요?

(5) 창의력·의지력 및 발전 가능성

기존의 업무 방식의 문제점을 개선하려는 의지, 꾸준하고도 장기적인 자기계발 계획 여부 등을 들 수 있다.

질문 예시) 본인이 창의력이나 아이디어를 발휘하여 좋은 성과를 낸 경우가 있는지요?

면접위원의 과반수가 평정 요소 5개 항목 중 2개 이상을 '하'로 평정하였거나, 위원의 과반수가 어느 하나의 동일한 평정 요소에 대하여

'하'로 평정한 때에는 불합격 처리된다. '상'의 개수가 많은 순으로 선발 예정 인원에 해당하는 합격자를 결정한다.

· 공직 가치 평가 방법 예시

(1) 중점 평가 내용

면접관은 응시자의 공직 가치를 심층적으로 검증하기 위해서는 국가관, 공직관, 윤리관을 중점적으로 평가하도록 한다.

국가관	(애국심) 역사와 헌법 가치를 인식하고 국가에 대한 자긍심 (헌신성) 공직자로서 대한민국의 안전과 발전에 최선 (다양성) 다양한 생각과 문화를 존중, 인류 평화와 공영에 기여
공직관	(책임성) 법 국민의 요구에 사명감을 가지고 대응 (공평성) 불합리한 차별이 없도록 공정하고 평등한 행정 실천 (전문성) 전문가로서 직업의식과 창의적인 사고로 업무를 처리
윤리관	(청렴성) 사적인 이익이나 외부 청탁 배제 (정직성) 모든 업무는 객관적 사실에 기초하여 수행 (투명성) 국민과 소통하고 정책 결정과 집행 과정 적극 공개

면접시험 문제는 면접평가 기법 특성을 고려하여 문제를 구성하되, 특정 입장이나 답으로 유도하지 않도록 하고 있다. 예를 들면 개인 발표 과제 출제 시 정치적 사회적 논란, 성별이나 학력 등 차별적 문제를 야기할 소지가 없도록 하고 있다.

(2) 면접위원 구성

면접시험의 공정한 평가를 위해 면접위원 구성은 외부 면접위원이 더 많도록 하고 있다. 외부 면접위원을 1/2 이상 위촉해야 하며, 지원자와 제척이나 기피 대상에 있는 사람은 위촉하지 못하도록 하고 있다. 면접위원 명단은 대외비에 준하여 관리한다. 면접 조는 당일 추첨을 통하여 결정하고 배정 정보도 사전에 공개되지 않도록 엄격히 관리하고 있다.

(3) 면접관의 바람직한 행동

면접시험을 치러본 면접관들도 응시자가 면접 준비를 많이 해 변별력을 갖는데 상당한 어려움이 있다고 한다. 질문을 통해 응시자 개인의 다양한 인성과 능력, 태도, 가치 등의 평가에 집중해야 한다. 응시자가 잘 모르는 것을 질문하는 것이 능력 있는 면접관으로 착각해서는 안 된다.

답변이 끝나기 전에 말을 잘라 버리거나 끼어들어 응시자가 당황하도록 하는 것도 마찬가지이다. 면접관이 자기의 지식과 생각으로 판단하여 단정하는 것은 금물이다.

물론 때로는 응시자의 답변과 반대 견해를 제시하면서 답변의 논리성을 혼란스럽게 하는 함정 질문을 할 필요도 있다. 이때 면접관이 응시자와 논쟁하는 듯한 모습은 지양해야 한다. 응시자의 논리를 긍정해 주는 것도 좋다. 자신의 주장을 설득력 있게 말할 수 있도록 분위기를

만들어주는 것이 좋다.

공무원 면접시험은 블라인드 면접이므로 면접관에게 응시자에 대한 정보가 주어지지 않는다. 결국 면접관이 짧은 시간에 응시자를 파악하는 능력이 필요하다. 면접관의 수준과 자질을 알 수 있는 시간이다. 우호적 질문과 압박성 질문을 적절히 활용할 수 있어야 한다.

(4) 면접 진행 시 유의사항
응시자가 친인척 중 유명 인사가 있다거나 본인에게 유리한 성장 배경, 가족 관계, 사회 경력 등의 평가와 관계없는 사항을 의도적 발언하는 경우 이를 제지해야 한다.

면접관이 응시자를 무시하거나 권위적이고 고압적인 발언 등으로 품위를 잃는 일이 없도록 언행에 주의해야 한다. 면접 시간 중 화장실을 간다든지 휴대전화를 사용한다든지 졸고 있는 모습 등도 신경 써야 할 것이다. 일부 면접관의 이러한 행동으로 인하여 전체 면접관에 대한 불신의 요인이 되고 민원을 발생시키는 경우도 있다.

4
면접관이 알아두면 좋은 면접 방식

최근 모든 공공기관, 공기업에서 블라인드 방식 채용을 채택하고 있다. 블라인드 채용이란 채용 과정에서 편견이 개입될 수 있는 항목을 요구하지 않고, 실력(직무 능력)을 평가하여 인재를 채용하는 방식을 의미한다.

해외에서도 비슷한 방식을 채택한 나라가 있다. 프랑스에서는 익명이력서(Anonymous Reseme)를 통해 응시자의 이름, 나이, 주소, 국적을 배제하고, 교육사항, 직무 경력만 기재하여 인종, 국적, 거주 지역, 연령에 따른 편견 요소를 방지하고 직무 수행 능력을 공정하게 검증한다.

영국은 이력서에 이름을 쓰지 않게 하여 인종, 성별, 연령 등을 추측하지 못하게 함으로써 차별을 배제하고 채용 과정에서 편견의 개입을 금지하고 있다. 평등기회 훈련 과정을 이수한 사람만이 채용 담당 업무

를 수행할 수 있다.

미국의 경우도 인종, 성별, 지역, 국적, 연령, 장애 등 편견적인 요소를 채용, 평가, 승진 등에서 차별하지 않도록 민권법(Civil Rights Act)을 통해 명시하고 있다. 이력서에 사진, 연령, 성별 등 직무와 무관한 인적사항 요구를 금지하고 있다(출처: www.ncs.go.kr).

블라인드 채용에 따른 문제점도 많이 지적되고 있다. 면접 비중이 강화돼 면접관의 전문성과 공정성의 문제가 발생할 수 있다는 것이다. 또 출신학교 등의 정보 부족으로 고학력자에 대한 역차별과 전문성을 검증하기 어렵다는 것도 문제점으로 지적되고 있다.

• 집단 토의 면접

면접관은 사전에 주어진 특정한 과제를 제시한 후 응시자들이 집단으로 토의를 통해 문제를 해결해가는 과정과 결과를 보고 평가한다. 여러 명의 응시자들이 토론하는 방식으로 진행한다. 특정 문제에 대해 서로 다른 입장과 의견을 가지고 있는 사람들이 토의를 통해 합의된 결론을 도출해야 하는 과정이다.

예를 들어 '부패' 관련 토의를 한다고 할 때 조직의 사명 및 정책에 대한 지식을 유지하고 개발할 수 있는지 여부를 평가할 수 있을 것이고,

한편으로는 개인의 행동을 파악하여 개인의 가치, 신념, 확신, 세계관 등에 대한 식견을 유지하고 개발하고자 하는 의지가 있는지 여부를 평가할 수 있다.

• 개인 발표 면접

헌법정신, 역사의식, 공직윤리 관련 내용이 포함된 참고 자료를 제시하고, 이에 기초하여 자료 작성 및 발표가 이루어지도록 유도하는 면접 유형이다.

응시자의 노하우를 바탕으로 종합적인 결과를 도출하여 발표하며, 이와 관련하여 직무와 적합성을 후속 질문을 통해 종합적으로 평가할 수 있어야 한다. 예를 들어 '공무원 스마트워크 제도의 활성화를 위한 정책 방안'과 같은 발표 주제를 제시할 수 있다.

• 경험 면접

경험 면접(행동 사건 면접)은 교육, 자격, 경험, 경력사항 등 응시자의 경험을 기반으로 직무를 수행할 때 직접적인 능력을 예측하는 면접 유형을 말한다. 응시자가 작성한 자기소개서를 바탕으로 직무에서 요구하는 능력을 얼마나 갖추었는지를 검증하는 면접 방법이다.

개인의 행동과 성격, 특성은 쉽게 변하지 않는다고 보기 때문에 경험 면접 기술은 과거에 수행했던 내용들을 중심으로 질문하고 답하도록 하는 것이 바람직하다. 예를 들어보면 "과거에 시간이 부족하여 급하게 업무를 처리한 경우가 있었다면 어떻게 했는지 설명해보세요"와 같이 질문하면 될 것이다.

• 상황 면접

상황 면접(역할 수행 면접)은 주어진 상황에서 응시자의 판단, 판단의 이유, 행동 의도 등을 질문하는 방식이다. 실제 업무에서 발생할 수 있는 구체적인 상황을 면접관이 제시하고, 응시자가 문제를 해결하는 능력을 평가하는 면접 유형이다.

응시자의 역량과 관련한 경험이 있을 경우 유용하게 활용할 수 있다. 예시로서 "공무원이 되었다고 가정하고, 처리 시간이 촉박한 민원 업무가 접수되었다면 어떻게 처리하겠는가?"와 같이 질문하는 경우이다.

• 면접관도 알아야 할 국정 핵심과제 1가지

필자는 수년 전부터 기회가 있을 때마다 각종 공공기관 채용시험에 '사회적경제'와 '독도'에 관련된 문제를 내는 게 필요하다는 것을 주장해왔다. 심지어는 대학 입학 수능시험에도 한 문제 정도만이라도 출제해주길 바랐다. 다행히 최근 들어 각종 필기시험 또는 면접시험에 가끔씩 출제되고 있다.

사회적경제는 정부가 국정 주요 핵심과제로 채택하여 강력하게 추진하고 있다. 사회적경제는 '구성원 간 협력과 자조를 바탕으로 재화와 용역의 생산 및 판매를 통해 사회적 가치를 창출하는 민간의 모든 경제적 활동'을 말한다. 공무원 시험 면접 응시생들은 이 부분을 공부하고 있다. 제한된 지면으로 인하여 자세한 설명은 생략하나 면접관은 관심을 갖고 살펴보길 권한다.

5 마치면서

  힘든 수험 과정의 마지막 관문인 면접. 모두를 합격시켜 주고 싶지만 어쩔 수 없이 그들의 우열을 가려내야 한다. 아니, 우열이라기보다는 공무원이라는 직업과의 적합성이라 하겠다. 더 자세히 말하자면, 응시자의 경험과 행동 사례를 통해 잠재 역량이나 발전 가능성까지 내다보고 공직에 필요한 직무 수행능력을 갖고 있는지, 공무원으로서 필요한 가치와 적합성을 겸비하고 있는지를 검증해야 한다.

  이토록 중요한 과정에서 면접관 질문에 대한 응시자의 응답 내용 못지않게 질문을 하는 면접관의 언행과 태도도 중요하다는 것을 잘 알았을 것이다. 응시자의 입장에서 여러 가지를 고려해야 하지만, 면접관으로서도 부족함이 없도록 노력하고 스스로 역량과 자질을 갖추어 전문 면접관으로 거듭나길 기대한다.

참고문헌

- 인사혁신처, 「카드뉴스 공정채용 프로세스」, 2018.
- 고용노동부, 「블라인드 채용 가이드북」, 2017.
- 한국산업인력공단, 「공정채용 가이드북」, 2020.
- 한국산업인력공단 사이트(https://ncs.go.kr/blind)

전영하 JEON YOUNG HA

학력

· 대학원 벤처창업학 전공
· 대학원 사회복지학 전공
· 대학 법학과 졸업

경력

· 경북도청 및 대구시청 사회적경제과장(4급 서기관)
· 계명대학교 벤처창업학과 겸임교수
· 적극행정 교육 강사(행정안전부)
· 청렴교육 기본강사(청렴연수원)
· NCS 기반 공공기관 전문면접관
· 대구창조경제혁신센터 창업멘토

자격

· 기술거래사(산업통상자원부장관)
· 창업지도사 1급(창업지도사협회)
· 창업보육전문매니저(한국창업보육협회)
· 사회복지사 1급(보건복지부장관)

수상

· 행정자치부장관, '지방행정의 달인' 선정(2014)

· 대통령 표창(2015)
· 신지식공무원 선정(2015)

9장

블라인드 면접, 그것이 알고 싶다

이태열

1 들어가며

 공공기관이나 민간 기업에 있어 채용은 매우 중요한 이슈이다. 그래서 많은 공공기관이나 기업에서 채용에 많은 비용과 시간을 투자하고 또한 연구를 하면서 좋은 인재, 적합한 인재를 채용하기 위한 노력을 해오고 있다.

 채용에 있어 중요한 부분은 어떤 기준을 가지고 인재를 판단하고 채용할 것인가의 문제이다. 과거 한때에는 학벌과 스펙 중심의 채용으로 인해 개인이나 공공기관에 있어 직무만족도 저하, 기업의 채용 비용 증가, 국가의 인적자원 낭비와 같은 부정적 현상들을 초래하였다.

 학벌과 스펙 중심의 인재 채용은 누군가에겐 기회의 박탈이자, 정보 불균형에 의한 피해를 볼 수도 있고, 가장 큰 것은 선입견에 의해 능력에 대한 공정한 평가를 받을 수도 없게 만든다. 여기에 채용 과정에서

문화적인 측면의 영향이나 지역적인 측면까지 더해지는 경우가 있다 보니 체계화된 인재 채용 시스템을 구현하기가 불가능했을 것이다.

이런 과정에서 사회 진출을 앞둔 취업 준비생과 예비 졸업생들은 과도한 스펙과 학벌을 쌓기 위해 불필요한 비용과 시간을 투자할 수밖에 없는 상황이 만연했다.

이런 학벌과 스펙 중심의 채용 기준에서 직무 능력 기반의 과학적 채용 방법에 대한 욕구가 커졌고, 공공기관을 중심으로 NCS의 확립과 함께 직무 중심의 채용이 시작되었다.

블라인드 채용의 등장은 이런 배경에서 시작되었다. 여기서는 블라인드 채용의 정의와 내용 그리고 핵심이라고 할 수 있는 블라인드 채용 과정에서의 취준생들이 어떻게 준비하고 대응해야 하는지에 대한 부분을 언급하고자 한다.

2
블라인드 채용

• 블라인드 채용의 의미

블라인드 채용이란 채용 과정에서 편견이 개입될 수 있는 항목을 요구하지 않고, 실력(직무 능력)을 평가하여 인재를 채용하는 방식을 의미한다.

블라인드 채용은 비단 우리나라의 경우에만 있는 것은 아니고, 선진국의 몇몇 국가에서는 이미 시행되고 있는 제도이다. 각국의 상황에 맞게 이루어지고 있으며, 그 대표적인 사례로 프랑스, 영국, 미국의 블라인드 채용을 살펴보면 다음과 같이 요약할 수 있다.

(1) 프랑스의 사례

프랑스의 경우 익명이력서를 통해 지원자의 이름, 나이, 주소, 국적을 배제하고, 교육사항, 직무 경력만 기재하게 하고 있다. 이를 통해 인종, 국적, 거주지역, 연령에 따른 편견 요소를 방지하며 직무 수행 능력을 공정하게 검증하고 있다.

(2) 영국의 사례

영국의 경우 이력서에 이름을 쓰지 않게 하여 인종, 성별, 종교, 연령 등을 추측하지 못하게 함으로써 차별을 배제하고 있다. 또한, 채용 과정에서 편견의 개입을 금지하기 위해 평등 기회 훈련 과정을 이수한 사람만이 채용 담당자로서 업무를 수행할 수 있다.

(3) 미국의 사례

미국의 경우 인종, 성별, 지역, 국적, 연령, 장애 등 편견적인 요소를 채용, 평가, 승진 등에서 차별하지 않도록 민권법(Civil Rights Act)을 통해 명시하고 있다. 이에 따라 이력서에 사진, 연령, 성별 등 직무와 무관한 인적사항 요구를 금지하고 있다.

• 블라인드 채용의 내용

블라인드 채용은 지원자의 실력(직무 능력)을 평가하기 위해 4단계의 절차를 통해 선발하고 있다. 먼저 채용 공고를 내고 서류전형을 거쳐 필기전형을 하고 마지막으로 면접전형을 실시하게 된다. 물론, 공공기관이나 채용 특성에 따라 채용 절차와 세부 내용은 조금씩 변경되어 적용이 가능하다.

(1) 채용 공고

채용 공고의 경우 채용 인원이나 지원 자격 등에 대한 채용 정보를 제공하며, 직무 내용에 대한 '직무 설명 자료'를 함께 공고하여야 한다. 현재는 NCS(National Competency Standards), 즉 국가직무능력표준 상의 지식, 기술, 태도, 직업 기초 능력을 바탕으로 직무에 대한 설명 자료를 제시하고 있다.

(2) 서류전형

서류전형의 경우 직무와 관련된 교육, 자격, 경험사항, 자기소개서 등의 항목으로 지원자의 실력(직무 능력)을 평가하게 된다.

(3) 필기전형

필기전형의 경우 채용 분야와 관련된 필기 유형을 선택하여 지원자의 실력을 평가하고 있으며, NCS 상의 평가 항목을 참고로 하여 평가를 하기도 한다.

(4) 면접전형

면접전형의 경우 경험, 상황, 토론, 발표 면접 등의 면접 유형으로 지원자의 직무 관련 경험 및 직무 상황 대응 능력을 평가하게 된다.

3

블라인드 서류 평가 요령

• **블라인드 서류 평가 요소**

앞서 언급한 것처럼 직무와 관련된 내용을 중심으로 블라인드 서류 평가를 하게 된다. 즉, 직무와 관련된 교육사항, 관련 자격증 등을 들 수 있으며, 직무와 관련된 경험을 중심으로 평가하게 된다. 또한, 자기소개서의 경우 직무와 관련된 내용을 자유롭게 기술하거나 공공기관이 요구하는 직무 관련 질문에 따른 답변으로 평가하기도 한다. 이 모든 것이 기존 학벌과 단순한 특정 스펙이 아닌 철저히 채용 분야의 직무와 관련된 내용으로만 평가를 한다는 것이다.

(1) 교육 부분 평가

블라인드 채용에서 서류 평가 부분의 직무 관련 평가 항목 중 가장 대표적인 것이 교육 부분일 것이다. 예전의 평가라고 한다면 어느 학교를 나왔는지, 서울에 있는 대학을 나왔는지, 지방이라고 한다면 국립대 등 인지도가 있는 대학을 나왔는지가 평가의 주요 요인이었다.

하지만 블라인드 채용에서 교육 부분은 직무 관련성에 평가의 주안점을 두기 때문에 직무와 관련한 과목이나 교육 과정이나 관련 교육을 얼마나 이수했는지가 평가의 요소라고 할 수 있으며, 해당 직무 지원에 적합 여부를 판단하는 기준이 된다. 지원자 입장에서는 최대한 지원 분야의 직무와 관련한 내용을 언급해주는 것이 중요하다.

(2) 자격 부분 평가

블라인드 채용에서 서류 평가 중 자격 부분은 기존의 무분별한 자격증 취득 문제와 일률적인 자격증 취득의 문제점을 개선하기 위해 지원 분야의 직무와 관련한 자격증 중심의 평가를 시행하고 있다. 즉, 직무 관련 자격증의 취득 여부가 평가의 주요 요소인 것이다.

특정 기술직의 경우는 관련 자격 취득 여부가 서류 평가의 당락을 결정하는 만큼 지원자의 경우 향후 지원할 직무에 대한 관련 자격증을 선별하여 미리 취득하는 것이 중요하다.

(3) 경험 부분 평가

블라인드 채용에서 경험에 대한 평가는 서류 평가 부분에서 다른 평가보다도 더 실질적인 직무 관련성을 평가하는 데 있어 매우 중요한 부분이다. 교육적인 부분과 자격증은 지식적인 측면이 강하다면 경험은

실무적인 측면이라는 점에서 직무와 관련하여 어떤 경험을 하였는지, 그 경험에서 어떤 성과를 내었는지가 중요한 평가 요소가 되는 것이다.

(4) 자기소개서 부분 평가

블라인드 채용에서 서류 평가 중 자기소개서 부분은 지원자라면 가장 신경을 쓰이게 하는 부분일 수 있다. 실제 평가에서도 중요하게 보는 부분이다. 앞선 서류 평가 요소인 교육, 자격, 경험적 측면은 같은 직무를 지원한 지원자라면 비슷한 부분을 나타낼 가능성이 크다. 결국, 서류 평가에서 차별적인 면을 드러내고 자신만의 장점을 드러낼 수 있는 부분인 것이다.

각 공공기관마다 자기소개서 부분에서 직무 관련 공통 질문에 대한 답변을 요구하는 만큼 자신만의 표현법 또한 차별성을 나타내는데 한 요소가 될 수 있다.

• 블라인드 서류 작성 중 주의사항

최근 블라인드 채용 과정에서 서류 작성 부분에 있어 가장 큰 변화라고 한다면 직무 능력 중심의 평가인 만큼 기존 일반 사항이었던 출신 학교, 출신 지역, 가족 관계, 성별, 연령, 신체적 조건 등의 요소는 철저히 배제한다는 점이다. 기존 이력서 양식과 블라인드 채용 이력서 양식이 확연히 다른 것을 위의 예시로도 알 수 있다.

문제는 이렇게 블라인드 채용 평가에서 언급하면 안 되는 부분에 대한 내용들이 실제 서류 평가 시에 아직도 언급되는 경우가 있다는 점이다. 서류 양식에는 언급되는 경우가 없지만, 자기소개서나 직무기술서 등에서 블라인드 원칙에서 벗어난 내용을 언급하는 경우가 발생한다. 아마도 주의를 기울인다고 하지만, 짧은 시간에 기술하다 보면 기존 고정관념 때문에 본의 아니게 기술하게 되는 것 같다.

블라인드 채용 원칙에서 벗어나는 내용이 서류 평가에서 발견되면 서류 평가에서 탈락을 하게 되는 만큼 각별한 주의가 필요하다고 할 것이다. 어렵게 공공기관 취업을 준비했는데 제대로 평가를 받기도 전에 서류에서 탈락하는 일이 없도록 서류를 기술할 때 철저한 주의와 점검이 필요하다.

• 블라인드 서류 평가 에피소드

블라인드 채용 과정에서 서류 평가를 하다 보면 가장 중점을 두고 보게 되는 것이 블라인드 원칙을 기본적으로 지켰는지 하는 부분이다. 블라인드 채용 과정에서 첫 번째 단계인 채용 공고 시에 언급되는 내용을 하나하나 체크해야 하는데, 일반적으로 같을 것이라는 막연한 생각이 실제 서류를 기술하고 자기소개서를 작성하는 데 있어 실수를 범하게 되는 것 같다. 몇 가지 서류 평가 시에 빈번한 에피소드를 언급하면 다음과 같다.

(1) 학력을 언급하는 경우

학력에 대한 차별을 배제하는 것은 블라인드 채용 원칙에 매우 중요한 부분이며 핵심이라고 할 수 있다. 학력인 아닌 직무에 대한 능력으로 채용 평가를 함으로써 공정한 기회를 주겠다는 것이기 때문이다. 이런대도 불구하고 'ㅇㅇ대학교를 졸업하고' 또는 '대학원 공부를 마치고' 등 최종 학력을 유추할 수 있는 표현을 쓰는 경우를 간혹 보게 된다.

(2) 출신 학교를 언급하는 경우

서류 평가를 하다 보면 만나게 되는 안타까운 경우가 출신 학교를 언급하는 부분이다. 물론 너무 긴장해서 서류를 작성하다 보니 이해할 수도 있는 부분이지만, 평가에 있어서 원칙을 위반한 경우이기 때문에 서류 심사의 불이익을 받을 수밖에 없다.

4

블라인드 면접 평가 요령

· 블라인드 면접 평가 요소

블라인드 면접전형에서는 구체적인 질문들을 통해 지원자가 갖고 있는 교육과 경험 등을 토대로 주로 직무 수행 능력을 검증하고 평가를 하게 된다. 즉, 단편적인 대화를 통한 일상적이고 지원자의 지극히 개인적인 인적사항을 물어보던 전통적인 면접에서 벗어나, 직무 수행 능력을 중심으로 구조화된 면접을 통한 지원자의 실질적인 역량을 평가하게 되는 것이다.

· 블라인드 면접 평가 방법

블라인드 면접 평가의 경우 대표적으로 경험 면접과 상황 면접, 발표

면접, 기타 면접 등을 통하여 앞서 언급한 직무 수행 능력에 대한 평가를 수행하게 된다. 이처럼 공공기관에서는 블라인드 면접 과정에서 각 기관이나 직무에 적합한 다양한 면접 방법을 통해서 지원자의 역량을 평가하고 있다.

(1) 경험 면접

경험 면접은 지원자가 직접 작성한 입사지원서 및 자기소개서를 바탕으로 직무에서 요구하는 능력을 어느 정도 가졌는지를 검증하는 방법이다. 주로 구조화된 질문을 통해 지원자의 실제 경험을 바탕으로 직무 수행 능력을 평가하게 된다.

(2) 상황 면접

경험 면접과 달리 상황 면접은 실제 업무에서 발생할 수 있는 구체적인 상황을 제시하고 지원자가 기존의 지식과 경험을 바탕으로 어떻게 문제를 해결하고 대안을 제시하는지 관련 능력을 검증하는 방법이다.

(3) 발표 면접

발표 면접의 경우 직무와 관련된 이슈나 주제를 주고, 일정 시간 지원자의 생각을 정리하고 의견을 제시한 것을 발표 과정에서 질의와 응답을 통해 지원자의 직무 수행 능력을 검증하는 방법이다. 이 경우 주제에 대한 의견도 중요하지만 발표하는 능력이나 후속 질문에 대한 응대도 중요한 평가 요소가 된다.

(4) 기타 면접

앞서 언급한 대표적인 블라인드 면접 방법인 경험 면접, 상황 면접, 발표 면접 방법 외에 공공기관별로 또는 직무 특성상 다양한 면접 방법이 쓰이고 있다. 토론 면접, 롤플레이 면접 등을 들 수 있다.

토론 면접의 경우는 직무와 관련한 특정 주제를 주고 자유토론을 실시하고 그에 따른 추가 질의 등을 통해 지원자들의 직무 능력이나 상호 능력을 검증하게 된다.

롤플레이 면접의 경우는 직무에서 발생할 수 있는 다양한 관계 속에서 지원자에게 역할을 부여하고 상호 소통을 통해 문제 상황을 파악하고 해결하는 과정을 보고 직무에 대한 적합성을 검증하게 된다.

• 블라인드 면접 평가 에피소드

공공기관 블라인드 면접을 하다 보면 면접 과정에서 가장 많은 블라인드 원칙 위반을 하게 되는 것이 이름을 밝히는 경우이다. 최근에는 이런 기본적이고 사소한 실수를 줄이기 위해 면접 직전에 블라인드 위배 사례에 대한 교육을 실시하고 있는데도 불구하고, 너무 긴장을 해서인지 아니면 인식을 미처 못해서인지 지원자 중에 본인의 성명을 밝히는 경우가 안타깝게도 종종 발생하게 된다.

면접에서 1분 정도 직무와 관련한 자기소개를 시키는 경우가 많은데, 이 과정에서 가장 많이 본인의 이름을 밝히는 경우가 발생하는 만큼 자기소개를 준비할 때 철저히 "지원자는…"이란 표현을 입이 닳도록 연습할 필요가 있다.

5
마치면서

앞서 블라인드 채용에 대한 내용으로 블라인드 서류 평가와 면접 평가에 대해 살펴보았다. 결론적으로 블라인드 채용과 면접에서 가장 중요한 부분은 결국 편견 요인을 배제하고 직무 수행 능력과 관련한 내용으로 인재를 평가하고 검증하는 것이다. 이를 통해 기존 학벌과 지연, 학연, 스펙을 벗어나 직무와 관련한 동등한 위치에서 공정한 기회를 제공하고 직무에 적합한 인재를 선발하는 관행을 만드는 것이다.

최근에는 취준생들도 이런 채용 문화의 변화에 따라 블라인드 채용과 면접에 대한 교육도 받고 준비도 철저히 하는 것으로 안다. 하지만 이런 노력에도 불구하고 서류 작성이나 면접 과정에서 블라인드 원칙 기본 사항에 위배되는 경우가 종종 발생하는 만큼 각별한 주의가 필요해 보인다. 이런 내용을 잘 숙지하여 블라인드 채용과 면접의 취지처럼 많은 공공기관 취준생들이 공정한 기회를 얻을 수 있기를 바란다.

| 참고문헌

- 한국직업능력개발원, 『취업준비생을 위한 블라인드 채용 가이드북』, 한국산업인력공단, 2020.
- 한국직업능력개발원, 『블라인드채용 민간기업용 가이드북 자료』, 한국산업인력공단, 2018.
- 한국산업인력공단, 『블라인드 채용 가이드북』, 경성문화사, 2017.

이태열 LEE TAE YEOL

학력

· 정치외교학 학사
· 지식서비스&컨설팅학 석사
· 경영학 박사

경력

· ㈜비엔피경영전략연구소 대표
· ㈜비엔피비즈파트너스 이사
· 기업경영솔루션센터 이사
· 비즈니스 지원단 위원
· NCS 기업 활용 컨설팅 전문위원
· (사)한국벤처혁신학회 정회원
· 저작권 사업화 컨설팅 전문위원

자격

· 경영지도사
· 창업보육전문매니저
· 기술평가사
· 기술신용평가사(2급·3급)
· 이노비즈 전문 컨설턴트
· 원가진단사

· ISO 9001·14001 국제 선임심사원

저서

· 『공공기관 합격 로드맵』, 이태열 외 공저, 렛츠북, 2019.
· 『공공기관·대기업 면접의 정석』, 이태열 외 공저, 브레인플랫폼, 2020.
· 『4차 산업혁명 시대 AI 블록체인과 브레인경영』, 이태열 외 공저, 브레인플랫폼, 2020.
· 『미래 유망 자격증』, 이태열 외 공저, 브레인플랫폼, 2020.
· 『경영기술컨설팅의 미래』, 이태열 외 공저, 브레인플랫폼, 2020.

10장

베테랑 면접관이 말하는 인성 면접 잘 보는 핵심 꿀팁 7가지

박종현

1
경쟁을 즐겨야
최종 승자가 된다

• **채용 시장 현황 및 전망**

많은 사람이 좁은 문을 들어가려면 좋든 싫든 경쟁을 하게 된다. 그러나 그 경쟁은 즐겁기보단 곤욕스러울 때가 많다. 대한민국 청소년들에게 있어 가장 달갑지 않은 경쟁은 아마도 대학 입학시험과 졸업 후 치열한 취업 경쟁이 아닐까 싶다. 누군가를 떨어뜨려야 내가 들어갈 수 있는 좁은 문이기 때문이다.

2021년 채용 시장도 2020년 못지않게 녹녹지 않아 보인다. 전문가들은 작년과 마찬가지로 올해도 취준생들의 취업 문턱이 높을 것으로 전망하고 있다. 2020년 1분기만 해도 대기업 4곳 중 1곳만 신입사원 채용 계획이 없다고 했다. 하지만 4분기 조사에서는 대기업 4곳 중 3곳이 신입사원 채용 계획이 없다고 했다. 2020년부터 시작된 코로나19가 장기

화함에 따라 2021년에도 상당수 기업이 공채보다는 수시 채용을 확대할 것으로 보여 취준생들의 취업 한파는 당분간 계속될 것으로 보인다.

정부는 이런 기업의 환경을 인지하고 '2021년 경제정책 방향'에서 전년보단 공공기관과 공무원의 신규 채용 인원을 확대할 계획이라고 밝혔다. 주요 내용은 첫째, 공공기관의 신규 채용 인원이 전년 계획 25,653명보다 901명 증원한 26,554명이다. 둘째, 공무원 채용 전체 인원의 70%를 3분기까지 완료하고 셋째 체험형 인턴을 2020년 14,000여 명에서 올해는 22,000여 명까지 확대한다는 계획이다. 마지막으로 체험형 인턴이 해당 기관에 지원 시 전체 채용 인원의 5%를 의무적으로 선발하라는 게 주요 골자다. 또한, 공공기관 전체 채용 인원의 45%를 상반기 내에 완료할 예정이라고 밝혔다.

민간기업의 채용이 불투명한 채용 시장에서 공공기관에 지원하는 취준생들에게는 매우 긍정적인 신호라 할 수 있다. 면접 현장에서 취준생들이 말하는 공공기관의 최대 장점은 안정성이다. 올해 채용 시장에서도 불확실성보단 안정성을 추구하는 취준생들이 대폭 증가할 것으로 예상한다. 그러므로 지원자들은 이런 상황을 불안해하기보단 경쟁 자체를 즐겁게 받아들여야 심리적으로 안정될 수 있다.

아무래도 가장 중요한 채용 시장의 핵심 특징은 '비대면 면접'이 강화되고 있다는 점이다. 그 중심엔 'AI 역량 검사'와 '화상 면접'이 있다. 채용의 공정성, 투명성, 객관성을 위해 'AI 역량 검사' 도입을 긍정적으로 검토하고 있는 기관과 기업들이 증가하고 있다. 아직은 실험적 단계라 할 수 있으나 관심 기업이 급증하고 있다는 것은 주목할 만하다. 이는 기업별 인사 부서에서 기업 내부의 고성과자와 유사한 역량을 가진 신입사원들을 채용해 기업의 지속 성장에 이바지하게 하려는 인사 부서의 핵심 전략이기 때문이다.

따라서 올해는 그 어느 때보다도 자신만의 특별하고 임팩트 있는 차별성을 어떻게 면접관들에게 어필할지에 대한 취업 전략이 최종 경쟁에서 승자가 될 수 있는 핵심이 될 것으로 전망한다. 그 중심에 중요한 관문인 인성 면접이 있다.

• 인성 면접의 이해

면접은 기관마다 다소간의 차이는 있지만, 그 맥락은 유사하다. 통상 공공기관의 면접은 크게 인성 면접, 토론 면접, PT 면접으로 나눌 수 있다. 물론 일부 기관에서는 3단계 면접이 아닌 '역량 면접' 하나로 대신하기도 한다. 따라서 3단계 면접에서는 각 면접 별로 고른 분포의 평가를 받아야 합격의 가능성이 커진다.

평가는 통상 상대평가이기 때문에 같은 조에서는 다른 지원자보단 일단 우수한 평가를 받아야 유리하다. 면접에서 지원자 간에 가장 큰 편차를 보이는 것이 바로 인성 면접이다. 인성 면접이란 한마디로 지원

자의 기본 됨됨이(성품)를 검증받는 면접이다. 따라서 개인이 가지고 있는 사고, 태도 및 행동 특성을 구조화된 공통 질문으로 평가한다. 정답이 없는 질문이기에 취준생들에게는 쉬울 수도, 어려울 수도 있는 면접이다.

인터넷에 '인성'이란 단어를 검색해보면 '사람의 성품과 개인이 가지고 있는 사고의 태도 및 행동 특성'으로 정의하고 있다. 특히 태도에는 행동, 외모, 제스처, 목소리가 포함되어 있다. 한마디로 지원자의 '사람 됨됨이'를 종합적으로 평가하는 자리가 인성 면접의 핵심이라 할 수 있다.

따라서 인성 면접은 지금까지 살아온 자신의 모습을 짧은 면접 시간에 어필하는 것이기 때문에 개선점을 찾아 끊임없는 반복 연습으로 자신을 변화시켜야 한다. 긴장 상황에 따라서는 평상시 불필요한 자신의 나쁜 습관이 순간적으로 노출될 수도 있다. 한마디로 안 해도 될 말과 제스처로 손해 보는 경우가 종종 발생한다. 지원자 대부분이 면접 통보를 받고 나서야 면접 준비를 하기 때문이다. 인성 면접 준비 과정에서 특히 관심을 둬야 할 행동 키워드는 '표정, 시선 처리, 목소리, 발음, 중언부언, 눈빛, 제스처, 태도, 열정, 논리, 솔직, 말투, 언어 구사, 평정심' 관리다. 따라서 면접은 필기시험 못지않게 충분한 시간을 두고 자신의 보완점을 찾아 틈틈이 준비할 것을 권장한다. 면접 통보를 받고 나서 준비하는 것은 이미 한 박자 늦은 행동이라 할 수 있다.

2

핵심 꿀팁 7가지

면접에 정답은 없다. 기관별로 평가 요소도 다르고 면접관이 보는 관점도 일부 차이가 있을 수 있기 때문이다. 하지만 필자가 다년간 면접관 활동을 하면서 그래도 요것만큼은 반드시 인지하고 면접을 준비하면 좋겠다는 관점에서 몇 가지 조언을 하고자 한다.

• 사소한 '언행'이 내 인생을 바꾼다

2020년에 취준생 대상으로 일대일 면접 코치를 한 적이 있었다. 현재 이 취준생은 에너지 계열 공공기관에서 인턴십으로 근무 중이다. 취준생에게 실질적인 도움을 주고자 면접 코치를 시작하기 전에 과제를 주었다. 가장 편안한 환경에서 가장 편안한 사람과 가장 익숙한 질문으로 면접 상황을 가상해 동영상을 촬영해 오도록 했다. 촬영한 동영상을 함께 보면서 "가장 눈에 거슬리는 태도가 무엇이라고 보느냐?"라는 질문을 던졌다. 이 취준생이 동영상에 나타난 자신의 답변 모습을 보고 몹시 민망해했던 기억이 있다.

즉, 답변 시 무의식적으로 나온 불필요한 크고 작은 산만한 제스처, 말투, 시선 처리, 목소리, 언어 구사 등을 보고 매우 불만족스러워했기 때문이다. 동영상을 보기 전에 알 수 없었던 답변 시 다양한 언행들을 동영상을 보고 나서야 문제점이 무엇인지 스스로 인식한 사례였다. 이러한 언행들이 면접관으로부터 신뢰성 있는 사람으로 받아들여지기에는 다소간의 장애가 될 수 있음을 느끼기에 충분했다.

개선 포인트가 명확했다. 따라서 몇 회의 코치를 통해 이 취준생은 매우 만족할 만한 수준으로 향상되었다. 인당 5분여 안팎의 짧은 면접 시간에 면접관이 지원자에게 집중할 수 있는 발언 태도는 매우 중요하다. 면접 과정에서의 불필요한 시선 처리, 표정, 태도, 손가락과 다리 움직임, 말투 등으로 의외의 결과가 창출될 수 있다. 면접관들은 매의 눈으로 표정 관찰, 동작 관찰, 언어 관찰을 통해 지원자들을 바라보고 있다.

요즘 기관별로 확산하고 있는 AI 역량 검사에서도 'V4'라 해서 표정(Visual), 어휘 구사(Verbal), 목소리(Vocal), 진정성(Vital)'을 중요한 평가 요소로 삼고 있다. '메라비언 법칙'에서도 사람으로부터 받는 이미지 중 '93%가 비언어적 소통'에 있음을 강조하고 있다. 면접도 질의 응답이라는 수단으로 면접관과 지원자 간에 소통하는 과정이다. 따라서 짧은 면접 시간에 면접관으로부터 긍정적인 평가를 받기 위해서는 비언어적 소통에서의 자신의 문제점을 사전에 파악해 충분한 연습으로 반드시 제거해야 한다.

• '엘리베이터 피치'가 핵심이다

'엘리베이터 피치'라는 말이 있다. 이는 엘리베이터를 타고 있는 짧은 시간에 사업 파트너나 고객, 경영자를 설득할 때 쓰는 말이다. 면접에서는 말을 잘하는 지원자가 아무래도 유리하다. 말을 잘한다는 게 청산유수와 같은 달변을 의미하는 게 아니다. 아무리 말을 잘한다고 하더라도 전달하는 메시지가 불명확하거나 면접관의 질문과 동떨어진 동문서답은 절대 좋은 평가를 받을 수 없다. 즉, 말을 잘한다는 것은 '시간과 논리'의 영역이기 때문이다.

따라서 인당 5분여간의 짧은 면접 시간에 자기 생각을 면접관에게 잘 어필하기 위해서는 '1분 스피치' 연습이 절대적이다. 1분 이상의 답변은 면접관에게 매우 지루함을 느끼게 한다. 게다가 '다대일' 면접 상황에서 지원자 간 시간 배분의 형평성 차원에서 중도에 제지당할 확률이 높다. 또한, 지원자들의 답변도 장황해지거나 중언부언할 가능성이 매우 커진다. 그러므로 면접관의 질문 의도에 맞는 간결하고 논리적인 답변 연습이 필요하다.

면접을 볼 때 중언부언, 알맹이 없는 장황한 얘기로 불필요하게 시간을 낭비하는 지원자를 종종 발견한다. 한마디로 본인이 말한 것도 잘 기억하지 못하는 경우가 될 수도 있다. 이를 해결하기 위해서는 다양한 도구가 있지만, 가장 기본적인 화법은 '결론'부터 말하는 습관을 만드는 것이다. 이런 화법만 가지고도 다른 지원자보단 차별성을 더 부각할 수 있음을 강조하고 싶다. 실제 면접 현장에서 지원자들의 답변 내용을 보면 연역법 답변이 생각보단 적다는 점을 유념할 필요가 있다. 남들이 사용 안 할 때 내가 잘 사용하면 그 자체가 차별화다.

좋은 예로 하버드 대학에서 많이 사용한다는 'OREO(Opinion, Reason, Example, Offer)' 화법이 있는데 전달하고자 하는 핵심 메시지나 견해, 결론을 먼저 말하고 그 이유나 근거를 2~3개 제시한다. 마지막으로 근거를 뒷받침할만한 사례나 자신의 경험을 연계해서 결론을 재강조하면 된다. 이밖에 잘 알려진 'STAR(Situation, Task, Action, Result)' 기법도 있다. 면접관들이 종종 사용하는 질문 기법의 하나다. 또한, 최근 면접 현장에서는 지원자가 겪은 경험(Behavioral Experience Interview)을 통해 미래의 행동을 예측하고 성향을 파악하려는 시도가 많이 행해지고 있다. 이런 도구들을 잘 활용해 준비한다면 좋은 결과가 나올 수 있으리라 확신한다.

예컨대 '가장 최근에 어떤 상황에서든 타인과의 관계에서 갈등을 겪었던 경험과 이를 어떻게 극복했는지 얘기해보세요'라는 면접관의 질문이 있다고 가정해보자. 이럴 때 지원자가 답할 수 있는 기본 화법은

'1개월 전 카페에서 아르바이트할 때 고객 응대 관련해 매니저와 갈등을 겪었던 경험에 대해 말씀드리겠습니다. 갈등의 원인은 2가지인데 첫째는~~ 둘째는~~ 이었다. 이를 해결하기 위해서 ~가지 행동을 취했다. 그 결과 갈등의 원인이 해결되고 원만한 관계 형성이 되었다' 하는 식의 화법이다. 이런 스피치 훈련을 통해 불필요한 군더더기를 걷어내고 간결한 답변을 해야 한다. 면접관은 간결하면서 논리적으로 말하는 지원자에게 더 호감이 가기 때문이다.

• 잘하고 싶은 것과 잘할 수 있는 것은 다르다

2020년은 '트로트의 해'라고 해도 과언이 아닐 듯하다. 2021년에도 방송국마다 다양한 타이틀의 트로트 경진대회로 열기를 더하고 있다. 이 열풍은 당분간 지속할 것으로 전망한다. 그 덕분에 트로트 원로 가수들도 자주 방송에서 볼 수 있다. 그들은 주로 경진대회에 참석해 지원자들의 심사위원으로 활동하고 있다.

가수의 본질은 가창력이다. 따라서 가창력이 곧 실력이고 핵심 역량이다. 이것이 심사위원들이 평가하는 핵심 기준이 된다. 이와 관련해 가수 이은미가 심사 중 한 말이 기억난다. 그녀는 노래를 잘 부르는 현역 가수에게 "잘 부르고 싶은 것과 잘할 수 있는 것은 다르다"라고 했다. 이 말은 무슨 의미일까? 한마디로 자신의 역량(가창력)을 잘 발휘할 수 있는 노래 선곡에 아쉬움이 있었다는 말이다. 가수라고 해서 모든 장르

의 노래를 완벽하게 소화할 수 있는 것은 아니다. 따라서 자신의 가창력을 잘 소화해 대중에게 어필할 수 있는 노래 선곡이야말로 최고의 가수가 될 수 있는 핵심이라 할 수 있다.

그렇다면 지원자가 인성 면접에서 좋은 평가를 받기 위해 기본적으로 선택해야 할 것은 무엇일까? 먼저 자신이 평생 근무할 수도 있는 기관을 잘 '타겟팅(Targeting)'하는 것이다. 그러나 많은 취준생의 자소서를 평가하거나 면접 현장에서 느끼는 것은 일단 붙으면 다행이라는 생각이 강하다는 것이다. 물론 취업 절벽이 심한 작금의 상황에서 '일단 입사해 잘 적응하면 된다'라는 생각이 틀린 말은 아니다. 하지만 면접 현장에서는 의외로 공공기관에 재직 중인 직원이 다시 면접을 보는 경우를 종종 발견한다. 이 행동이 의미하는 것은 무엇일까?

가까운 예로 필자에게 일대일 코치를 받은 A 군도 이와 비슷했다. 그러다 보니 인성 면접 준비에 불필요한 시간적, 경제적 비용이 소모되고 뭔가 비효율적인 준비 과정이 이어지다 보니 질의 응답 코치 시 답변의 차별성 2%가 부족한 평범함이 아쉬웠다. 따라서 본인의 역량을 잘 발휘할 수 있는 기관을 먼저 선정하고 거기에 맞게 준비하라고 조언했다. 시간이 갈수록 답변의 질이 탄탄해지고 있음을 스스로 느끼게 되었다. 다만 다른 친구들처럼 여기저기 입사지원서를 내지 못해 심리적으로 불안하고 위축된다고 했지만, 선택과 집중의 전략이 결과론적으로 좋은 성과로 연결되었던 사례다.

이처럼 취준생들이 면접 준비 과정에서 짤막짤막하고 단선적 스킬을 빨리 배우기에 급급해서 입사할 기업이 명확하게 '타겟팅(Targeting)' 안 된 상태에서의 취업 준비는 힘만 들 뿐이라는 사실을 인지할 필요가 있다. 가수가 자신의 재능과 끼를 마음껏 뽐내기 위해서는 자신의 역량을 최고로 발휘할 노래 선곡을 베테랑 심사위원들이 늘 강조하듯, 자신이 근무할 기업을 잘 선정해야 함은 아무리 강조해도 지나침이 없다.

목표가 불명확하면 인성 면접에서 자신의 열정과 에너지를 면접관들에게 제대로 어필할 수 없음은 당연지사다. 따라서 자신의 역량을 잘 발휘할 수 있는, 자신의 가치관과 잘 맞을 목표 기업을 구체적으로 선정하고 전력투구하는 것이 인성 면접에서 좋은 평가를 받을 수 있는 지름길임을 다시 한번 강조한다.

· 연습만이 살길이다

그렇다면 인성 면접을 위해 가장 준비해야 할 것은 무엇일까? 기회란 준비한 사람에게만 오는 법이다. 공공기관마다 신입 사원 채용 시 평가 기준은 조금씩 다르다. 그러나 어느 기관이든 신입 사원이 갖춰야 할 공통 역량이라 할 수 있는 'NCS 직업 기초 역량'에 대한 준비가 꼭 필요하다. 이 중에서 필자가 이것만큼은 꼭 준비하라고 강조하고 싶은 5대 직업 기초 역량이 있다. 그것은 바로 ①문제 해결 역량 ②대인 관계 역량 ③소통 역량 ④자원 관리 역량 ⑤조직 이해 역량이다. 이 5대 역량은 면접 평가 항목에서 어느 기관이든 부분적으로 중첩되기 때문이다.

첫째, '문제 해결 역량'이다. 이것은 문제의식과 창의성을 검증하는 질문으로써 면접 시 제일 많이 질문하는 것 중의 하나다. 어디서 많이 들어 본 듯한 평범한 답변은 면접관들의 뇌리를 임팩트 있게 자극하지 못한다. 따라서 자신의 다양한 경험과 사례 중 문제 해결과 관련된 내용을 잘 정리해서 이미 언급한 화법 도구를 활용해 면접관들의 공감을 얻어낼 수 있도록 반복 숙달해야 한다.

둘째, '대인 관계 역량'이다. 조직에서 성과를 내기 위해서는 독불장군식으로는 곤란하다. 타 부서의 도움을 통해 추진되는 프로젝트가 부지기수다. 이것은 사회성, 협업력(Co Work)을 검증하는 질문으로써 이 역시 약방의 감초격 질문이다. 신입사원이 퇴사할 때 주된 이유 중의 하나가 여기에 있다. 면접관의 질문에서 차별성이 없는 평범한 수준의 답변으로는 면접관들에게 좋은 평가를 받기 어렵다. 사람 간의 관계에서 발생한 다양한 일들은 지원자들이 가장 많이 경험한 사례라 할 수 있다. 따라서 남이 아닌 자신이 경험했던 생생한 자기 이야기를 어떻게 스토리텔링(Storytelling)을 하여 공감을 얻을지 고민해야 한다. 아울러 자신의 대인관계가 원만한지도 진정으로 성찰할 필요가 있다.

셋째, '소통 역량'이다. 이는 언어 구사력(논리성, 정확성), 설득력을 검증하는 질문이다. 매우 중요한 질문 중의 하나다. 이 소통 역량은 대인 관계역량과 일부 오버래핑된다. 사람의 모든 고민과 갈등은 바로 이 소통 역량이 대인 관계에 영향을 미치고 그것은 업무 성과에 지대한 영향을 미치게 된다. 따라서 지원자들은 자신의 역량을 잘 어필하기 위해서는 자신의 경험을 평범함보단 '어떻게 차별화해서 표현할 것이냐?'라는 관점에서 충분한 연습이 이루어져야 한다.

넷째, '자원 관리 역량'이다. 이는 업무 수행 시 제한된 인적, 물적 자원을 활용해 어떻게 문제를 해결했는지 또는 성과를 창출했는지를 검증하는 질문이다. 쉬운 질문일수록 답변은 평범함보다는 나만의 차별성을 부각해야 한다. 지원자들이 면접에서 유리한 고지를 점령하기 위해서는 일단 다양한 경험이 최우선이다. 그간 축적된 자신의 살아있는 경험이 많으면 많을수록 더 생동감 있게 표현할 수 있는 여건이 조성되기 때문이다. 이럴 때 차별화 포인트는 남들도 다하는 동아리, 팀 프로젝트 등 일반적인 경험 사례를 배제하고 남들이 잘 하지 않은 색다른 경험에서 자신만의 스토리텔링(Storytelling) 하기를 권장한다.

다섯째, '조직 이해 역량'이다. 필자가 가장 많이 물어보는 질문이다. 지원자의 입사 진정성을 파악하기 위한 기본 중의 기본 질문이기 때문이다. 의외로 여기서 많이 무너진다. 예컨대 동해안에 여행을 간다고 가정하자. 많은 사람이 인터넷에서 맛집, 구경하러 갈 곳 등을 검색해 자신의 여행 콘셉트를 결정하는 건 지극히 상식적인 행동이다. 하물며 자신이 지원한 기관의 홈페이지조차 안 보고 오거나 대충대충 훑어보고 오는 식의 준비는 절대로 좋은 평가를 받을 수 없음을 꼭 강조하고 싶다. 이곳의 키워드는 주요 사업 내용, 성과, 조직 문화, 경영 목표, 비전, 가치, 윤리경영, 현장 방문 등이다. 면접관들은 지원자들에게 경영자층에서 말하는 수준의 답변을 절대 바라지 않는다. 사회 초년생이라 할 수 있는 지원자들의 됨됨이, 진정성 이런 것을 통해 그들의 잠재 역량, 미래 성장성을 보는 것이다.

2020년 가을 모 방송국에서 '나훈아의 스페셜 쇼'를 랜선 비대면으로 성대히 마친 방송을 필자가 시청한 적이 있다. 나훈아는 방송 인터뷰에서 "연습만이 살길이다", "연습은 특별 것을 만들어낸다"라고 했다. 베테랑 가수 나훈아조차도 반복 숙달 연습의 중요성을 강조한 것이 인상 깊었다. 프로의 세계에서도 반복적인 연습으로 숙달하는 것만이 대중이라는 깐깐한 심사위원의 눈높이에 호감 있게 다가가는 지름길임을 엿볼 수 있다.

• 이런 질문이 소통의 신뢰감을 준다

모 방송국 트로트 경진대회 심사위원인 가수 장윤정은 대회에 참가한 A 가수에게 "아니 노래 잘하는 사람이 왜 긴장하느냐? 너무 긴장해서 그런지 실력 발휘가 제대로 안 되어 안타깝다"라는 심사평을 한 적이 있었다. 이처럼 심한 긴장 탓으로 자신의 실력 발휘가 제대로 안 되면 다음 대회에 올라가기엔 무리가 있다. 즉, 프로의 세계에서도 과도한 긴장으로 발생한 실수는 곧 탈락이라는 고배로 연결된다.

필자가 취준생들에게 늘 강조하는 것 중의 하나가 '떨지 않는 것도 실력'이라는 말이다. 떨지 않으려면 실전과 같은 반복 연습으로 어떤 상황에서든 평정심을 잃지 않고 면접관들의 질의에 자연스럽게 답하는 연습이 필요하다. 어려운 관문을 통과하고 최종 면접까지 온 지원자들이 겪을 수 있는 심한 긴장감을 면접관들은 잘 알고 있다. 그래서 본격적인 면접에 들어가기에 앞서 라포(Rapport) 형성으로 편안한 분위기를 조성하려고 노력한다. 예컨대 준비해온 자기소개를 말하게 하거나 평가와 무관한 간단한 몸풀기 질문으로 긴장감을 일부 해소하게 한 후 질문을 시작해도 되는지 등 의향을 물어가면서 지원자들을 배려하고 있다.

지원자들은 자신의 발언 한 마디 한 마디가 당락의 결정적 요인이 될 수 있음을 알고 있기에 면접 그 자체에 긴장할 수밖에 없는 환경이다. 따라서 이런 환경에서 지원자들은 면접관의 질문을 정확히 파악하지 않으면 안 된다. 때로는 면접관의 질문에 동문서답하는 지원자를 가끔 발견한다. 이럴 때 현장에서 실제 이루어지고 있는 아래의 사례를 잘 활용해보길 조언한다.

먼저 "면접관님! 죄송합니다만, 다시 한번 질문을 해주시겠습니까?" 라는 발언이다. 면접 현장에서 가끔 나오는 지원자의 요청사항이다. 필자는 이런 지원자의 태도를 긍정적으로 바라보는 편이다. 너무 긴장한 탓에 면접관의 질문을 놓칠 수 있다. 이런 상황에서 적극적으로 소통하기 위한 지원자의 용기 있는 태도가 긍정적인 호감을 주기 때문이다.

두 번째는 "죄송합니다만, 잠시 생각할 시간을 주시겠습니까?"라는 지원자의 태도다. 지원자들은 면접을 위해 많은 준비를 한다. 하지만 생각지도 못한 질문을 종종 받기도 한다. 이럴 때 몹시 당황하여 즉흥적인 답변을 하기보단 잠시 생각할 시간을 갖는 게 좋다. 한마디로 답변을 위한 몇 초의 시간을 버는 전략이다. '이 순간을 어떻게 잘 극복해 나

갈 것인지?'를 고민하는 지원자에게는 매우 중요한 진실의 순간(Moment of Truth)이자 자신의 진정한 역량을 발휘할 절호의 기회가 된다.

이 한마디 요청을 통해 지원자는 면접관에게 답변 태도의 신중함과 'NCS 10대 직업 기초 능력' 중의 하나인 '문제 해결 역량'을 어필할 수 있다. 따라서 면접 현장에서 누구에게나 발생할 수 있는 이런 난관을 잘 극복하기 위해서는 이 두 가지 메시지를 잘 활용할 수 있도록 꼭 조언하고 싶다.

• 기교보단 됨됨이가 더 중요하다

인성 면접은 직무 면접과 달리 다양한 질문을 통해 지원자의 됨됨이(태도, 자세, 성향)를 살펴보는 면접이다. 통상 면접에는 정답이 없기에 가장 기본적인 항목에서 미세한 차이로 당락이 결정 날 수도 있다. 명품 화장품 브랜드 샤넬 창시자인 코코 샤넬은 "사람을 외모로 평가해서는 안 된다. 하지만 당신은 외모로 평가된다"라고 했다. 물론 여기서 말하는 외모란 잘생기고 못생김을 말하는 것이 아님은 당연하다. 그 업이나 직무에 맞는 이미지, 태도를 말하는 것이다.

우리가 잘 알고 있는 메라비언 법칙에서도 사람의 이미지는 말 자체보단 비언어적 행동 93%가 영향을 준다고 했다. 중국 당나라 시대에 인재를 선발하는 '과거 제도'에서도 '신언서판(身言書判)'이라는 기준으로 선발했다는 기록이 있다. 말 그대로 '신(身)'이라는 단어가 제일 먼저 나온다. 이는 요즘 말로 얘기하면 지원자가 가지고 있는 용모, 태도, 자세가 '언(言)'보단 앞에 있다는 사실이다. 조선 시대에는 왕후를 선발하는 데 있어서 관상을 보거나 궁합까지 봤다는 기록들이 남아 있다. 관상은 말 그대로 왕후로서 갖춰야 할 풍채와 용모, 성향을 판단하는 기준이 되는 것이다. 삼성그룹 창업주인 고 이병철 회장이 오래전 신입사원을 채용할 때에 관상가를 면접에 참석하게 했다는 유명한 일화가 있다. 아마도 삼성이라는 조직에 가장 잘 맞는 사람을 선발하려는 이병철 회장의 '인재 제일'이라는 삼성 정신에 기반을 둔 것이 아닌가 생각한다.

이처럼 지원자들은 면접 현장에서 면접관이 느끼는 첫인상이 매우 중요함을 인지해야 한다. 특히 지원자들이 면접을 보기 위해서 들어오는 순간부터 나가는 순간까지 모두가 중요하다. 물론 평가 항목에 그런 요소는 없다. 하지만 지원자의 일거수일투족이 인성 면접에서 면접관의 판단에 음으로 양으로 영향을 미친다는 점을 인식해야 한다.

첫인상은 수려한 용모를 말하는 게 아니다. 예컨대 장사 잘하는 사람을 뽑는 자리에서 공무원 하면 잘할 것 같은 이미지나 인상을 받은 사람을 채용하지 않은 것과 같은 맥락이다. 즉, 해당 기관의 직무를 수행하면서 신입사원이 갖추어야 할 태도, 매너, 사고, 성향, 가치관 등이 해당 기관과 얼마나 잘 부합하는지에 대한 적합성 여부를 판단 것이다. 이러다 보니 면접관들도 지원자의 진실하지 않은 첫인상에 현혹되지

않기 위해 '초두 효과'의 오류에 대한 합리적 인식으로 냉철하게 판단하고 있다.

사람은 사회적 동물이다. 따라서 사람은 인간관계에서 자신의 단점보단 장점을 부각하려는 상식적 사고와 행동을 하고 있다. 거기엔 복장을 비롯해 다양한 도구들이 있다. 결혼식장엔 결혼식에 적합한, 상견례 저리에선 상견례에 적합한, 장례식장에선 장례식에 적합한, 파티장에선 파티에 적합한 상식선의 용모와 복장, 태도, 표정 관리를 하는 게 지극히 상식선의 행동이다. 최종 합격의 당락이 근소한 차이로 결정되는 현실에서 신입사원으로서 기본적인 태도를 잘 갖추고 있다고 판단되는 지원자를 선호하는 것은 아무리 강조해도 지나침이 없다.

• 두루뭉술보단 '숫자' 표현이 차별화다

면접 현장에서 지원자들의 답변을 들어보면 그 내용의 사실 여부를 떠나 호감이 가는 지원자가 간혹 보인다. 이것은 평상시 지원자들의 언어적 습관에 기인한다고 볼 수 있다. 오래전 모 외국계 기업에서 '작은 차이가 명품을 만든다'라는 슬로건이 눈길을 끈 적이 있었다. 면접 시 지원자의 두루뭉술한 단어 사용보단 측정 가능한 객관화된 '숫자' 선택과 같은 작은 차이만으로도 지원자의 차별성을 면접관에게 충분히 각인시킬 수 있다.

예컨대 면접관의 질문에 지원자가 자신의 경험담을 다음과 같이 말했다고 가정해보자. "제가 오래전 카페에서 아르바이트로 일할 때 매출 부진으로 고민하는 사장님에게 판촉 아이디어를 내서 매출이 엄청나게 늘어난 경험이 있습니다. 그 당시 사장님이 매우 좋아하셔서 저도 보람을 느낀 적이 있었습니다." 문맥상 지원자가 하고 싶은 얘기가 무엇인지 충분히 알 수 있다. 하지만 친구로부터 레전드급 아르바이트 무용담을 듣는 자리라면 모를까 말 한마디에 당락이 결정되는 면접에서 이 정도의 답변으로 면접관으로부터 우수한 평가를 받기엔 한계가 있다. 그렇다면 무엇이 문제일까?

이 답변을 다음과 같이 바꿔보면 어떨까? "작년 7월 동네 카페에서 아르바이트로 일할 때 매출 부진으로 고민하는 사장님에게 '1+1' 판촉 아이디어를 건의해 매출을 전월 대비 25% 성장시킨 경험이 있습니다. 그 당시 사장님이 매우 좋아하셔서 저도 보람을 느낀 적이 있었습니다." 언뜻 답변 내용에 큰 차이가 없어 보이지만 '작년 7월', '동네', '1+1', '25% 성장'이라는 구체적인 단어를 사용했다. 또한, 자신의 아이디어, 시행 시기, 성과를 객관적인 '숫자'로 표현했다. 과연 면접관들은 어느 답변에 긍정적인 태도를 보일까?

신입사원 대부분이 조직 생활의 경험이 많지 않다 보니 자신이 한 일, 성과를 객관화하고 검증 가능한 숫자나 용어로 표현하는 것이 낯설 것이다. 하지만 어떤 면접에서든 자신의 활동이나 성과를 구체적인 용어로 표현하는 습관이 다른 지원자보다 선택될 가능성이 크다는 사실을

공공기관 채용의 모든 것

알아야 한다. 같은 내용이라도 말 한마디를 구체적으로 어떻게 표현했느냐에 따라 당락이 결정될 수 있음을 강조하고 싶다.

결론적으로 인성 면접 시 신입사원에게 요구하는 됨됨이의 핵심은 해당 기관의 조직 문화를 얼마나 잘 이해하고 잘 적응할 수 있을지, 또한 직무 수행을 위한 지원자의 기초 역량, 면접 시 보여주는 열정, 진정성, 신뢰성 그리고 지원자의 상식에 맞는 태도다. 마지막으로 논리에 기반을 둔 간결한 답변을 짧은 5분여 시간에 면접관들에게 얼마나 효과적으로 보여줄지에 달려 있다고 해도 과언이 아니다. 조급한 마음에 이것저것 많이 준비하기보다는 정말로 입사하고픈 해당 기관에 대한 기장 기본적인 사항부터 꼭 알아야 할 항목을 명확화해서 넓게 단계적으로 준비하는 것이 인성 면접의 핵심임을 다시 한번 강조한다. 올해는 이 글을 읽는 모든 취준생 여러분들의 취업 목표가 꼭 성취되길 진심으로 기원한다.

 박종현 PARK JONG HYUN

학력

· 경제학 학사, 경영학 석사, 경영학 박사과정

경력

· 현) 이수컴즈 대표
· 현) 서울데일리뉴스 취재 국장
· 현) 공공기관 제안서 심사 및 평가위원
· 현) NCS 공공기관 블라인드 채용 면접위원
· 현) 공무원 채용 면접위원
· 현) 한국산업인력공단 HRD 능력개발 전문위원
· 현) 한국콘텐츠진흥원 전문위원
· 현) 충남경제진흥원 전문위원
· 현) 안양창조산업진흥원 전문위원
· 현) 중소기업유통센터 전문위원
· 현) 시너지&엑스퍼트 컨설팅 전문위원
· 현) 중장년고용협회 전문위원
· 현) 스마일모닝(주) 본부장
· 현) ㈜아이온텍 마케팅본부장
· 현) 한국컨설턴트(KCA) 사관학교 전임교수
· 현) KBS 스포츠예술과학원 전임강사
· 현) 서울신용보증재단 창업 강사
· 현) 한국세일즈협회 이사

- 현) Gerson Lehrman Group 한국유통 자문위원
- 현) (사)한국 동양사상연구회 학술위원
- 전) 대한민국 ROTC 23기 임관
- 전) 삼성그룹 공채 28기 입사
- 전) 신세계 백화점 상품본부 MD
- 전) 신세계 이마트 지점장
- 전) 삼성전자 판매(주) 마케팅 기획 그룹장
- 전) 전자랜드 마케팅본부장
- 전) SK네트웍스 IM 총괄 MD 고문
- 전) HR 컨설팅그룹 컨설턴트

저서

- 『공공기관·대기업 면접의 정석』, 박종현 외 공저, 브레인플랫폼, 2020.
- 『인생 2막 멘토들』, 박종현 외 공저, 렛츠북, 2020.
- 『창업과 창직』, 박종현 외 공저, 브레인플랫폼, 2020.
- 『공공기관 합격 로드맵』, 박종현 외 공저, 렛츠북, 2019.
- 『이마트에서 배우는 장사 노하우』, 박종현, 무한, 2010.
- 『장사를 잘하려면 이마트를 배워라』, 박종현, 무한, 2004.

자격

- AACPM(미국 상담심리치료학회) 인증 국제 조직코치
- Professional Interviewer(PI)
- 심리상담사 1급, 창업지도사 1급, 창직컨설턴트 1급
- AI역량검사(면접) 컨설턴트 1급
- 빅데이터 전문가, 사주애널리스트

기타

- 블로그: 사주마케팅 전략연구소, 공공기관 취업 전략연구소
- 유튜브: 사주마케팅TV
- 이메일: eowhduddud@naver.com

사회복지 직무 면접

이경애

1
자기소개서 작성의 성공적인 전략

• 지원자의 성장 과정과 장단점 소개

'정신역동이론'의 대가인 지그문트 프로이트는 한 개인을 살펴볼 때 과거 경험을 중심으로 접근하였다. 면접에 있어서도 과거에 이미 결정된 인간관으로 성격을 파악하여 현실을 직시하려는 경향이 있기 때문에 대부분 면접관들은 성장 배경을 먼저 살펴본다. 그러므로 피면접자 입장에서는 자랑거리가 되는 족보를 파노라마같이 나열하는 경우가 종종 있다. 그러나 글로 표현되는 것은 생각과 느낌이라는 점을 간과해서는 안 된다. 면접관들은 피면접자의 가치관이나 경험, 사회복지 분야의 관심과 역량의 면모를 찾아내길 원하기 때문에 자신의 장단점을 중심으로 작성한 것을 더 선호한다.

면접관들은 사회복지 직무를 수행할 직업관이나 인생철학과 가치관

등을 점검하려 한다. 물론 부모님의 가정교육, 학교생활, 여러 가지 주변 환경 등의 영향이 현실로 이어질 수 있기에 주관적 평가는 무조건 배제할 수는 없다.

그러나 가장 중요한 것은 자신이 어떤 사람으로 살고자 하는 내용이 보여야 한다는 것이다. 가능하면 과거보다는 '지금 여기(Now and Here)'를 표현하는 것으로 작성해야 한다. 그리고 현실적으로 검증할 수 있는 사실적인 내용과 지원자의 기관에 대한 직무 열정과 노력에 대한 의지력이 나타나는 내용으로 마무리한다.

• 전공자와 비전공자의 자기소개서 작성 요령

직무를 수행하는데 있어서는 전공 분야를 빼놓을 수 없다. 성공적인 전략으로 전공과 연계되는 자기를 표현해야 한다. 어느 분야이든지 마찬가지겠지만 특히 사회복지 분야는 광범위하고 다수의 클라이언트를 상대하는 마음이 먼저 다가서는 직무이기 때문에 봉사 정신이 깃든 내용으로 평가자의 마음을 움직일 수 있는 자소서를 써야 한다.

자신의 가치관이 담겨 있는 내용으로 기술하고, 그동안 쌓아온 이력과 연계성이 있는 내용이면 금상첨화겠지만 그렇지 못한 경우 전공은 달라도 교양이나 기타 과목으로 사회복지사 자격증을 취득하여 사회복지 분야에 입문하려는 경우가 있다. 자신의 특별한 경력이나 인생관으로 점철된 내용을 잘 담아낼 수 있다면 비전공자라 하더라도 면접관의 생각을 바꿀 수 있는 호소력이 담긴 자기소개서라고 볼 수 있다. 어떠한 경우라도 탁월한 업무 능력과 개인의 특성과 자질을 보여줄 수 있는 내용이 담겨 있고 현실적으로 검증할 수 있는 내용으로 잘 구성했다면 감동이 있는 자기소개서라고 할 수 있다.

2
사회복지 직무 면접

• 사회복지 면접의 필수사항

 사회복지 분야 면접은 사회복지사의 자격 제11조에 의하여 보건복지부 장관으로부터 사회복지에 관한 전문지식과 기술을 가진 사람으로 사회복지사 자격증을 발급받은 자에 한하여 일차적으로 면접이 가능하도록 규정하고 있다. 사회복지사의 등급은 1, 2급으로 나뉘어 있고 등급별 자격 기준 및 자격증의 발급 절차 등은 대통령령으로 정하며, 사회복지사 1급 자격증은 국가시험에 합격하여야 한다. 각 기관 또는 분야별로 요구 조건에 따라 1급 또는 2급을 필요로 하며, 직무별 자격 요구에 맞게 자격증을 제시하고 면접을 준비할 수 있다.

 1차 서류전형을 통하여 사회복지법령 제11조의 2에 따라 사회복지사가 될 수 없는 경우는 다음과 같으며, 이 경우 면접도 불가능하다.

1. 피 성년 후견인 또는 피 한정 후견인
2. 금고 이상의 형을 받고 그 집행이 끝나지 아니하였거나 그 집행을 받지 아니하기로 확정되지 아니한 사람
3. 법원의 판결에 따라 자격이 상실되거나 정지된 사람
4. 마약이나 대마 또는 향정신성 의약품의 중독자
5. 정신 건강 증진 및 정신질환자 복지서비스 지원에 관한 법률 제3조 제1호에 따른 정신질환자. 다만, 전문의가 사회복지사로서 적합하다고 인정하는 사람은 결격 사유에서 제외한다.

• 사회복지사 면접 대처 방법

"관계를 맺고 살아가는 것이 삶의 기초이다"라는 말이 있다. 이 내용은 『존 맥스웰의 관계의 기술』이라는 책 맨 서두에 나오는 내용이다. 면접은 얼굴을 보고 접견한다는 말인데 사회복지사로서의 면접은 내가 원하는 기관 또는 부서에 사회복지사 직무 팀원으로 관계를 맺어 가기 위한 일차적 수단으로 자신의 인생관, 직업관, 철학관을 보여줄 수 있는 첫 번째 관문을 통과하는 작업이다. 사회복지의 전반적인 내용을 잘 검토하고 공부하여 면접관의 질문에 좋은 인상과 좋은 이미지가 남을 수 있도록 준비하는 자세가 필요하다.

3

면접의 유형과 평가 내용

• 면접의 유형

면접의 유형은 일대일, 일대다, 다대다 면접의 유형이 있다.

1. 구조화 면접(structured interview)
사전에 준비한 내용으로 똑같은 순서나 동일한 내용으로 질문하는 면접 유형이다.

2. 비구조화 면접(unstructured interview)
구조화되지 않고 면접의 목적에 따라 개방적으로 진행되는 면접 유형으로, 피면접자의 내면세계에 대해 심층적이며, 자세한 묘사와 이해를 얻고자 할 때 사용하는 면접 유형이다.

3. 반구조화 면접(semi-structured interview)
구조화와 비구조화의 중간 형태로 개략적인 조사표를 가지고 융통성 있게 면접 내용을 조정하는 면접 유형이다.

어떠한 면접의 유형을 막론하고 피면접자 입장에서는 필즉생의 각오로 면접관의 질문에 잘 답변할 수 있도록 준비를 철저히 해야 한다. 공공기관의 면접에 있어서는 일대다 또는 다대다 면접의 형태로 보통 4~5명의 면접관이 참여하여 면접을 진행하기 때문에 차분한 마음으로 응대할 준비를 해야 한다. 다수의 면접관이 다양한 질문을 하기 때문에 차분하게 질문에 응대할 준비를 갖추는 것이 매우 중요하다.

다대다 면접은 자신과 다른 사람이 비교되기 때문에 이러한 면접 유형의 경우 다른 사람의 답으로 혼선을 빚을 수가 있고 다른 사람의 탁월한 답변에 신경 쓰다 보면 자신감이 상실되고 생각이 정리가 잘 안되어 소신 있는 답변을 이어갈 수 없을 경우가 생긴다.

면접은 준비된 상황 속에서 목적과 방향이 분명하고 면접관과 면접 대상자와의 특정한 역할 관계 속에서 공식적인 활동으로 이루어진다는 사실을 기억하고 어떠한 경우라도 좌고우면하지 말고 너무 긴장하지 말고 침착하게 대처하는 자세가 중요하다.

• 평가 내용

면접관들은 인재 선발을 위해서 삼고초려의 마음으로 피면접자들을 대하기 때문에 온전히 면접관들의 눈에 잘 안배될 수 있는 자세를 갖추고 면접에 대처하는 태도가 중요하다.

면접 시 평가되는 내용은 다음과 같다.

> 1. 밝은 모습으로 면접관들에게 인사한다.
> 2. 같은 말을 반복하지 않고 맑은 어조로 자신의 소신을 분명히 말한다
> 3. 목소리가 경쾌하면서도 차분한 어조로 침착하고 일관성 있게 말한다.
> 4. 앉은 자세를 바르게 하고 시선을 면접관들에게 집중한다. 특히 다수의 면접관으로 면접을 볼 때는 시선을 골고루 살펴야 한다.
> 5. 옷을 단정하게 깔끔하게 갖추어 입는다. 남성들은 양복 차림의 정장을 입고 여성들의 경우 역시 정장을 입는다. 여성들의 경우 너무 화려하거나 장식을 많이 해도 안 된다. 그러나 예외는 있을 수 있다. 건강보험공단에서 실시하는 체조강사와 댄스강사들은 면접과 동시에 실습이 따르기 때문에 적당한 운동복이나 댄스복이 상황에 따라 규정될 수도 있다.

4
일반적 질문과 기관별 질문

· **일반적 면접 질문**

사회복지사 직무 관련 면접은 다양한 질문을 받을 수 있다. 사회복지 직무는 로봇도 대신할 수 없을 정도로 다양한 계층의 클라이언트들을 상대해야 하므로 사회복지 관련 전반적인 지식은 물론이고 클라이언트를 대하는 기술력이 탁월해야 한다. 예를 들면 어느 날 갑자기 만난 클라이언트가 두서없이 자기 얘기만 하는 경우가 있다. 이때 사회복지사는 차분하게 몇 가지 질문을 통해 간단한 대화 속에서 장황한 내용을 간추려서 초점화시킬 수 있도록 하고 대상자의 요구를 최우선으로 해결해 주려는 능력이 필요하다.

또한 다음과 같이 시사성이 있는 질문에 초점을 두고 준비한다.

> Q. 베버리지보고서의 5대 악과 6대 원칙은 무엇인가요?
> Q. 선별적 복지와 보편적 복지란 무엇인가요?
> Q. 사회보장제도가 성공하기 위한 세 가지 전제 조건은 무엇인가요?
> Q. 스테이그플레이션에 대해 설명해보세요.
> Q. 미국의 레이거노믹스, 영국의 대처리즘, 일본의 나까소네 정책을 우리나라 사회보장제도와 비교하여 설명해보세요.

(1) 사회복지 직무 역할

1. 조력자(enabler) 역할
클라이언트로 서비스를 사용할 수 있는 능력을 얻고 발휘할 수 있도록 클라이언트들을 돕는 역할

2. 중계자(brokerclient) 역할
지역사회 서비스와 자원을 적절하게 연결시킬 수 있는 역할

3. 옹호자(advocator) 역할
클라이언트의 자원과 서비스를 받을 권리가 유지되도록 돕는 역할

4. 교사(teacher) 역할
클라이언트가 사회적 기능이나 문제 해결 능력을 향상시킬 수 있도록 도움이 되는 적절한 정보를 제공하고 적응 기술을 익히도록 클라이언트를 가르치는 역할

5. 촉진자(facilitatar) 역할
조직의 기능이나 상호작용, 직원들 간의 협조나 지지, 정보 교환을 촉진시키며 조직 간의 연결을 강화시키는 역할

6. 중재자(mediator) 역할
미시체계, 중간체계, 거시체계 사이의 논쟁이나 갈등을 해결해주는 역할

면접관들의 성향이 다르기 때문에 다양한 질문들이 나올 수 있다. 사회복지 관련 기관은 넓게는 공공부조법 관련 기관, 사회보험법 관련 기관, 사회서비스법 관련 기관 등 다양한 형태의 기관들이 있고 직무에 있어서는 수많은 사회 문제를 해결하고 다양한 방법으로 기능적 역할을 감당해야 하므로 사회복지에 관련된 제반 이론과 법제, 정치, 경제, 사회복지 실천과 기술 분야 이론에서 다양한 지식을 갖추어야 한다. 사회복지 직무 면접은 소규모의 기관부터 공공기관까지 포괄적으로 직무가 연계되기 때문에 각 기관의 특성을 반드시 숙지해서 사회복지와 관련된 지식과 면접에 대비할 것을 당부한다.

사회복지 직무를 수행함에 있어 클라이언트와의 갈등, 조직과의 갈등을 해결하고 사회복지사로서 기능적 역할(sheafor의 원칙)을 감당해야 한다.

Q. 클라이언트를 적절한 지역사회 서비스와 자원에 연결시킬 수 있는 사회복지사의 역할은?
Q. 클라이언트가 주체적으로 서비스를 사용할 수 있는 능력을 얻고 발휘할 수 있도록 돕는 사회복지사의 역할은?
Q. 기관이나 조직의 차원에서 조직의 기능이나 상호작용, 직원들 간의 협조나 지지, 정보 교환을 촉진시키며 조직 간의 연결을 강화시키는 사회복지사로서의 역할은?
Q. 미시체계, 중간체계, 거시체계 사이의 논쟁이나 갈등을 해결하는 역할을 담당하는 사회복지사의 역할은?

(2) 사회복지 직무 실천 과정

사회복지사로서 면접에 합격하면 실천 현장과 연계되는 직무가 시작된다. 사회복지 공무원으로서 또는 사회복지사로서 끊임없이 대상자들을 면접하게 된다. 이때 클라이언트를 대하는 면접은 입사 준비를 위한 당락을 결정하는 척도로서의 면접이 아니라 의미가 다르다. 클라이언트가 사회적 기본권으로서 인간다운 생활을 할 국민의 권리를 찾아주기 위한 척도로서의 면접이다. 박석돈 외(2004)는 "사회복지 실천에 있어서 모든 실천 과정에는 사정, 개입, 종결 및 평가의 순서로 되어 있다"고 말하고 있다. 클라이언트를 위한 여러 가지 수속적 권리와 실체적 권리가 따르는 면접이다. 실체적 권리가 실현되지 않을 때는 권리의 실현을 위해서 절차적 권리가 따르는 막중한 직무를 수행해야 하기 때문에 때문에 클라이언트의 윤택한 복지를 위해서 개입부터 평가까지 꼼꼼하게 이루어져야 하는 실천 과정이다.

1. 접수(Intake) 및 관계 형성 단계

클라이언트와 상담의 초기 단계로서 라포 형성과 세심한 관찰이 필요하다. 문제의 시발점이 된 과거, 현재, 미래를 살피는 통합적인 시간으로 내담자를 이해하고 관계를 잘 형성해야 한다. 올바른 라포 형성이 되기 위해서는 내담자의 문제를 정확하게 규명해서 부적절한 결과가 초래되지 않도록 하고. 내담자의 장단점을 파악하여 내담자 스스로 자신감을 갖도록 격려한다.

2. 사정(Assessment)

내담자와 내담자의 환경, 장단점 및 직면해 있는 문제를 파악하고 분석하는 과정이다. 상담자는 공식적 및 비공식적인 지원체계 등에 대해 자료를 수집하고 종합적으로 분석하는 과정으로 내담자인 클라이언트의 능력과 대인서비스 욕구에 대한 사정을 한다. 상담자는 클라이언트를 존중하고 클라이언트의 자기결정권을 존중하며 클라이언트의 입장에서 문제를 이해하고 자료를 수집하여 목표를 설정한다. 클라이언트의 사회적 관계망, 가계도, 생태도, 생활력도표, 소시오그램, 사회도, 심리검사, 연대기표 등을 활용할 수 있다.

3. 개입(Intervention)

상담 과정 중 실제 행동으로 실천하는 핵심 단계로 탐색 및 자각을 하고 대안을 탐구하는 단계이다. 클라이언트의 환경, 가족 구조 및 체계의 특성 등을 고려하여 적절한 기법을 선택하고 적용한다. 이 단계에서 여러 기법을 사용하여 변화되기를 원하는 것, 변화될 수 없는 것들을 클라이언트와 가족들에게 인식시켜준다. 클라이언트의 가족 구조와 환경 및 가족원의 특성 등을 잘 파악하여 클라이언트와의 상담에 적절한 상담 기법으로 적용해서 여러 가지 수속적 권리의 절차를 밟는다. 실체적 권리를 찾도록 도움을 주는 단계로 클라이언트 및 가족이 처한 상호 작용의 변화를 위해 구체적인 활동을 수행하는 과정으로 개입 목표를 세운다. 구체적 활동을 수행하기 위해서는 구체적이고 측정 가능하고 성취 가능하고 현실적이면서 시기적절하게 S.M.A.R.T 계획에 의해서 목표를 세운다.

4. 종결 및 평가(Termination and Evaluation)

상담과 실천을 마무리하고 통합하는 단계로 클라이언트와 가족들은 새로운 행동을 실천하고 상담의 목표와 성취된 변화, 전체 상담과 실천 과정에 대한 재사정을 한 다음 이를 통합해야 한다. 상담자와 클라이언트는 잔여의 문제를 해결하고 관계를 적절하게 종결한다. 클라이언트에게 자기 신뢰감과 자신감을 심어주어 상담 종결 후에도 넥엔트로피 상태가 유지될 수 있도록 돕는다.

접수 단계에서부터 종결까지 클라이언트가 어떠한 표현을 하더라도 클라이언트에 대한 태도의 변화가 있어서는 안 되며, 모든 면에서 내 가족 같은 심정으로 관심을 갖고 존중하는 자세와 태도를 유지하는 상

담과 사회복지 실천 과정이 이루어져야 한다.

폐쇄형 질문보다는 개방형 질문을 하며, 클라이언트에 대한 관심과 염려를 보여주는 행동을 한다. 클라이언트를 대하는 사회복지 상담은 사교적 관계가 아니라 전문적인 관계라는 것을 염두에 두고 전문성을 갖추어야 한다. 앞으로 사회복지 분야의 양적 확대가 전개됨에 따라 사회복지 분야 직무 면접에 있어서 사회적, 조직적 지지체계를 강화해야 할 뿐만 아니라 클라이언트를 위한 면접에 있어서도 사회적으로 충분히 수용될 수 있는 갖추어진 질문을 해야 한다.

> Q. 실천 과정에서 목표 설정은 언제 이루어지나요?
> Q. 목표 설정은 어떻게 해야 하나요?

(3) 클라이언트와의 면접과 대화의 실천 기술

1. 클라이언트가 개별적인 독특한 성격을 가지고 있다는 것을 인정하고 수용하며 클라이언트와 약속시간을 준수하고 면접을 위한 사전준비를 철저히 한다.
2. 클라이언트의 욕구를 인식하여 자유롭게 의사 표시를 할 수 있도록 격려 및 촉진자 역할을 한다.
3. 클라이언트의 감정에 대한 의도적이고 적절한 공감을 위해 노력한다.
4. 클라이언트의 특성 및 가치관을 비난하지 않고, 문제의 유불리를 따져 클라이언트를 심판하려 하지 말고 그대로 수용하고 인정해준다.
5. 클라이언트를 있는 그대로 이해하고 엔트로피 상태까지도 인정하고 때로는 포용하고 수용해야 한다.
6. 클라이언트가 모든 의사결정을 하는 과정에 참여하여 스스로 선택하고 결정하는 자유를 누릴 수 있도록 helper 역할을 해준다.

> 7. 클라이언트의 정보는 사회복지사가 전문적 치료 목적 외에는 타인에게 누설되지 않도록 비밀 보장을 철저히 해준다. 그러나 클라이언트가 위험한 상황에 처해 있을 때는 예외 규정에 따른다.

여러 가지 유형의 질문과 답변이 있을 수 있다. 그러나 필자는 비에스텍의 7대 원칙을 중심으로 면접에 임하면 좀 더 사회복지 실천 현장에서 유용한 면접이 되지 않을까 생각한다.

> Q. 개별화의 원칙에 의하면 클라이언트는 개별적인 인간으로 대우받고 싶은 욕구가 있다. 대처 방법은?
> Q. 의도적인 감정 표현 원칙에 의하면 클라이언트가 자신의 감정을 표현하고 싶은 욕구가 많이 있기 때문에 자신의 말만 하려고 하는 경향이 있다. 대처 방법은?
> Q. 통제된 정서적 관여의 원칙에 의하면 클라이언트는 공감적 반응을 얻고 싶은 욕구가 있기 때문에 공감해주기를 바란다. 대처 방법은?
> Q. 수용의 원칙에 의하면 클라이언트는 가치 있는 인간으로 인정받고 싶은 욕구가 있기 때문에 자신을 인정받고 싶어 한다. 대처 방법은?
> Q. 비심판적 태도의 원칙에 따르면 클라이언트는 심판받지 않으려는 욕구가 있기 때문에 대부분 싫은 소리는 듣고 싶어 하지 않는다. 대처 방법은?
> Q. 자기 결정의 원칙에 따르면 클라이언트는 스스로 선택하고 결정을 내리고 싶은 욕구가 있기 때문에 자기 아집이 많다. 대처 방법은?
> Q. 비밀 보장의 원칙에 따르면 클라이언트는 자기 비밀을 지켜주기를 바라는 욕구가 있다. 대처 방법은?

• 기관별 면접 질문

(1) 어르신 관련 사회복지시설

노인복지법(1981.6.5) 제31조는 노인복지시설을 주거, 의료, 여가, 재가 등의 4가지 종류로 분류하고 그 밖에 국가 또는 지방자치단체가 노인 보호 전문기관과 노인 일자리 전담기관을 직접 설치·운영하거나 위탁을 통해 운영하도록 하고 있다. 노인복지법의 기본 원칙은 노인의 질환을 사전 예방 또는 조기 발견하고 질환 상태에 따른 적절한 치료와 요양으로 심신의 건강을 유지하고, 노후의 생활 안정을 위하여 필요한 조치를 강구하고 노인의 보건복지 증진을 기여하는 것을 목적으로 한다. 노인은 후손들을 양육하고 국가 및 사회의 발전에 기여해온 공로자이기 때문에 마땅히 존경받아야 하고, 건전하고 안정된 생활을 보장받아야 한다(노인복지법 기본이념 2조).

매년 10월을 '경로의 달'로 정해서 노인에 대한 사회적 관심과 공경의식을 높이 치하하고 있다. 노인의 날은 1990년 빈에서 열린 제45차 유엔 총회에서 10월 1일을 '국제 노인의 날'로 정하기로 결의하였고, 1991년 10월 1일 전 세계 유엔 사무소에서 '제1회 국제노인의 날' 행사를 시작으로 출발하였다.

우리나라는 1997년 노인의 날을 법정 기념일로 지정했는데 10월 1일이 이미 국군의 날로 지정되었기 때문에 그 다음 날인 10월 2일을 노인의 날로 정하여 기념해오고 있다. 또한 유엔에서는 노인 학대에 대한 인식의 제고 및 방지를 위해서 2006년, 매년 6월 15일을 '세계 노인 학대 인식의 날'로 지정해서 다양한 행사를 진행해왔고 우리나라는 2015년 말 노인복지법 개정 이후 2017년부터 6월 15일을 '노인 학대 예방의 날'로 지정하여 다양한 행사와 홍보를 위해 노력하고 있다. 이외에도 조세 감면 제49조에 의하여 노인 복지시설에서 노인을 위하여 사용하는 건물이나 토지 등에 대하여 조세감면 규제법 등 관계 법령이 정하는 바에 의하여 조세 기타 공과금을 감면해주는 혜택을 주고 있다. 이 밖에도 국가 또는 지방자치단체는 노인보건복지 관련 연구시설이나 사업의 육성을 위하여 필요하다고 인정될 때에는 국·공유 재산을 무상으로 대부하거나 사용해서 수익을 창출할 수 있게 되어 있다.

> Q. 노인복지법이 제정된 연혁을 말씀해보세요.
> Q. 노인의 날이 언제인지 말씀해보세요.
> Q. 노인요양 공동생활 가정에 대하여 말씀해보세요.
> Q. 노인 복지시설에 대한 특례법 중 조세 감면 규제법이 무엇인지 말씀해보세요.
> Q. 우리 지역의 사회복지관은 몇 개인지 말씀해보세요.

<노인복지시설>

구분	시설명	시설의 기능과 정의
노인주거 복지시설	양로시설	일상생활의 편의 제공, 급식 제공
	노인공동생활가정	가정과 같은 주거 여건, 편의 제공, 급식 제공
	노인복지주택	주거시설 임대, 생활지도 상담 및 안전 관리, 편의 제공

노인의료 복지시설	노인요양시설	치매, 중풍, 노인성 질환 노인들을 위한 급식, 요양 편의 제공
	노인요양 공동생활가정	치매, 중풍, 노인성 질환 노인들을 위한 주거 여건, 급식, 요양 편의 제공
노인여가 복지시설	노인복지관	노인의 교양 취미생활 및 사회 참여 활동, 건강 증진 및 질병 예방과 소득 보장 등 노인의 복지 증진에 필요한 서비스 제공
	경로당	지역 노인들의 친목 도모, 취미 활동, 공동작업장 운영 기타 여가 활동을 위한 장소 제공
	노인교실	노인들의 사회 활동 참여 욕구 충족, 건전한 취미생활, 건강 유지, 소득 보장, 학습 프로그램 제공
재가노인 복지시설	방문요양 서비스	재가 노인을 위한 각종 편의 제공
	주·야간보호 서비스	가족의 보호를 받을 수 없는 노인들을 위한 주·야간 보호시설, 가족들에게 정신적 부담 덜어주기 위한 서비스
	단기보호 서비스	부득이한 사유로 가족의 보호를 받을 수 없어 일시적으로 보호가 필요한 심신이 허약한 노인과 장애노인을 보호시설에 단기간 입소시켜 보호 노인의 복지 증진 도모 서비스
	방문목욕 서비스	목욕 장비를 갖추어 재가 노인 방문목욕 서비스 제공
	그 밖의 서비스	재가 노인에게 제공하는 서비스로 보건복지부령이 정하는 서비스
노인보호전문기관		노인 학대 예방을 위한 전문기관
노인일자리지원기관		노인의 일자리 지원사업 전담기관
학대피해 노인전용쉼터		피해 노인 일정 기간 보호, 심신 치유 프로그램 제공

(2) 아동 관련 사회복지시설

국가 또는 지방자치단체는 아동복지시설을 설치할 수 있다. 국가 또는 지방자치단체 외의 자는 관할 시장, 군수 또는 구청장에게 신고하고 아동복지시설을 설치할 수 있다.

<아동복지시설>

종류	내용
아동양육시설	보호대상 아동의 보호, 양육, 취업 훈련, 자립 지원 서비스 등을 제공
아동일시보호시설	보호대상 아동을 일시 보호, 아동에 대한 향후의 양육대책 수립 및 보호 조치를 하는 시설
아동보호치료시설	불량 아동이나 불량 행위를 할 우려가 있는 아동을 보호자가 없을 경우 친권자나 후견인의 입소 신청 후 가정법원, 지방법원소년부지원에서 보호 위탁된 19세 미만인 자로 치료와 선도를 통해 건전한 사회인으로 육성하는 것을 목적으로 한다.
공동생활가정	아동복지시설로부터 퇴소한 자에게 취업 준비 또는 취업 후 일정 기간 보호 자립 지원, 시장, 군수, 구청장은 피해 아동에 대한 보호 치료, 양육 서비스 등을 제공하는 학대 피해 아동 쉼터를 지정할 수 있다.
자립지원시설	아동복지시설 퇴소한 자에게 취업 준비 기간과 취업 후 일정 기간 보호하고 자립 지원하는 시설
아동상담소	아동과 그 가족의 문제에 관한 상담, 치료, 예방 및 연구 등을 목적으로 하는 시설
아동전용시설	어린이대공원, 어린이놀이터, 아동회관, 체육, 연극, 영화, 과학실험전시시설, 아동휴계숙박시설, 야영장 등 아동에게 건전한 놀이, 오락, 그 밖의 각종 편의를 제공하여 심신의 건강 유지와 복지 증진에 필요한 서비스를 제공하는 것을 목적으로 하는 시설
지역아동센터	지역사회 아동의 보호, 교육, 건전한 놀이와 오락의 제공, 보호자와 지역사회의 연계 등 아동의 건전 육성을 위하여 종합적인 아동복지 서비스를 제공하는 것을 목적으로 하는 시설
아동보호전문기관	아동보호전문기관(동법 제45조)
가정위탁지원센터	가정위탁지원센터(동법 제48조)
아동권리보장원	아동권리보장원(동법 제10조의2)

(3) 청소년 관련 사회복지시설

국가 또는 지방자치단체는 청소년 복지시설을 설치·운영하여야 한다(청소년 기본법 제18조 제1항). 국가 또는 지방자치단체 외의 자는 청소년 복지시설을 설치·운영하려면 해당 시설이 있는 지역을 관할하는 특별

자치도지사 또는 시장, 군수, 구청장에게 신고하여야 한다.

<청소년복지시설>

종류	내용
청소년쉼터	가출 청소년이 가정, 학교, 사회로 복귀할 수 있도록 상담, 주거, 학업, 자립 등을 지원하는 시설
청소년자립지원관	청소년쉼터와 청소년 회복시설의 지원에도 불구하고 가정, 학교, 사회로 복귀가 불가능한 청소년에게 생활 능력과 여건을 갖추도록 지원하는 시설
청소년치료재활센터	학습 정서, 행동상의 장애 청소년 대상으로 치료, 교육 및 자활을 종합적으로 지원하는 거주형 시설
청소년 사회복지원시설	감호위탁 처분을 받은 청소년을 보호자 대신 보호해주는 대리보호자 상담, 주거, 학업, 자립 등 서비스를 제공하는 시설

(4) 장애인 관련 사회복지시설

국가와 지방자치단체는 장애인 복지시설을 설치할 수 있다. 이 외의 자가 장애인 복지시설을 설치·운영하려면 해당 시설 소재지 관할 시장, 군수, 구청장에게 신고하여야 한다. 폐쇄 명령을 받고 1년이 지나지 아니한 자는 시설의 설치·운영 신고를 할 수 없다. 장애인 거주시설의 정원은 3명을 초과할 수 없다.

<장애인복지시설>

종류	내용
장애인거주시설	일반 가정에서 생활하기 곤란한 장애인에게 일정 기간을 정하여 거주, 요양, 지원 서비스 제공
장애인지역사회재활시설	장애인을 전문적으로 상담, 치료, 훈련하고 일상 생활 지원, 여가 활동과 사회 참여 활동 지원

장애인직업재활시설	일반 작업 활동에 부적응 장애인을 위해서 특별히 준비된 작업 환경에서 직업 훈련을 받거나 직업 생활을 할 수 있도록 하는 시설
장애인의료재활시설	장애인을 위한 입원 또는 통원하게 하여 상담, 진단, 판정, 치료 등 의료재활 서비스 제공시설
장애인생산품판매시설	대통령령으로 정하는 시설로 시행령 제36조에 따라 규정된 시설

(5) 여성, 가족 관련 사회복지시설

여성은 가부장적 사회 질서 속에서 상대적으로 차별과 피해의 가능성이 높으며, 역사적으로 상당한 피해를 받아왔다. 여성운동의 전개 등으로 여성의 사회적 지휘는 높아졌지만 여전히 여성가구주의 빈곤 문제나 결혼, 이주여성 문제 등이 해결되지 않은 채 남아 있다.

이러한 문제에 대응하는 법률로는 한부모가족지원법, 다문화가족지원법 등과 범죄피해자보호 등에 관한 법률, 성폭력방지 및 피해자보호 등에 관한 법률, 가정폭력방지 및 피해자보호 등에 관한 법률, 일제하의 일본군 위안부 피해자에 대한 생활안정지원 및 기념사업 등에 관한 법률 등이 있다. 한부모가족지원법은 모자복지법(1948.4.10.)이 제정되면서 시행되었고, 모·부자복지법(2002.12.18.)으로 개정되었다.

<한부모가족복지시설>

구분	내용
모자(부자)가족복지시설	모, 부자 가족에게 다음과 같은 시설을 제공한다. 기본생활 지원, 공동생활 지원, 자립생활 지원
미혼모가족복지시설	미혼모 가족과 출산 미혼모에게 기본생활 지원, 공동생활 지원

일시지원복지시설	배우자가 있으나 도움이 안 되는 경우 일정 기간 모와 아동의 생계를 지원한다.
한부모가족복지상담소	한부모가족을 위한 위기, 자립, 상담 또는 문제 해결 지원 등을 목적으로 한다.

(6) 다문화가족 관련 사회복지시설

국가와 지방자치단체는 다문화가족에 대한 사회적 차별 및 편견을 예방하고 사회구성원이 문화적 다양성을 인정하고 존중할 수 있도록 다문화 이해 교육을 실시하고 홍보 등에 필요한 조치를 하고 있다.

다문화가족지원센터의 업무는 다문화가족을 위한 교육, 상담 등 지원사업을 실시하고 결혼 이민자 등에 대한 한국어 교육, 다문화가족 교육 지원 서비스 정보 제공 및 홍보, 다문화가족 지원 관련 기관, 단체와의 서비스 연계, 일자리에 관한 정보 제공 및 일자리 알선, 다문화가족을 위한 통역 번역지원사업, 다문화가족에 대한 이해 증진으로 유아교육법 제2조와 고등교육법 제2조에 따른 교육 실시, 생활 정보 제공 및 교육지원 제6조에 의하여 한국어 교육을 받을 수 있도록 지원, 평등한 가족 관계를 위한 조치 제7조에 의하여 다문화가족이 민주적이고 양성 평등한 가족 관계를 누릴 수 있도록 가족 상담, 부부 교육, 부모 교육, 가족생활 교육 등을 추진하고 전문적인 서비스를 제공한다.

국가와 지방자치단체는 가정폭력방지 및 피해자 보호 등에 관한 법률에 따라 다문화가족 내 가정폭력을 예방하기 위하여 노력하고 결혼 이민자 등이 가정폭력으로 혼인 관계를 종료하는 경우 의사소통의 어려움과 법률체제 등에 대한 정보의 부족 등으로 불리한 상황에 놓이지 않도록 의견 진술이나 사실 확인 등에 있어서 언어 통역, 법률 상담 및 행정 지원 등 필요한 서비스를 제공한다.

국가와 지방자치단체는 결혼 이민자 등이 건강하게 생활할 수 있도록 영양, 건강에 대한 교육, 산전, 산후, 도우미 파견, 건강검진 등의 의료 서비스를 지원할 수 있으며 이러한 경우 외국어 통역 서비스를 제공할 수 있다.

국가와 지방자치단체는 아동, 청소년의 보육 교육을 실시함에 있어 다문화가족 구성원인 아동, 청소년을 차별해서는 안 되며, 특히 어린이집의 원장, 유치원원장, 각급 학교의 장, 그 밖에 대통령령으로 정하는 기관의 장은 아동 청소년 보육 교육을 실시함에 있어 다문화가족 구성원인 아동 청소년이 차별을 받지 아니하도록 필요한 조치를 하여야 한다. 국가 또는 지방자치단체가 아닌 자가 지원센터를 설치·운영하고자 할 때는 시·도지사 또는 시장, 군수, 구청장의 지정을 받아야 한다.

> Q. 다문화가족이란 무엇인지 설명해보세요.
> Q. 다문화가족 지원법에서 아동과 청소년을 구별하는 나이는 몇 살일까요?
> Q. 다문화가족은 공공부조의 혜택을 받을 수 있나요?

(7) 성매매 피해자 지원시설

성매매 피해자 지원시설의 설치·운영은 특별자치시장, 특별자치도

지사, 시장, 군수, 구청장에게 신고한다. 각 시설별로 지원 기간 제한에도 불구하고 성매매 피해자 등이 장애인 차별 금지 및 권리 구제 등에 관한 법률 제2조 제 항에서 정의하는 장애인인 경우 여성가족부령으로 정하는 바에 따라 피해 회복에 소요되는 기간까지는 지원 기간을 연장할 수 있다.

> Q. 성매매 피해자를 위한 지원시설의 업무는 주로 무엇을 하는지 말씀해보세요.
> Q. 성폭력 피해자로서 장애인 보호시설에서 거주하는 기간은 몇 년입니까?
> Q. 각 시설에서 기간을 연장할 때는 어느 부처의 령으로 합니까?
> Q. 특별지원 시설이나 청소년보호시설에서 만 20세가 되었다. 시설의 지원과 보호가 가능할까요?
> Q. 성매매 피해자를 위한 지원시설의 업무는 주로 무엇을 하는지 말씀해보세요.

<성매매 피해자와 성폭력 피해자의 보호지원시설>

	지원시설	시설의 업무
성매매피해자지원시설	일반지원시설	성매매 피해자에게 1년 동안 숙식 제공 * 1년 6개월 범위에서 여성가족부령으로 연장 가능
	청소년지원시설	19세 미만의 성매매 피해자 숙식, 취학, 교육 * 2년의 범위에서 여성가족부령으로 연장 가능
	외국인지원시설	외국인 성매매 피해자에게 3개월 범위로 숙식 제공, 귀국 지원 시설 * 2년 범위에서 여성가족부령으로 연장 가능
	자립지원공동생활시설	성매매 피해자에게 2년의 범위에서 자립을 위한 숙박, 편의 제공
	자활지원센터	성매매 피해자의 회복과 자활에 필요한 자원 제공, 작업장 설치 운영, 취업 및 기술 교육, 취업 및 창업을 위한 정보 제공, 자활 과정에 필요한 심리적 안정과 피해 회복을 위한 운영 지원
	성매매피해상담소	성매매 피해자를 위한 숙식 제공, 시설 연계, 상담, 수사기관의 조사와 법원의 증인 심문 동행, 의료 지원 등

성매매방지중앙지원센터		국가는 성매매 방지 활동 및 성매매 피해자 등에 대한 지원 서비스 전달체계의 효율적인 연계 조정 등을 위하여 성매매방지중앙지원센터를 설치·운영할 수 있다.
성폭력피해자 보호시설	일반보호시설	성폭력 피해자 보호 및 숙식 제공, 상담 및 치료
	장애인보호시설	피해자 질병 치료 지원, 피해자 보호를 위한 다양한 업무, 장애인 차별 금지 및 권리 구제 * 2년 범위에서 여성가족부령으로 연장 가능
	특별지원보호시설	19세 미만의 피해자에 해당(성폭력범죄 제5조) * 2년 범위에서 여성가족부령으로 연장 가능
	외국인보호시설	다른 법률에 따라 보호시설에 위탁된 업무, 피해자를 보호하기 위한 업무
	자립지원공동생활시설	모든 보호시설 퇴소한 사람으로 자립자활교육의 실시와 취업 정보 제공 * 2년 범위에서 여성가족부령으로 연장 가능
	장애인자립지원	장애인보호시설을 퇴소한 사람으로 그밖에 필요한 사항 * 2년 범위에서 여성가족부령으로 연장 가능

(8) 가정폭력 피해자 보호지원시설

국가나 지자체를 제외하고는 사회복지사업법에 따라 사회복지법인과 비영리법인으로 나누어 운영·설치할 수 있다. 비영리법인은 시장, 군수, 구청장의 인가를 받아 보호시설을 설치·운영할 수 있다.

<가정폭력 피해자 보호시설>

보호·지원시설		시설의 업무
가정폭력피해자보호시설	단기보호시설	6개월 동안 보호받는 시설, 숙식 제공, 심리적 안정을 위한 상담 치료, 수사, 재판 과정 지원 서비스 연계, 법률구조공단 협조 지원, 자립자활 교육 실시
	장기보호시설	피해자 자립을 위한 주거 편의(2년 보호)
	외국인보호시설	배우자가 대한민국 국민인 외국인 피해자(2년 보호)
	장애인보호시설	장애인복지법의 적용을 받는 장애인으로서 피해자(2년 보호)
가정폭력관련상담소		가정폭력과 피해에 대한 조사 연구, 가정폭력 예방과 방지에 관한 교육 및 홍보, 상담
긴급전화센터		피해자의 신고 접수 및 상담, 관련 기관, 시설과의 연계, 피해자에 대한 긴급한 구조의 지원, 경찰관서 등으로부터 인도받은 피해자 및 피해자가 동반한 가정구성원의 임시 보호 등을 위하여 긴급전화센터를 설치·운영한다. 외국어 서비스를 제공하는 긴급전화센터를 따로 설치·운영할 수 있다.
가정폭력상담원교육 훈련시설		국가나 지방자치단체는 가정폭력 관련 상담원을 위한 교육 훈련 시설을 설치·운영할 수 있다. 신고는 고등교육법에 따른 학교를 설립·운영하는 학교법인. 법률구조법인. 사회복지법인. 그 밖의 비영리법인은 시장, 군수, 구청장에게 신고한다.

(9) 사회복지대학원 사회복지학과 석사, 박사 면접 질문

Q. 사회복지학 박사로서 박사에 입문하신다면 어느 부분에 중점을 두고 연구하시겠습니까?
Q. 사회복지사의 자격증 과정 필수과목이 몇 과목인지 아십니까?
Q. 대학원 졸업 후 사회복지를 전공하시고 무엇을 하시려고 하는지 구체적인 계획을 말씀해보세요.

⑽ 사회복지 전담 공무원 및 정신건강 전문요원

정신건강 분야에 관련된 전문지식과 기술을 갖추고 정해진 수련기관에서 수련을 받은 사람으로서 보건복지부 장관으로부터 자격을 부여받는다. 분야에 따라 정신건강임상심리사, 정신건강간호사 및 정신건강사회복지사로 구분한다.

<정신건강 전문요원의 업무 범위>

구분	업무
공통 업무	보건복지부 장관이 정하는 정신건강 증진 활동으로 다음과 같은 업무를 수행한다. - 정신재활시설 운영 - 정신질환자를 위한 재활 훈련, 생활 훈련 및 직업 훈련 실시 및 지도 - 정신질환자 등과 그 가족의 권익 보장을 위한 활동 지원 - 정신건강복지법에 따른 진단 및 보호의 신청 (정신건강복지법 제44조 1항) - 정신질환자의 사회 적응 및 재활을 위한 활동과 개인별 지원 계획 수립 및 지원 - 정신질환 예방 및 정신건강 복지에 관한 조사 연구 - 정신건강 증진사업 등의 사업 수행 및 교육
정신건강임상심리사	정신질환자의 심리 평가 및 심리 교육과 그 가족에 대한 동일한 서비스 지원
정신건강간호사	정신질환자 등의 간호 필요성에 대한 관찰, 자료 수집, 간호 활동과 그 가족에 대한 건강 증진을 위한 활동의 기획과 수행
정신건강사회복지사	정신질환자 등에 대한 서비스 지원과 조사와 그 가족에 대한 사회복지 서비스 상담

참고문헌

- 박석돈 외, 『노인복지론』, 삼우사, 2006.
- 전남련 외, 『노인복지론』, 양서원, 2016.
- 생각의마을, 『사회복지법제론』, 공동체, 2019.
- 생각의마을, 『인간행동과 사회환경』, 공동체, 2019.
- 사회복지사 자기소개서작성 성공패턴과 면접시험(인터넷)

이경애 LEE KYOUNG AE

학력

· 교육학 학사, 한국어학 학사, 영어 전공
· 사회복지학 석사
· 사회복지학(부 산림치유학) 박사
· USCC 상담학 박사 수료

경력

· 영어 어학원 운영(원장)
· 현) THE사랑재가복지센터 대표
· 현) 청운대학교 교양학과 외래교수
· 현) 예명대학원대학교 겸임교수
· 현) 서울시 자살예방 생명지킴이 강남구 마주단 대표
· 전) 현대직업전문학교 사회복지학 외래교수
· 전) 대한신학 대학원대학교 사회복지학 외래교수
· 전) 대한신학대학원대학교 논문심사위원₩
· 전) 치매예방센터 면접관

자격

· 평생교육사자격증 2급, 한국어 교원자격증 2급, 요양보호사 자격증, 사회복지사 2급, 보육교사 2급, 대한민국명강사 1급, 뇌건강치매예방지도사 1급, 실버라인댄스지도사 1급, 실버요가지도사 1급, 전통놀이사 1급, 도형심리전문강사 1급, 심리상담사 1급, 스마트폰

활용지도사 1급, 이외 수료증과 자격증 2급 다수 보유

저서

- 『전래·전통놀이』, 이경애 외 공저, 출판이안, 2020.
- 「노인여가복지시설 이용자의 산림치유프로그램 참여요인 및 효과에 관한 연구」, 중앙신학대학원대학교 사회복지학과 박사학위 논문, 2017.

수상

- 중앙신학대학원대학교 졸업 최우수총장상 수상(2018)
- 평생교육사 글로벌 지도자상 수상(2014)
- 서울시장상 수상(2019)
- 국회부의장상 수상 (2020)

12장

NCS 기반 건축 직무 면접 유형

하영철

1
능력 중심 채용의 이해

최근 채용 시장의 두드러진 경향은 기업 및 일의 성격에 적합하고 효과적인 인재에 대한 요구가 증가하고 있다는 것이다. 따라서 기업에 꼭 맞는 인재를 필요로 하는 수요 조사를 통해 개발 및 고도화가 필요한 직군을 정확히 선정하고, 이후 관련 직군에 대해 직무 분석부터 면접전형 개발까지 경험을 통해 확보된 능력으로 최적의 채용이 필요하다.

직무 능력 중심의 종합적인 직원 선발을 위해 기업이 학벌과 스펙이 아닌 직무 능력과 역량을 중심으로 한 직원을 채용하는 방식을 말한다. 직무 능력이란 일을 할 수 있는 On-spec인 능력이고, 직업인으로서 기본적으로 갖춰야 할 공통 능력이며, 해당 직무를 수행하는 데 필요한 역량(지식, 기술, 태도)을 말한다.

• 능력 중심의 채용 방법

1. 서류전형 단계
- NCS 직무 기반
- 구체적인 직무 내역 및 요건 제시
- 지원 직무와 관련된 교내·외 활동 경험, 자격사항 등을 기술

2. 필기전형 단계
- 직무 수행에 필요한 인성, 능력 등 직무 적합성 중심 평가

3. 면접전형 단계
- 경험 면접, 상황 면접, 직무 관련 발표 면접, 토론 면접 등 구조화된 방법으로 평가

• 능력 중심 채용의 효과

1. 구성원의 다양성과 창의성을 제고하여 기업의 경쟁력을 높일 수 있다.
2. 직무 적합성이 높은 인재를 선발하여 이직률 감소와 공정한 조직 문화 정착과 기업 이미지를 제고할 수 있다.
3. 채용에 대한 공정한 기회를 부여하여 사회적 신뢰와 기업에 대한 긍정적인 태도를 형성할 수 있다.
4. 직무 능력 향상에 불필요한 노력과 비용을 절감할 수 있다.

2
채용 면접의 유형 예시

• 경험 면접 유형 예시

(1) 경험 면접(BEI: Behavioral Event Interview)이란?

① 지원자의 과거 역량 발휘 경험을 토대로 입사 후 역량 발휘를 예측하는 면접 기법
② 개인의 성격, 특성은 쉽게 변하지 않는다는 전제가 필요함
③ 역량 중심 면접의 내용은 과거 수행했던 내용들을 중심으로 진행됨
④ 개인의 다양한 인성과 능력을 평가하는 데 적합함
⑤ 추가 질문 시 STAR_FACT 기법을 활용하여 상황, 과제, 행동, 결과 등의 세부 내용에 대해 질문을 함으로써 응답자의 인성을 더 정확하게 평가가 가능함

(2) 경험 면접 질문 유형

> Q. 자신이 부도덕하다고 생각한 일을 상사나 민원인으로부터 지시받았던 경우에 대해 말해보세요.
> Q. 업무 중 스트레스가 있었던 경우가 있다면 대처해야 했던 경우에 대해 말해보세요.
> Q. 스트레스를 받은 상황에 제대로 대처하지 못했던 경우가 있다면 그 상황에 대해 말해보세요.
> Q. 만약에 자신이 다시 해 볼 수 있다면 다르게 처리하고 싶은 상황 또는 업무 관련 결정에 대해 말해보세요.
> Q. 처리할 업무가 너무 많아서 우선순위를 정해야 했던 경우에 대해 말해보세요.
> Q. 업무 스타일이 아주 다른 사람들과 함께 프로젝트를 수행해야 했던 사례가 있다면 본인의 역할에 맞추어 말해보세요.
> Q. 실패할 뻔했던 일을 자신의 한 가지 장점 덕분에 성공했던 경우가 있다면 자세히 말해보세요.
> Q. 자신이 경험했던 까다로운 문제와 그 문제를 해결한 경험이 있다면 어떻게 해결했는지에 대해 말해보세요.
> Q. 업무 목표를 수행하기 위해 주어진 역할보다 개인의 역량을 높이기 위한 경험이 있다면 말해보세요.
> Q. 자신의 이익보다 조직이나 집단의 이익을 위해 일을 했던 경험이 있다면 말해보세요.
> Q. 근래에 많은 사람들 앞에서 자신의 의견이나 주장을 한 경험이 있다면 말해보세요.

• 상황 면접 유형 예시

(1) 상황 면접(SI: Situational Interview)이란?

① 사람들의 행동을 상황에 대한 인식과 행동 의도를 통해 예측하는

면접 기법

② 주어진 상황에서의 지원자 판단, 판단의 이유, 행동 의도 등을 질문하는 방식

③ 제시 상황에서의 상황 인식, 구체적인 대응 행동 및 계획에 대해 질문

(2) 상황 면접 질문 유형

> Q. 자신이 알고 있는 지식과 상사가 알고 있는 지식이 다를 경우에 대해 말해보세요.
> Q. 지금 생각해 보면 '이랬으면 더 좋았을 것을'이라는 아쉬움이 남는 점이 있으면 말해보세요.
> Q. 이유 없이 고객이 화를 낸다면 어떻게 하겠습니까?
>   (추가 질문) - 제가 만약에 그 상황이었다면 이렇게 행동했을 것 같은데, 그렇게 하지 않은 이유에 대해 말해보세요.
> Q. 지원자가 맡은 역할을 어떻게 수행했습니까?
>   (추가 질문) - 지원자가 취한 행동을 구체적으로 말해보세요.
>   (추가 질문) - 제가 만일 지원자의 팀원이었다면 이런 불만이 있을 것 같습니다만, 혹시 그런 팀원은 없었습니까?
> Q. 동료가 당신에 대해 비난한 것을 알게 되었을 때 어떻게 행동하시겠습니까?
> Q. 공공기관의 공직자로서 갖추어야 할 자세와 덕목에 대해 말해보세요.
> Q. 우리 기관의 인지도나 기업 변화와 관련하여 개선해야 할 사항이 있다면 말해보세요.
> Q. 지원 분야 관련 전문지식을 높이기 위해 어떠한 노력들을 하였는지 말해보세요.
> Q. 문제 해결을 위해서 설비 투자를 해야 합니다. 그러나 예산이 없습니다. 지원자는 어떻게 하실 것인가요?

• 발표 면접 유형 예시

(1) 발표 면접(Presentation Interview)이란?

① 특정 주제와 관련된 자료를 검토 후 자신의 생각을 발표하는 면접 기법
② 지원자의 발표를 청취한 면접위원은 Follow-up 질문을 통해 추가적인 정보를 요구
③ 이런 질문에는 탐색-확인-반박 질문이 있으며, 순차적 혹은 교차적으로 제시
④ 면접관은 발표 내용을 관찰 기록하여 이러한 질문의 근거가 되는 자료들을 확보하고 정확한 평가 정보를 수집하기 위해 적절한 질문을 준비해야 함
⑤ 판단 기준으로는 지원자의 가치관, 태도, 사고방식 등이 있음

(2) 발표 면접 질문 유형

> **공공건축 설계공모 방식의 종류와 종류별 주요 내용, 적용 대상에 대해 설명해 주십시오.**
>
> '설계공모'란 [건축서비스산업진흥법] 제2조 제5호의 규정에 따른 공공기관이 설계자(공동참여 포함) 2인 이상으로부터 각기 공모 안을 제출받아 그 우열을 심사·결정하는 방법과 절차를 말한다.
> 건축서비스산업진흥법 시행령에 따라 일정 규모 이상이거나 특정 용도에 해당하는 공공건축물은 설계공모를 의무화하고, 설계공모 방식을 사업의 규모, 특성 등에 따라 일반 설계공모, 2단계 설계공모 방법 중 선택하여 활용해야 한다.
> 또한 공공건축 설계발주 관련 규정 및 절차를 건축서비스산업진흥법에서 새로이 규정하고, 건설기술진흥법에서는 건설기술의 범위에서 공공건축 설계용역을 제외하였다.

• 토론 면접 유형 예시

(1) 토론 면접(Group Discussion Interview)이란?

① 상호 갈등적 요소를 가진 과제 또는 공통의 과제를 해결하는 면접 토론 과제를 제시, 개인 간의 상호작용을 관찰
② 주장의 옳고 그름이 아닌 결론을 도출하는 과정과 말하는 자세 등도 중요.
③ 말을 잘하는 능력은 물론 타인의 말을 경청하는 능력도 중요
④ 판단 기준으로는 팀워크, 갈등 조정, 의사소통 능력 등이 있음

(2) 토론 면접 질문 유형

> **현재 우리 기관에서 추진 중인 프로젝트에서 건설관리 중 품질관리의 방법에서 어떠한 것이 더 적합할까?**
>
> 건설관리란 주어진 조건 하에서 정해진 기간 내에 설계 도면에 따라 건축 구조물이나 토목 구조물이 목적에 맞게 안전하고 효율적으로 시공될 수 있도록 관리하는 활동을 의미한다. 건설관리의 종류는 ①품질관리 ②공정관리 ③원가관리 ④기계관리 ⑤자재관리 ⑥노무관리 ⑦안전관리 ⑧사후관리가 있다.
> 이중 '품질관리'는 요구 성능에 부합하면서도 합리적이고 경제적인 건축이 가능하도록 하기 위해 실시하는 관리 수단으로, 적절한 품질 기준을 정하고 이를 달성하기 위한 통제 관리 활동이라고 할 수 있다. 품질관리는 품질 확보, 설계의 합리화, 작업의 표준화, 시공 능률의 향상, 하자 사전 방지, 신뢰성 확보를 위해 반드시 필요하다. 이러한 품질관리의 유형에는 '통계적 품질관리(SQC)'와 '전사적 품질관리(TQC)'가 있다.

3

NCS 기반 건축 학습모듈

• NCS 학습모듈이란?

국가직무능력표준(NCS: National Competency Standards)이란 산업 현장에서 직무를 수행하기 위해 요구되는 지식·기술·소양 등의 내용을 국가가 산업 부문별·수준별로 체계화한 것으로 산업 현장의 직무를 성공적으로 수행하기 위해 필요한 능력(지식, 기술, 태도)을 국가적 차원에서 표준화한 것을 의미한다.

국가직무능력표준(이하 NCS)이 현장의 '직무 요구서'라고 한다면, NCS 학습모듈은 NCS의 능력 단위를 교육 훈련에서 학습할 수 있도록 구성한 '교수·학습 자료'이다. NCS 학습모듈은 구체적 직무를 학습할 수 있도록 이론 및 실습과 관련된 내용을 상세하게 제시하고 있다. NCS 학습모듈은 다음과 같은 특징을 가지고 있다.

첫째, NCS 학습모듈은 산업계에서 요구하는 직무 능력을 교육 훈련 현장에서 활용할 수 있도록 성취 목표와 학습의 방향을 명확히 제시하는 가이드라인 역할을 한다.

둘째, NCS 학습모듈은 특성화고, 마이스터고, 전문대학, 4년제 대학교의 교육기관 및 훈련기관, 직장교육기관 등에서 표준 교재로 활용할 수 있으며 교육 과정 개편 시에도 유용하게 참고할 수 있다.

NCS 학습모듈을 검색하려면 다음의 분야별 검색으로 가능하다.

출처: NCS 홈페이지(https://www.ncs.go.kr/)

예를 들면 분야별 검색 방법을 통해 건축 직무를 찾고자 할 경우 14. 건설 메뉴를 클릭한 후, 중분류 03. 건축 클릭, 소분류 01. 건축설계·감리를 클릭하면 다음과 같은 화면이 나온다.

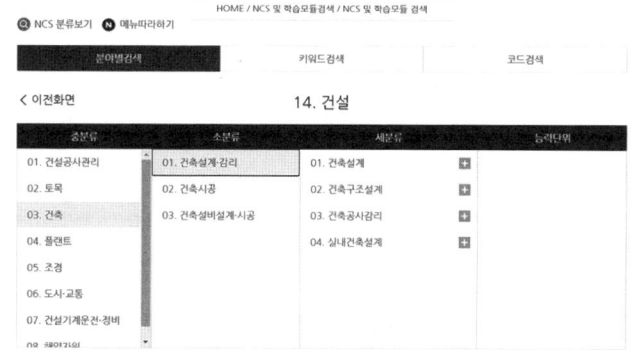

출처: NCS 홈페이지(https://www.ncs.go.kr/)

• 건축설계·감리 학습모듈 예시

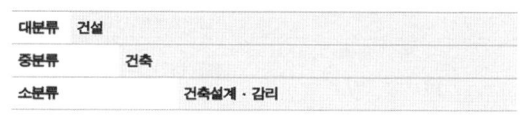

출처: NCS 홈페이지(https://www.ncs.go.kr/)

예를 들면 ○○기관 채용 공고에서 '채용 분야 건축 〉 설계·감리'의 요구 능력 단위를 살펴보고 이와 관련된 학습모듈을 학습할 수 있다.

건축설계 계약 및 운영관리 학습모듈의 개요

학습모듈의 목표

사업계획을 위한 계획서와 계획도면을 작성하여 건축주에게 설명하고, 건축주의 요구사항 등을 반영하여 설계 계약을 체결할 수 있으며, 건축설계업무를 수행함에 있어서 설계조직, 설계 프로세스, 설계 성과물, 실행을 관리할 수 있다.

선수학습

마케팅 전략, 기업 홍보, PR/광고, 건축설계 기획(1403010103_14v2), 관계사 협력설계(1403010107_14v2), 건축설계 설계 도서작성(1403010108_14v2)

학습모듈의 내용체계

학습	학습 내용	NCS 능력단위요소 코드번호	요소 명칭
1. 마케팅하기	1-1. SWOT 분석과 시장조사	1403010101_14v2.1	마케팅하기
	1-2. 기업 홍보		
2. 계약하기	2-1. 수주 타당성 검토	1403010101_14v2.2	수주 타당성 검토하기
	2-2. 계약	1403010101_14v2.3	계약하기
3. 설계조직 및 성과물 관리하기	3-1. 조직 및 성과물 관리	1403010109_14v2.1	설계조직 관리하기
		1403010109_14v2.3	설계 성과물 관리하기
	3-2. 공정 및 실행예산 관리	1403010109_14v2.2	설계 프로세스 관리하기
		1403010109_14v2.4	실행 관리하기

핵심 용어

서비스 마케팅, 프로모션(홍보), 수주 타당성 검토, 계약서 작성, 설계조직, 일정(공정) 관리, 실행예산 관리, 설계 프로세스, 성과물 관리

출처: NCS 홈페이지(https://www.ncs.go.kr)

4

NCS 기반
건축 직무 설명 자료 예시

· **건축 직무 면접 준비**

공공기관에서는 성실성, 신뢰성, 윤리성을 바탕으로 공공기관 직무의 특성에 맞는 전공 및 관련 분야의 전문성을 가진 인재를 필요로 한다. 채용 준비 과정에서 다양한 업무 중 내가 지원하고자 하는 직무와 지원 요건 중 어느 부분과 관련된 업무 영역인지, 내가 해보고 싶은 분야인지 확인해봐야 한다. 그리고 동일 분야일지라도 직무 내용에서 조금씩 다를 수 있으므로 내용을 자세히 확인하고 면접 준비를 해야 할 것이다.

앞서 보았던 채용 분야의 요구 능력 단위와 학습모듈을 학습한 이후 지원 기관의 직무설명서를 활용하여 직무 수행 내용과 필요한 지식, 필요한 기술, 직무 수행 태도 등과 관련된 NCS 사이트의 해당 직무 내용을 면접 전에 충분히 준비하면 면접관의 다양한 질문에 잘 답변할 수 있을 것이다.

(1) 한국철도시설공단 직무설명서

KR 국가철도공단

NCS 기반 채용 직무 설명자료 : 건축 (일반)

채용분야	건 축	대분류	중분류	소분류	세분류
		14. 건설	03. 건축	01. 건축설계·감리	01. 건축설계
					03. 건축감리
				02. 건축시공	06. 철근콘크리트시공
					13. 강구조시공

기관소개	국가철도공단은 철도 건설 및 시설관리 전문 조직으로 국민의 교통편의를 증진하고 국민경제의 건전한 발전에 이바지하기 위해 설립되었으며, 고속철도를 비롯한 국내의 철도 건설과 해외 철도 사업 진출 및 동북아 철도망 구성 등 다양한 철도사업을 지속적으로 추진하는 철도 전문 공공기관입니다.

능력단위	건축설계	04. 건축설계 계획
	건축감리	06. 품질관리 07. 안전관리
	철근콘크리트시공	03. 철근콘크리트시공 계획수립 09. 콘크리트 타설 양생
	강구조시공	02. 강구조시공 현장안전 04. 부재 제작 06. 용접접합

직무수행내용	건축설계	○ 조사 분석하고 기획한 각종자료와 요구사항들을 기초로 하여, 창의적인 아이디어를 반영한 건축 구상을 구체적인 성과물을 통해 구현해 내는 능력과 구현해 낸 성과물을 경제적, 기능적, 심미적 관점에서 검토하고 조정
	건축감리	○ 당해 건설공사의 품질확보를 위하여 설계도서 및 관련법규에 따라 시공계획, 기자재 제작계획 등을 검토승인하고 시공과정에 대한 검토 업무 등을 수행 ○ 건설현장의 유해 및 위험요소로 인한 안전사고를 방지하기 위해서 안전관리 계획서 검토, 안전점검 및 교육, 안전관리비 사용내역 검토, 비상시 상황을 보고하고 조치
	철근콘크리트시공	○ 설계도서 및 내역 검토, 공정표/시공계획서작성, 품질/안전/환경관리에 관한 업무 수행
	강구조시공	○ 안전 보호구 착용, 안전시설물 설치, 불안전시설물을 개선하여 위험요소로부터 근로자를 보호 ○ 강구조물 공사조립의 전 단계로서 공작도에 의해 부재(수직재, 수평재, 가새, 트러스 등)를 제작·가공 등에 관한 업무 수행 ○ 구조물을 연결하기 위하여 설계치수로 가공된 2개 이상의 부재를 용접하고 검사
	해외사업관리	○ 해외사업 컨소시엄 구성, 사업타당성 및 경제성 분석, 발주처 영업활동, 해외사업 기획 및 수행관리

필요지식	○ 대지현황과 시설기능 분석 내용의 이해를 위한 지식, 건축 관련 법규와 제한 규정에 대한 지식, 동선 종류에 따른 구분과 기능에 대한 지식, 설계도서 및 시방서에 대한 지식 ○ 현장 안전시설물의 종류 및 사용방법 지식, 안전관리에 대한 법적 기준에 대한 지식, 철근콘크리트재료 특성·구조에 대한 지식, 거푸집 측압에 대한 이해, 시설물의 구조에 관한 지식, 고장력 볼트의 종류 및 체결방법 ○ 용접의 종류 및 방법, 강구조물 조립순서, 용접법과 용접재료의 종류, 용접결함 및 검사의 종류 ○ 해외철도사업에 대한 용어 및 동향 등에 관한 지식, 해외사업기획 및 수행관리에 대한 지식

필요기술	○ 건축 도면의 이해 능력, 안전설치물 설치 및 확인 능력, 용접종류의 절차와 방법에 따라 작업하는 능력, 종합적 판단을 통한 비교와 평가기술 결과치 분석 능력 ○ 공정 상호간섭 사항에 대한 조정 능력, 신속한 검측 능력, 작업자의 위험요인 파악 능력, 유사 사례 재발방지계획 수립 능력, 건설재료 활용기술, 폐기물 처리능력, 불안전 시설물 개선 방법 및 실시 능력, 재료의 적치 및 보관방법·장소의 선정 ○ 용접가공오차 측정, 용접사 자격의 적합여부 판정능력, 용접종류에 따른 용접재료의 선정능력 ○ 외국 정부(기업)과의 협력 및 협상을 위한 영어 및 제2외국어 활용능력, 사업 경제성 분석에 대한 지식, 제안서 및 보고서 작성 능력
직무수행태도	○ 건축물의 용도와 규모에 적합한 효율성 있는 구조를 적용시키려는 태도, 경제적·기능적·심미적 관점에서 종합적으로 판단하고 조정하여 최적의 대안을 도출해 내려는 태도 ○ 책임감을 가지고 업무를 처리하는 태도, 수행한 업무결과에 대하여 신뢰성을 확보하려는 태도, 안전사고 예방을 위한 적극적인 태도, 매뉴얼에 근거한 안전관리 업무 시행 태도 ○ 시공계획 작성에 대한 책임감, 기준을 준수하려는 태도, 안전수칙 준수 의지, 문제 발생시 대처 의지, 작업장의 환기 및 정리정돈, 용접의 특성을 이해하는 공학적 사고방식
직업기초능력	○ 의사소통능력, 수리능력, 문제해결능력, 자원관리능력, 기술능력 등
참고 사이트	○ www.ncs.go.kr

(2) 건축 직무 면접 질문 유형

Q. 건축 직무에서 업무를 수행하기 위해 필요한 직무 수행 능력은 무엇입니까?

Q. 건축 직무에서 업무를 수행하기 위해 필요한 기초 직업 능력과 자격 요건은 무엇입니까?

Q. 가장 기억에 남는 직무 관련 경험에 대해 설명해보세요.
- 그 경험이 기억에 남는 이유는 무엇입니까?
- 그러한 일을 하게 된 계기는 무엇입니까?
- 그 경험을 통해 가장 크게 배운 점은 무엇입니까?
- 직무 경험이 지원 분야에 도움이 될 수 있는 부분은 무엇입니까?

Q. 본인의 역량을 활용하여 도움이 될 수 있는 업무 분야에 대해 설명해보세요.
- 그 역량이 도움된다고 생각하는 이유는 무엇입니까?
- 그 분야의 발전을 위해 지원자가 특별히 노력해야 하는 점은 무엇입니까?

Q. 직무 지식과 경험을 활용하여 과제나 업무를 해결한 경험에 대해 설명해보세요.
- 직무 지식이 필요했던 이유는 무엇입니까?
- 본인의 지식과 경험을 활용하여 어떤 결과가 나올 것이라 예상했습니까?
- 실질적인 결과의 수준은 어떠했습니까?

참고문헌

- 김영기 외, 『공공기관 합격 로드맵』, 렛츠북, 2019.
- 김영기 외, 『공공기관·대기업 면접의 정석』, 브레인플랫폼, 2020.
- 김영기 외, 『공공기관 합격 노하우』, 브레인플랫폼, 2020.
- 이승철, 『블라인드채용 평가매뉴얼』, 한국표준협회미디어, 2020.
- NCS 기반 능력중심 채용모델 면접관 교재, Expert Consulting, 2020.
- NCS 국가직무능력표준 홈페이지(https://www.ncs.go.kr/)

하영철 HA YOUNG CHUL

학력

· 동의대학교 건축공학과 졸업(공학 석사)
· 대구대학교 건축공학과 졸업(공학사)

경력

· 현) ㈜메건종합건설 임원
· 시설물 정밀안전진단 책임연구원
· 공공기관 NCS 블라인더 전문면접관
· KBS 공공기관 전문면접관
· 건설사업관리사 민간자격 시험문제출제위원
· 직업능력심사평가원 평가위원
· 국립재난안전연구원 평가위원
· 중소기업기술정보진흥원 심사, 평가위원
· 한국건설기술연구원 녹색건축인증 심의위원
· 한국산업단지공단 자문, 평가위원
· 한국건설기술인협회 기술평가위원
· 기타 공공기관 10여 개 기관 심사, 평가위원

자격

· 건축기사
· 산업안전산업기사

· 건설사업관리사
· ISO 9001, ISO 14001 심사원
· 창업지도사
· 사회적기업컨설턴트
· 협동조합코칭컨설턴트

13장

정보기술(전산) 분야 직무 면접

하태경

1 정보기술 개요

• **산업혁명과 정보기술**

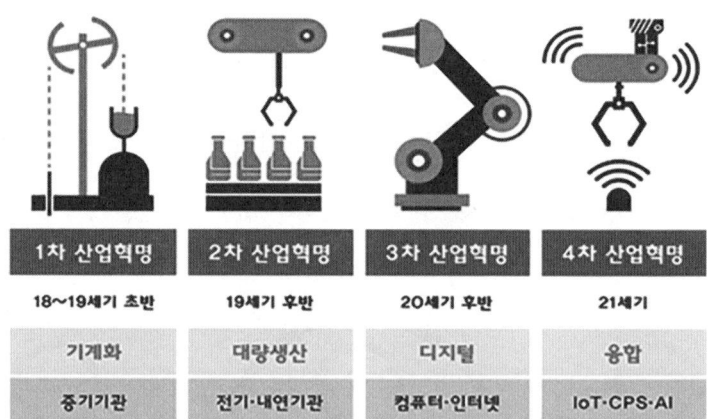

<산업혁명 발전 과정>

인류는 당시의 가능한 기술에 영향을 받아서 꾸준히 발전, 변천하고

있으며 농경사회, 산업사회를 거쳐 현재의 정보화 시대가 되었다. 정보기술은 정보화 시대의 전기통신, 방송, 컴퓨팅(정보처리, 컴퓨터 네트워크, 컴퓨터 하드웨어, 컴퓨터 소프트웨어, 멀티미디어), 통신망 등 사회 기반을 형성하는 유형 및 무형의 기술 분야이다.

'정보기술' 분야는 국가직무능력표준 대분류 20. 정보통신에 포함되어 있으며 일반적으로 IT(Information Technology) 혹은 전산 분야로 알려져 있다.

'정보기술'의 NCS 하위 소분류로는 01. 정보기술전략 계획, 02. 정보기술개발, 03. 정보기술운영, 04. 정보기술관리, 05. 정보기술영업, 06. 정보보호, 07. 인공지능, 08. 블록체인, 09. 스마트물류, 10. 디지털 트윈 등이 있지만 여기서는 02. 정보기술개발을 중심으로 몇 가지 직무 내용을 기술하고자 한다.

• **면접 질문 목적**

면접관의 면접 질문 목적은 직무에 따라 다소 차이는 있으나 대체로 다음 5가지를 평가하는 것으로 생각해볼 수 있다.

1. 기업의 인재상에 부합한 직원 채용
2. 업무의 적합성과 진행 능력 평가

> 3. 지원자의 정보 확인 및 추가 정보 파악
> 4. 커뮤니케이션을 통한 조직원들과의 융합 가능성 여부
> 5. 기업의 이미지 제고를 통한 입사 동기부여

면접의 종류는 경험 행동 면접과 상황 면접이 있으며 경험 행동 면접은 과거 행동이나 성과를 통해 미래 성과를 예측하고, 상황 면접은 주어진 상황을 해결해 나가는 과정에서 행동 의도를 통해 실제 행동을 관찰하는 면접 기법이다. 블라인드 채용에 있어서 동기 적합성, 조직 적합성, 직무 적합성을 파악하기 위한 경험 행동 면접의 중요성이 부각되고 있다.

• 경험 행동 면접(BEI)의 이해

- 과거의 행동은 미래의 행동을 타당하게 예측할 수 있다는 전제로 역량 중심 면접의 질문 내용은 과거에 수행했던 내용들을 중심으로 접근하게 된다.	
과거 성과	미래 성과
- 과거의 행동으로 미래의 행동을 예측 - 기술, 지식, 능력을 포함한 역량 행동에 초점 - 구체적인 상황에서 취한 조치 및 대응, 접근 방법에 대해 질문	- 역량 중심 면접은 지원자의 Skill 역량에 대해 단일의 내용을 포함한 개방형 질문을 실시하는 구조화된 면접

· 면접 질문의 목적과 IT 경험 사례 중심으로 준비

프로그래밍 능력이나 정보기술 운영 능력을 기반으로 프로젝트를 원활히 수행하기 위한 팀원으로서의 적합성을 인식시키기 위한 면접 준비가 필요할 것으로 본다.

1. 지원 기업의 경영 이념, 인재상, 미래 비전 파악
2. IT 트렌드 변화에 적응할 수 있는 신기술 습득 사례
3. IT 팀 프로젝트에 진행에 대한 문제 해결 방안 사례
4. IT 프로젝트 진행 과정에서 힘들었던 부분과 해결 경험 사례
5. 창의성, 도전정신을 파악할 수 있는 과거 경험적 사례
6. 정보기술 분야 NCS 기반의 지식, 기술, 태도 파악
7. 목표를 세우고 추진해 나가는 과정을 알 수 있는 과거 경험 파악
8. 본인의 장점과 단점을 파악하고 단점을 보완해 나가는 과정을 알 수 있는 경험 사례 파악

2. 정보기술 환경 분석

· 정보기술 산업 현장 직무 능력 수준

직무경험 \ 세분류	SW 아키텍처	응용SW 엔지니어링	임베디드SW 엔지니어링	DB 엔지니어링
15~20년	수석 SW 아키텍트			
10~14년	책임 SW 아키텍트	요구사항 분석가	임베디드SW 분석설계자	DB엔지니어링 책임자
6~9년	선임 SW 아키텍트	응용SW 분석개발자	임베디드SW 개발자	DB엔지니어링 담당자
3~5년	SW 아키텍트	응용SW 엔지니어	임베디드SW 프로그래머	DB엔지니어링 실무자
1~2년	SW아키텍처 구현 담당자	SW 프로그래머	오픈플랫폼 프로그래머	DB엔지니어링 기능자
0~1년		SW 프로그램 어시스트		

직무경험 \ 세분류	NW 아키텍처	보안 엔지니어링	UI/UX 엔지니어링	시스템SW 엔지니어링
15~20년	NW 프로젝트 관리자 / NW 시스템 분석설계자	보안 책임자		책임 시스템SW 개발자
10~14년		보안 감사자	책임 UI/UX 기획자	선임 시스템SW 개발자
6~9년	NW SW 설계자	보안 개발자, 보안 관리자	선임 UI/UX 기획자 / UI 설계 담당자	시스템SW 개발자
3~5년	NW SW 엔지니어	보안 담당자	리서치 담당자 / UI 기획 담당자	
1~2년	NW 프로그래머	보안 실무자	UI 디자인 담당자 / UI 구현 담당자	
0~1년			UI 테스트 담당자	

• 정보기술 인력 배출 현황

중분류명	소분류명	학과	교육훈련기관	2016년 (명) 입학	2016년 (명) 졸업	2017년 (명) 입학	2017년 (명) 졸업	2018년 (명) 입학	2018년 (명) 졸업
01. 정보기술	02. 정보기술	전산·컴퓨터공학	대학원	1,701	1,248	1,736	1,316	1,766	1,321
			대학	9,989	9,566	9,875	1,879	11,442	10,811
			전문대학	2,115	1,286	1,972	1,500	1,853	1,594
		응용소프트웨어공학	대학원	467	336	446	365	532	423
			대학	2,695	1,659	4,279	9,496	5,038	2,273
			전문대학	2,141	1,552	2,573	1,568	2,812	1,692
		정보·통신공학	대학원	1,967	1,605	1,821	1,540	1,976	1,405
			대학	8,404	7,054	8,357	6,923	8,108	7,394
			전문대학	9,815	7,974	8,808	7,498	8,682	7,447
		산업공학	대학원	1,312	840	1,211	1,009	1,165	1,054
			대학	3,256	3,499	3,408	3,586	3,378	3,686
			전문대학	570	3	621	91	929	275
		합계		44,432	36,622	45,107	36,771	47,681	39,375

출처: 교육통계서비스(http://kess.kedi.re.kr)

· 정보기술 국가기술자격 현황

중분류명	소분류명	등급	종목	취득자 수(명)			
				'16년 (명)	'17년 (명)	'18년 (명)	누계
01. 정보기술	02. 정보기술개발	기술사	정보관리	39	30	51	120
			컴퓨터시스템응용	29	27	31	87
			정보통신	22	28	29	79
		기사	정보처리	23,371	7,452	16,727	47,550
			전자계산기조직응용	171	181	185	537
			정보통신	419	726	808	1,953
			정보보안	306	631	805	1,742
		산업기사	정보처리	4,918	1,951	2,920	9,789
			사무자동화	5,949	4,895	5,022	15,866
			정보통신	213	224	0	437
			정보보안	247	500	288	1,035
		기능사	정보기기운용	4,466	3,659	2,477	10,602
			정보처리	21,477	13,488	9,028	43,993
		단일	게임그래픽전문가	46	64	59	169
			게임기획전문가	51	61	50	162
			게임프로그래밍전문가	20	17	25	62
			멀티미디어콘텐츠제작전문가	56	94	202	352

출처: 한국산업인력공단 자격정보망(Q-net)

3

NCS 직무 분류

중분류명	소분류명	세분류명(직무)
01 정보 기술	01.정보기술전략. 계획	01.정보기술전략 02.정보기술컨설팅 03.정보기술기획 04.SW제품기획 05.빅데이터분석 06.IOT서비스기획 07.빅데이터기획 08.핀테크기술기획
	02.정보기술개발	01.SW아키텍처 02.응용SW엔지니어링 03.임베디드SW 엔지니어링 04.DB엔지니어링 05.NW엔지니어링 06.보완엔지니어링 07.UI/UX엔지니어링 08.시스템SW 엔지니어링 09.빅데이터플랫폼구축 10.핀테크엔지니어링 11.데이터아키텍처 12.IOT시스템연동 13.인프라스트럭쳐구축
	03.정보기술운영	01.IT시스템관리 02.IT기술교육 03.IT기술지원 04.빅데이터운영,관리
	04.정보기술관리	01.프로젝트관리 02.IT품질보증 03.IT테스트 04.IT감리
	05.정보기술영업	01.IT기술영업 02.IT마케팅
	06.정보보호	01.정보보호관리.운영 02.정보보호진단.분석 03.보안사고분석대응 04.정보보호암호.인증 05.지능형영상정보처리 06.생체인식 07.개인정보호 08.디지털포렌식
	07.인공지능	01.인공지능플랫폼구축 02.인공지능서비스기획 03.인공지능모델링 04.인공지능서비스운영관리 05.인공지능서비스구현

공공기관 채용의 모든 것   308

08.블록체인	01.블록체인분석.설계 02.블록체인구축.운영 03.블록체인서비스기획
09.스마트물류	01.스마트물류체계기획 02.스마트물류플랫폼구축 03.스마트물류통합관리
10.디지털트윈	01.디지털트윈기획

• 응용SW엔지니어링

(1) 직무 정의

직무 정의	응용SW엔지니어링은 컴퓨터 프로그래밍 언어로 각 업무에 맞는 소프트웨어의 기능에 관한 설계, 구현 및 테스트를 수행하고, 사용자에게 배포하며, 버전 관리를 통해 소프트웨어의 성능을 향상시키고, 서비스를 개선하는 일이다.

(2) 능력 단위

능력 단위	수준	능력 단위	수준
요구사항 확인	5	정적모델 설계	6
데이터 입출력 구현	5	동적모델 설계	6
통합 구현	5	화면 설계	5
정보시스템 이행	5	화면 구현	3
제품소프트웨어 패키징	5	애플리케이션 테스트 관리	5
서버프로그램 구현	5	애플리케이션 테스트 수행	3
인터페이스 구현	5	소프트웨어공학 활용	6
애플리케이션 배포	3	소프트웨어개발 방법론 활용	6
애플리케이션 리팩토링	6	프로그래밍 언어 응용	3
인터페이스 설계	6	프로그래밍 언어 활용	2
애플리케이션 요구사항 분석	7	응용SW 기초 기술 활용	3

기능 모델링	6	개발자 환경 구축	2
애플리케이션 설계	6	개발 환경 운영 지원	2

(3) 지식, 기술, 태도

지식	해당 플랫폼 지식, 운영체제 특징, 데이터베이스 이해, 가상화 개념, 요구사항분석기법, 설계 산출물 이해, 소프트웨어 개발방법론, 설계 모델링 기법, 소프트웨어 아키텍쳐 이해, 분산 프로그램 기법, 프로그래밍 언어 활용 방법, 제품 소프트웨어 활용 데이터 수집 및 분석 방법, 매뉴얼 작성법
기술	내·외부 환경 분석 기술, 운영체제 구성 및 관리 능력, 저장장치 구성 및 관리 능력, 네트워크 구성 및 관리 능력, DBMS 구성 및 관리 기술, SQL 활용 능력, 요구사항 관리 도구 활용 능력, 모델링 기술, 애플리케이션 프레임워크 활용 능력, 데이터 보안기술, 단위테스트 도구 활용 능력, 데이터 무결성 검증 능력, 애플리케이션 설치 및 패키징 기술, 암호화 및 보안 모듈 탑재 기술, 표준 용어집 작성 능력
태도	- 기술 관련 각종 정보 수집에 대한 적극성, - 시스템에 대한 정확성과 이해의 완전성을 갖고자 하는 태도 - 시스템과 개발 소프트웨어와의 관계를 파악하려는 태도 - 요구사항의 정확성과 완전성을 확보하려는 자세 - 검증할 항목 분석을 위한 치밀한 태도 - 책임감 및 검증에 대한 완벽함을 추구하는 태도 - 고객의 요청을 수용하려는 태도 - 산출물 완성도를 위한 적극적인 태도 - 자신이 수행한 작업에 대한 평가의 객관성 - 개발 팀원 간의 원활한 협업을 추구하는 태도 - 제품의 품질 및 고객 우선주의 태도 - 표준 양식 준수 의지

• 임베디드SW엔지니어링

(1) 직무 정의

직무 정의	임베디드SW엔지니어링은 하드웨어 플랫폼에 대한 이해를 바탕으로 플랫폼별로 운영체제 이식과 펌웨어, 디바이스 드라이버, 애플리케이션 등 임베디드 소프트웨어를 개발하고, 하드웨어 플랫폼에 최적화를 수행하는 일이다.

(2) 능력 단위

능력 단위	수준	능력 단위	수준
하드웨어 분석	4	디바이스 드라이버 분석	6
임베디드 시스템 테스팅	5	디바이스 드라이버 설계	6
기술문서 개발	4	디바이스 드라이버 구현 환경 구축	5
펌웨어 분석	5	디바이스 드라이버 구현	6
펌웨어 설계	5	임베디드 애플리케이션 분석	5
펌웨어 구현 환경 구축	4	임베디드 애플리케이션 설계	5
펌웨어 구현	5	임베디드 애플리케이션 구현 환경 구축	4
운영체제 커널 분석	5	임베디드 애플리케이션 구현	5
운영체제 이식	6	오픈 플랫폼 활용	3

(3) 지식, 기술, 태도

지식	임베디드 시스템 명세 이해, 모듈 간 인터페이스 구조 이해, 임베디드 시스템 이해, 하드웨어 연관성 이해, 하드웨어 종속성 이해, 마이크로프로세스 구조 이해, 메모리 맵 구성
기술	하드웨어 자료 판독 능력, 하드웨어 인터페이스 검증 기술, 하드웨어 동작 검증 기술, 회로도 판독 능력, 에뮬레이터 활용 능력, 마이크로프로세스 구동 기술, 데이터 시트 분석 기술
태도	- 관련 산업에서 준수하여야 할 법적 규제를 수집하려는 태도 - 관련 법규를 분석적으로 사고하려는 태도 - 관련 부서 및 조직원 간 원활하게 의사소통을 하려는 태도 - 기존 경쟁제품의 문제에 대한 분석적 사고 - 다양한 사용자 환경을 수용하는 태도 - 산업표준에 대해 학습하려는 태도 - 새로운 법적 환경을 적극적으로 수집하려는 태도 - 선진 기술을 학습하려는 태도 - 기술적 위험에 적극적으로 대비하려는 노력 - 분석적 사고를 하려는 태도

· DB엔지니어링

(1) 직무 정의

직무 정의	DB엔지니어링은 업무 요구사항을 달성하기 위하여 전사 데이터아키텍처 정책과 원칙을 기반으로 데이터베이스를 설계, 구축하고 성능을 관리하는 일이다.

(2) 능력 단위

능력 단위	수준	능력 단위	수준
데이터베이스 요구사항 분석	6	데이터 전환 설계	6
개념데이터 모델링	7	데이터 전환	5
논리 데이터베이스 설계	6	SQL 활용	3
물리 데이터베이스 설계	6	SQL 응용	5
데이터베이스 구현	4	SQL 작성	2
데이터베이스 성능확보	6		

(3) 지식, 기술, 태도

지식	요구사항 프로세스, 대상 조직 업무 규칙, 대상 조직 문화 특성, 기존 시스템 운영 방법, 조직 업무 및 프로세스 전략, 데이터 모델링 기법, 데이터 대상과 범위, 요구공학, 식별자 개념, 관계 유형별 특성, E-R 다이어그램 표기법, 데이터 모델링 기법, 데이터 표준 규칙, DBMS 특징
기술	요구사항 추출 능력, 현행 정보시스템 분석 능력, 요구사항 분류 능력, 요구사항 분석 기술, 데이터 분석기술, 후보 개체 수집 및 선정기술, 핵심 속성 수집 및 선정 기술, 관계 식별 기술, E-R 다이어그램 작성 능력, 논리 데이터 모델링 분석 기술
태도	- 최종 사용자 입장의 업무적 사고 - 모든 요구사항을 빠짐없이 정의하고자 하는 의지 - 필요한 데이터를 빠짐없이 추출하고자 하는 노력 - 수집된 요구사항을 분류하기 위한 의지 - 수집된 모든 데이터에 대해 빠짐없이 분석하고자 하는 책임감

- 정확하고 명확한 정의를 내리기 위한 의지
- 정의된 요구사항의 품질을 보장하려는 자세
- 고객 만족을 위한 적극적인 수행 의지
- 합리적으로 판단하는 능력
- 회의에 적극적으로 참여하는 자세
- 편견 없이 사용자의 요구를 청취하는 태도
- 다양한 기술적 대안을 탐구하는 의지

• 보안엔지니어링

(1) 직무 정의

직무 정의	보안엔지니어링은 정보 서비스의 보안 요구사항에 따라 정보 보안 시스템 도입을 위한 설계, 구축, 유지보수를 수행하는 일이다.

(2) 능력 단위

능력 단위	수준	능력 단위	수준
보안 구축 계획 수립	5	SW개발 보안 구축	5
보안 구축 요구사항 분석	5	DB보안 구축	5
관리적 보안 구축	6	시스템 보안 구축	5
물리적 보안 구축	3	NW보안 구축	5
보안인증 관리	6		

(3) 지식, 기술, 태도

지식	보안 기능 이해, 요구공학, 일정 관리 방법, 정보통신망 이용촉진 및 정보보호 등에 관한 법률, 보안 아키텍처 이해, 보안 통제 요소 이해, 보안 구축 계획서 작성 방법, 정보 보호 요구사항 분석 방법, 소프트웨어 개발 프로세스, 정보 노호 품질관리 방법, 개인정보 보호법, ISO/IEC 27001 국제표준
기술	자산가치 평가 능력, 네트워크 시설 도면 판독 능력, 기술적 보안범위 설정 능력, 물리적 보안 범위 설정 능력, 보안 가능 분석 능력, 소요자원 산정 기술, 구축 범위 설정 능력, 일정계획 수립 능력, 보안, 통제 요소 도출 및 적용 능력, 자원 배정 능력, 정보보호 요구사항 분석 능력, 정보자산관리 도구 활용 능력, 관련 법규 해석 능력
태도	-객관적인 시각으로 보안 기능을 분류, 분석하려는 태도 -세심하게 구축 범위를 설정하려는 의지 -꼼꼼하게 구축 일정 계획을 수립하려는 의지 -세밀하게 보안 통제 요소를 세분화하려는 노력 -적극적으로 상호관계를 분석하려는 태도 -정해진 규칙에 따라 상호관계를 검증하려는 의지 -정보보호 요구 분석 기준과 절차 준수 -조직의 보안 환경과 보안 기술을 지속적으로 숙지하려는 노력 -목표하는 보안 시스템이 기능과 성능 향상을 위한 노력 -요구사항을 모든 판단과 활동이 기준으로 하는 태도 -법적 준거성을 준수하려는 노력 -주어진 절차를 준수하려는 태도

4

4차 산업혁명 시대 기반 기술 ICT 용어

    4차 산업혁명에 대한 이해를 바탕으로 4차 산업혁명의 핵심 기반 기술인 사물인터넷(IoT), 클라우드(Cloud), 빅데이터(Big Data), 인공지능(AI) 및 플랫폼(Platform)의 기본 개념과 이에 대한 주요 응용 서비스 및 적용 사례를 이해한다.

<4차 산업혁명 시대 기반 기술>

| 사물인터넷 | 클라우드 | 빅데이터 | 인공지능 |

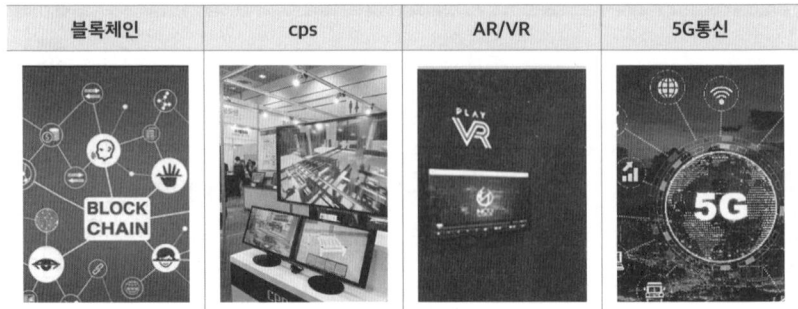

- **사물 인터넷(Internet of Things, IoT)**

존재하는 모든 사물을 네트워크로 연결해 인간과 사물, 사물과 사물 간 언제 어디서나 서로 소통할 수 있게 하는 새로운 정보통신 환경으로, 개인 맞춤형 스마트 서비스를 지향하며 스마트 센싱 기술과 무선통신 기술을 융합하여 실시간으로 데이터를 주고받을 수 있다.

- **클라우드 컴퓨팅(Cloud Computing)**

'클라우드'라는 인터넷 서버에서 데이터 저장과 처리, 네트워크, 콘텐츠 사용 등 IT 관련 서비스를 한 번에 제공하는 기술이다. 하드웨어, 소프트웨어 등의 컴퓨팅 자원을 자신이 필요한 만큼 빌려 쓰고 이에 대한 사용요금을 지급하는 방식의 컴퓨팅 서비스로 서로 다른 물리적인 위치에 존재하는 컴퓨팅 자원을 가상화 기술로 통합하고 인터넷 상의 서

버를 통하여 데이터 저장, 네트워크, 콘텐츠 사용 등의 서비스를 한 번에 사용할 수 있다

• 빅데이터(Big Data)

기존의 관리 방법이나 분석 체계로는 처리하기 어려운 많은 양의 정형, 반정형, 비정형 데이터 집합 또는 이러한 데이터 집합을 수집, 저장, 관리, 분석, 시각화하는 데이터 관리 기술이다. 빅데이터에서 데이터는 컴퓨터 및 디바이스를 통해 생성되거나 저장된 정보를 의미한다. 빅데이터는 폭발적으로 증가하고(Volume), 시간에 따라 빠른 속도로 변화하며(Velocity), 포맷과 형식이 다양(Variety)하다는 특징이 있다.

• 인공지능(Artificial Intelligence, AI)

'인공지능'이란 사고나 학습 등 인간이 가진 지적 능력을 컴퓨터를 통해 구현하는 기술이다. 인공지능은 개념적으로 '강인공지능(Strong AI)'과 '약인공지능(Weak AI)'으로 구분할 수 있다. '강인공지능'은 사람처럼 자유로운 사고가 가능한 자아를 지닌 인공지능을 말한다.

• 블록체인(Block Chain)

블록체인(Block Chain) 기술에서 블록(Block)에는 일정 시간 동안 확정된 거래 내역이 담긴다. 온라인에서 거래 내용이 담긴 블록이 형성되는 것이다. 거래 내역을 결정하는 주체는 사용자다. 이 블록은 네트워크에 있는 모든 참여자에게 전송된다. 참여자들은 해당 거래의 타당성 여부를 확인한다. 승인된 블록만이 기존 블록체인에 연결되면서 송금이 이루어진다. 신용 기반이 아니다. 시스템으로 네트워크를 구성, 제3자가 거래를 보증하지 않고도 거래 당사자끼리 가치를 교환할 수 있다는 것이 블록체인 구상이다.

• 가상 현실(VR, Virtual Reality), 증강 현실(AR, Augmented Reality)

가상 현실은 실제와 유사하게 만들어진 가상의 환경이다. 물체뿐만 아니라 자신과 배경 모두 가상의 이미지다. 증강 현실은 현실 세계 영상의 맥락은 유지하면서, 정보로부터 창조된 3차원의 가상세계의 객체를 증강시켜 사용자와 실시간으로 상호작용할 수 있는 환경을 제공한다. 이를 통하여 현실에서 가상세계로 자연스럽게 향상된 몰입감을 제공한다.

• 가상물리 시스템(Cyber Physical Systems, CPS)

현실 세계의 다양한 물리, 화학 및 기계공학적 시스템(physical systems)을 컴퓨터와 네트워크(cyber systems)를 통해 자율적, 지능적으로 제어하는 시스템을 말한다. 통신(communication), 제어(control) 기술로 구성되며, 대규모 융·복합 시스템(system of systems) 구축을 위한 여러 전문 분야가 스마트 공장(smart factory), 스마트 그리드(smart grid), 자동차, 항공, 국방 등 광범위한 분야에 응용된다.

• 5G(5세대 이동통신)

4세대 LTE-Advanced에 이은 차세대 통신 기술이다. 5세대 이동통신은 최고 전송 속도가 초당 1기가비트(Gbps) 수준이다. 초고화질 영상이나 3D 입체영상, 360도 동영상, 홀로그램 등 대용량 데이터 전송에 필수적이다.

5G 이동통신(5G, IMT-2020)에서는 전달 속도(Latency, 지연)도 빨라진다. 전달 속도는 크기가 작은 데이터가 사용자 단말기와 기지국, 서버 등을 오가는 데 걸리는 시간을 의미한다. 5G 이동통신에서는 4G보다 10배쯤 더 빨라질 것으로 예상한다.

참고문헌

- 김영기 외, 『공공기관·대기업 면접의 정석』, 브레인플랫폼, 2020.
- 윤영돈·김영재, 『NCS 기반 블라인드 채용 자소서&면접 마스터』, 비전코리아, 2018.
- 박진희, 『블라인드 채용 가이드북』, 한솔아카데미, 2018.
- 박희주·강주성, 『2018 공기업 NCS 면접의 기술』, 정훈사, 2018.
- 방영황, 『NCS 자소서&면접 공기업 블라인드 채용대비』, 에듀윌, 2020.
- NCS 국가직무능력표준 홈페이지(https://ncs.go.kr/)
- 네이버 지식인(https://kin.naver.com/)
- 다음 백과사전(https://100.daum.net/)

하태경 HA TAE KYEUNG

학력

· 경상대학교 융합기술 최고위 과정
· 경남대학교 교육학 석사(전자계산교육전공)
· 경성대학교 경영학 학사

경력

· ㈜미래씨아이씨 컨설팅사업부 기술이사 재직
· 공공기관 NCS 블라인드 전문면접관
· NCS 기업활용 전문컨설턴트
· NCS 일학습병행제 외부전문가
· 스마트공장 역량강화 전문컨설턴트
· 전) 양산상공회의소 스마트공장 지원팀장
· 전) 한국해양대학교 외래교수
· 전) 부산가톨릭대학교 겸임교수

자격

· 대한민국 산업현장교수/정보통신
· 정보처리 기사
· 스마트공장 평가위원
· 스마트공장 수준확인 심사원
· 중소기업기술정보진흥원 평가위원

· 정보통신산업진흥원 평가위원

수상

· 양산상공회의소 공로표창(2020)

14장

PT 발표 면접, 이렇게 준비하라

최효근

1 들어가며

최근 공공기관을 중심으로 면접전형이 강화되고 있다. 한 조사 결과에 따르면, 80.4%가 두 차례 이상의 면접전형을 실시하고 있으며, 이 중 16.2%는 세 차례 이상 면접전형을 실시하는 것으로 나타났다.

면접전형의 방법도 집단 토론 면접 및 PT 발표 면접, 영어 면접 등으로 점차 다양해지고 있다. 특히 PT 발표 면접은 지원자의 발표력이나 전문지식 등을 평가할 수 있기 때문에 많은 공공기관들이 선호하는 면접으로 자리매김하고 있다.

점점 더 많은 면접 과정에서 지원자의 능력을 판단하는 요소로 프레젠테이션을 요구하는 추세인 것이다. 공공기관은 지원자의 창의력, 업무 능력, 프로젝트 관리 능력, 및 커뮤니케이션 능력에 대해 알아보려는 취지로 프레젠테이션을 준비하도록 요구하고 있다.

2

PT 발표 면접이란 무엇인가?

　PT 발표 면접은 지원자에게 전문성이 있는 주제를 주고 전공, 업종, 직종, 기업지식, 시사상식, 경험 등을 총체적으로 평가하는 면접 방법이다. 1995년 삼성에서 처음으로 도입하였고, 2013년 이후에는 70% 이상의 대기업은 물론 공공기관에서도 도입하여 시행하고 있는 면접법이다. 이 면접은 단순한 질문으로는 단기간에 파악하기 힘든 지원자의 인성, 사고를 평가할 수 있는 종합적인 인성 평가라고 할 수 있다.

　주요 평가 부분은 설득력, 문제 해결 능력, 전문성, 흡인력(사람을 집중시키는 능력), 사고력, 창의력, 자신감, 논리, 시간 관리 등이다. 특히 이 면접은 대학교에서 과제를 발표하는 것과는 달리 청중인 면접관을 설득할 수 있는 설득력이 가장 중점적으로 평가하는 요소이다. PT 발표 면접은 주어지는 주제에 따라 상황 면접과 전공 면접, 시사 면접으로 나눌 수 있다.

<주제에 따른 PT 발표 면접 유형>

면접 유형	내용
상황 면접	PT 발표 면접에서 최근 가장 많이 사용하는 면접. 실제 직무에서 발생할 수 있는 상황을 제시하고 이를 해결하는 방안을 제시하는 내용이나 실제 직장 업무상에서 발생할 수 있는 상황을 제시하고 이를 해결하기 위한 방안을 발표하라는 형태가 가장 많음
전공 면접	가장 전통적인 PT 발표 면접 방법으로, 실제 전공 과목에서 학습한 이론이나 방법론 등에 대해서 회사가 주제를 제시하면 전공에 대한 이해를 기반으로 문제를 해결해 나가는 형태의 면접
시사 면접	PT 발표 면접 주제 중에서 가장 비중이 적은 면접. 시사만을 주제로 제시하는 곳은 없으나 간혹 시사에 대한 중요성을 주제로 제시하는 곳이 있기도 함

PT 발표 면접의 목적은 특정 주제와 관련된 지원자의 발표와 질의 응답을 통해 지원자의 역량을 평가하는 것이다. 상당히 수준의 면접 도구로서 지원자의 직업 기초 능력과 인지적 능력을 평가할 수 있다. 많은 공공기관에서 이 면접을 도입하고 있는데, 직무별 사업 영역, 실무 고민 등을 과제로 제시하여 지원자의 전문성을 평가하고 있다.

PT 발표 면접은 평가 목적에 따라 크게 분석형, 찬반형, 아이디어산출형, 문제해결형으로 나눌 수 있다. 이는 운영 과제에 의한 분류로 평가하는 역량에서 차이가 나타난다. 실제 이런 문제 유형은 토론 면접과도 관계성이 깊다. 하지만 토론 면접과의 가장 큰 차이점은 평가 역량과 준비 및 발표 방식에서 찾아볼 수 있다.

<평가 목적에 따른 PT 발표 면접 유형>

면접 유형	평가 목적	평가 역량
분석형	지원자가 주어진 상황을 고려하여 몇 가지 가능한 대안들 중 특정의 대안을 선택한 후 자신의 선택이 타당함을 평가자를 상대로 주장하거나 다른 지원자들과 토론하여 하나의 대안을 결정하는 과제	전문성 논리적 사고 분석력 전략적 사고 판단력 등
찬반형	특정 이슈에 대해 지원자들이 찬성 또는 반대의 입장을 선택한 후 평가자를 상대로 자신의 입장이 타당함을 주장하거나 다른 지원자들과 토론하여 찬반을 결정하는 과제	
아이디어 산출형	주어진 상황과 환경 속에서 해당 주제에 대한 다양한 아이디어를 산출하여 자신의 아이디어를 주장하거나, 다른 지원자들과 토론하여 하나의 아이디어를 결정하는 과제	전문성 창의성 기획력 문제해결력 등
문제 해결형	주어진 상황과 정보들을 분석하여 적절한 해결 대안 및 구체적인 실행 방안을 산출하여 타당성을 주장하거나 다른 지원자들과 토론하여 최종 해결안을 개발하는 과제	

출처: 마인드잡, 공기업 PT 면접

3
PT 발표 면접은 어떻게 진행되는가?

공공기관의 PT 발표 면접은 PT를 통해 해당 기관의 직무 관련 직접적인 수행 능력을 평가하는 방법으로 이루어진다. 수행 직무와 관련된 특정 상황에 대한 해결 방안 등을 발표하는 과정에서 업무의 이해도 등을 평가한다. 배점은 기관에 따라 다르며, 30~40점 정도의 비중을 두고 있다.

<면접 방법>

구 분	평 가 방 법	비 중
직무수행능력	PT를 통해 공단 직무관련 직접적인 수행능력 평가	30%
직업기초능력	교육, 경력·경험 및 직업기초능력 기반 개인별 맞춤형 역량평가	30%
종 합 인 성	인재상, 가치관, 기업의 이해 등 종합평가	40%

출처: 공무원연금공단, 2020년 신입 채용 공고

<평가내용>

구분	배점	내용
상황(발표)면접	40	■ 수행 직무와 관련된 특정 상황에 대한 해결방안 등을 발표하는 과정에서 업무 이해도 등 평가
경험면접	60	■ 수행 직무와 관련된 지원자의 경험에 대하여 면접관의 질의에 따라 지원자의 역량을 심층 평가

출처: 한국에너지공단 2020년 신입 채용 공고

PT 발표 면접은 직무에 따른 전문지식의 평가를 위해 직군별로 실시되는 경우가 많다. 지원자는 주어진 몇 가지 주제 중 가장 자신 있는 하나를 선택할 수 있으며 발표를 준비할 시간을 갖게 된다.

준비가 끝나면 면접관 앞에서 약 5~7분 정도 자신의 의견을 개진하면 된다. 이때 면접관은 지원자의 전문지식 외에도 창의성과 표현 방법, 현실감각, 발표 자세 역시 중요하게 평가하기 때문에 주제를 일단 결정한 후에는 자신감 있게 진행하는 것이 좋다.

먼저 대기실에서 3~5개의 주제가 제시되면 면접자들은 그중 가장 자신 있는 한 가지를 선택하여 발표 내용과 자료를 준비한다. 주제는 대개 지원한 직군이나 직무별 전문지식, 최신 시사상식 등이 주를 이루고 있다. 이후 면접관들 앞에서 정해진 시간에 맞도록 준비한 내용을 발표하고, 발표가 끝나면 면접관의 질문이 이어지게 된다.

<PT 발표 면접 평가 방법 예>

- 면접시험
  - 1차면접(집단 대면면접) : 품행, 예의, 전문지식, 발표력 등 평가 (40점 만점)
  - 2차면접(PT면접) : 지원분야 직무능력과 관련된 지식 등 평가 (40점 만점)

> 『면접시험 평가항목』
> - 공기업 직원으로서 갖추어야 할 덕목 (10점)
>   (품행, 예의, 성실성 등 포함)
> - 일반·전문지식·응용능력 (10점)
> - 창의성, 논리성, 발표력 (10점)
> - 사회성, 발전가능성, 리더십 (10점)

※ PT면접은 면접시험 당일 부여되는 지원분야별 주제에 따라 개인별 작성 및 발표
→ 개인별 작성방법 및 시간, 발표방법 및 시간 등은 필기시험 합격자 공고시 안내

면접방법
  가. 집단 대면면접 : 품행, 예의, 전문지식, 발표력 등 평가 (40점 만점)
  나. PT면접 : 지원분야 직무능력과 관련된 지식 등 평가 (40점 만점)

> 【PT면접 평가방법】
> 1) 준비실에서 과제 부여 / 개인별 발표 자료 작성(제한시간 20분)
> 2) 발표자료는 준비실에서 제공되는 별도의 용지에 작성
> 3) 발표자료를 바탕으로 PT 면접 진행 : 발표 및 질의응답 10분

출처: 인천교통공사, 2020년 2회 공고

# 4

PT 발표 면접 주제는 어떤 것이 주어지나?

PT 발표 면접의 준비 방식은 사전에 주제를 제공하는 장기준비형과 당일 면접관이 주제를 제시하는 단기준비형이 있다. 장기준비형은 평가일로부터 며칠 또는 몇 주 전에 과제 수행과 관련된 지시 또는 자료를 받고 준비하는 방식이다. 실제로 공공기관에서 주로 활용하는 방법은 직무마다 차이가 있다. 일반 행정의 경우 단기준비형이 많지만 기술·연구직의 경우 장기준비형이 많다.

장기준비형은 지원자들은 서류 합격 통보와 함께 발표 주제를 받게된다. 면접 당일까지 충분한 시간이 주어지므로 자연히 지원자 전원의 면접 완성도는 높아진다. 이런 경우 독창적인 자기소개, 개성 있는 소제목 등의 차별화를 위한 전략이 필요하다며, 장기준비형은 전문성과 문제 해결 능력 등의 평가 역량을 파악한다. 반면 면접 당일 주제를 제시하는 면접에서는 자신에게 유리한 주제를 선택하는 것이 좋다. 짧은 시간에 제시된 문제를 파악, 분석하여 결론과 해결 방법을 제시할 수 능력이 필요하다.

단기준비형은 지식, 순발력, 이해력 등의 평가 역량을 파악하고, 발표 방식은 주로 '전지 작성·발표 자료 미활용'이 사용된다. 이는 최대한 지원들을 객관적으로 평가하기 위해 시각적으로 활용될 수 있는 PPT, OHP, 화이트보드 등은 사용을 지양한다. 이는 최근 출제되고 있는 PT 발표 면접 주제와도 관련성이 깊다. 공부를 했어야 알 수 있는 주제를 출제하기보다는 관심을 가지고 조사하면 접할 수 있는 주제를 부여하고, 이를 지원자가 어떻게 해석하고 결론을 도출하는 과정을 지켜본다. 즉, 전문성을 평가하기보다는 문제 해결 능력과 논리적 사고력을 보고자 하는 경우가 많다.

PT 발표 면접에서는 주제 선택이 매우 중요하다. 광범위한 주제보다는 구체적인 주제가 발표하기에 수월하고, 지원 회사나 직무와 연관시킬 수 있는 주제가 매우 유리하다.

발표 내용은 소주제를 만들어 말하는 것이 면접관의 주목을 끌 수 있으며, 일목요연하게 주장을 제시하는 것이 가장 중요하다.

발표 주제는 공통 주제와 직무 주제로 나누어지는데, 공통 주제는 공공기관의 발전 방향이나 전공과 지원 분야에 대한 자신의 역량을 평가하는 주제가 많다.

채용 포털 '잡이룸'이 438개 기출 기업의 PT 발표 면접 주제 1,048개를 분석한 통계 자료를 보면 다음과 같다.

통계 자료를 보면 응시하고자 하는 기업을 충분히 분석하고 사전 준비를 해야 하는 내용이 대부분인데, 1위인 '당사 발전 방향(48회)/당사 신사업 기획안(9회)'과 6위인 '당사 경쟁력 강화 방안(22회)/당사 성장 전략(9회)', 7위인 '당사 광고 홍보 방안(20회)/당사 브랜드 경쟁 우위 전략(10회)' 등이 그것이다.

또한 자신의 전공과 역량을 발표하는 내용도 많은데, 2위인 '전공 소개 및 당사 기여 방안(46회)'과 4위인 '지원 분야에 대한 자신의 역량과 강점(29회)', 5위인 '자기소개(자기 PR, 27회)' 등이 그것이다.

사회적인 이슈도 많은데, 3위인 'CSR(기업의 사회적 책임, 31회)'과 8위인 '녹색성장(14회)', '저출산 원인과 대책(12회)' 등이 있다.

또한 최근 기업에서 가장 필요로 하는 10위의 '빅데이터 활용 방안(8회)'과 등외로 'AI(인공지능)에 대한 견해(3회)', '4차 산업혁명에 대한 견해(2회)', '블록체인(2회)' 등 4차 산업혁명과 관련된 주제도 속속 등장하고 있다.

<438개 기출 기업의 PT 발표 면접 주제 예>

순위	PT 발표 주제	기출 횟수
1	당사 발전 방향/당사 신사업 기획안	48회+9회
2	전공 소개 및 당사 기여 방안	46회
3	CSR(기업의 사회적 책임)	31회
4	지원 분야에 대한 자신의 역량 및 강점	29회
5	자기소개(자기PR)	27회
6	당사 경쟁력 강화 방안/당사 성장 전략	22회+9회
7	당사 광고 홍보 방안/당사 브랜드 경쟁 우위 전략	20회+10회
8	녹색성장	14회
9	저출산 원인과 대책	12회
10	빅데이터 활용 방안	8회

출처: 잡이룸, '통계로 보는 면접 기술'

직무 주제는 해당 기관이 가지고 있는 각종 현안이나 기관 자체의 이슈와 사회적 이슈가 대다수인데, 주요 공공기관의 기출 주제를 보면 다음과 같다.

<주요 공공기관 기출 직무 주제 예>

공공기관명	기출 직무 주제
국민연금관리공단	· 국민연금 고갈 대처 방안 · 세대 간 갈등/저출산/다문화가정 극복 방안 · (학벌/성별) 차별 해소 방안
도로교통공단	· 인공지능의 장단점과 부작용 해결 방안 · 바람직한 직장인상 · 자신의 강점으로 자신의 열정을 표현하기 · 자신이 면접관이라고 생각하고 질문을 해보기 · 당사 홈페이지의 장단점 · 직무를 잘 수행할 수 있는 자기만의 자랑할 만한 점

기관	주제
농어촌공사	· FTA가 농업에 미치는 영향과 농어촌공사의 개선 방안 · 쌀 소비량 증가 방안(쌀 재고율을 낮추는 방법) · IoT를 이용한 토목 설계 방안 · 농어촌 인구감소에 따른 대안 　- 농어촌 저출산의 원인과 대책 　- 농어촌 고령화 문제 해결 방안 · 농어촌 활성화 방안 　- 농어촌 기반시설 확충 방안 　- 농업의 다원적 기능과 역할
인천국제공항공사	· 사물인터넷을 공사에 적용하기 위한 방법
한국관광공사	· 국내 관광객 증진 방안 · 국외 관광객 증진 방안
한국도로공사	· 유휴 부지를 어떻게 활용하면 좋을지? · 졸음 쉼터 개선 방안
한국수자원공사	· 신재생에너지 중 풍력과 태양광의 확대 · 겨울철 전력난 원인 해결 방안
한국자산관리공사	· 국유재산 활성화 방안 · 경제 및 사회의 침체적 분위기의 원인
한국토지주택공사	· 과거 사용하던 낙후된 공장 건물을 어떻게 활용하면 좋을지 기획하라. · 경쟁회사와 합병했는데, 두 조직원 간에 일어나는 문화적 차이를 극복하고, 팀워크를 향상시킬 수 있는 프로그램을 기획하라.
서울교통공사	· 스마트스테이션 · 1회용 교통카드 활용 방안 · 공실 상가의 활용 방안 · 승차요금 인상 이외의 수익 창출 방안 · 부정승차 대처 방안 · 지하철역에서 특별한 역사를 만들기 방안
건강보험심사평가원	· 심평원의 외부 청렴도를 높이는 방법
한국남부발전(주)	· 스마트 워크 활성화 방안 · 사내벤처 활성화 방안

출처: 공공기관 출제 주제 정리

　최근 공공기관 및 공기업에 청렴 문화 정착을 강조하고 있어 '청렴 문화 정착 기획 방안'이 주제로 많이 제시되는데, 청렴 문화 정착을 위한 기획안을 구체적으로 작성하고, 현실성과 창의성을 반영하여야 하며, 청렴 문화 정착을 방해하는 요인을 분석하고 예방 방안을 제시하는 것이 좋다. 또한 '주 52시간 근무 적용을 위한 방안'과 적용 이후 발생할 수 있는 문제점에 대한 주제도 단골로 등장하고 있다.

또한 최근 기업의 의무교육으로 정착하고 있는 '직장 내 괴롭힘', '직장 내 성희롱 예방', '직장 내 장애인 인식 개선', '개인정보 보호', '산업안전보건', '아동학대신고의무자', '공정사회 및 인권사회 구현' 등에 대한 주제도 많이 출제되니 사전에 준비하는 것이 좋다.

2021년에는 지난 한 해 동안 코로나19 감염병 확산으로 인해 모든 공공기관의 어려움이 계속되고 있으므로 이를 극복할 수 있는 방안에 대한 주제가 출제될 것으로 예상된다.

최근 '신문 브리핑'을 실시하는 공공기관도 있다. 신문 브리핑을 하는 절차는 간단하다. 일간지나 경제 신문을 나눠 받은 후 지원자는 주요 기사를 선택해 브리핑하는 것이다. 이 면접에서는 지원하는 공공기관이나 경쟁사, 해당 산업에 대한 동향이나 이슈를 다룬 기사를 재빨리 찾는 것이 관건이다.

이에 대비해 PT 발표 면접을 앞둔 지원자들이 면접 2~3개월 전의 신문 톱기사에서부터 최근 1개월간의 신문기사를 반드시 챙겨보는 것이 좋다. 특히 경제면을 주의 깊게 살펴볼 필요가 있다.

5

PT 발표 면접,
어떻게 준비할 것인가?

• 사전에 주제를 받은 경우

(1) 주제 접수

PT 발표 면접의 첫 번째 단계는 우선 주제를 파악하는 것이다. 주제 접수되면 주제의 개념을 명확하게 파악하고 정보 수집과 분석을 해야 한다. 출제되는 주제는 최근 2~3개월 정도의 지원 기업과 관련된 응용 시사 주제가 출제될 가능성이 높다. 이공계는 보통 지원한 기업, 자신이 졸업한 전공의 전문지식에 대한 주제가 출제된다. 주제는 사전공지 되기도 하지만 면접 당일 급작스럽게 공개하기도 한다. 이 부분은 다음에서 설명하기로 한다.

(2) 내용 구성

출제 분석 후 어떤 내용을 발표할지 정해야 한다.

첫째, 내용은 가장 정확한 '최신 자료'를 활용하여 내용을 만들고 그 출처를 명확히 밝힌다. 최근의 정보와 트렌드에 얼마나 민감하게 반응하고 있느냐를 나타낼 수 있다.

둘째, 내용을 구성할 때 전문용어나 통계치 같은 숫자 지표를 적절히 활용하여 자신의 전문지식을 보여줄 필요가 있다. 자신이 이 회사에 들어와 업무를 맡았을 때 충분히 수행할 수 있다는 자신감을 보여줄 수 있다.

셋째, 스크린, 유인물, 백보드 등의 발표 도구를 적절히 활용한다. 면접관의 이해를 돕고 좀 더 직관적으로 자신의 의견을 보일 수 있다. 또한 도구를 사용함으로써 도구를 다루는 기술을 면접관에게 직접적으로 보여줄 수 있다. 아무것도 없이 면접에 임할 수도 있지만 이럴 경우 집중되는 면접관의 시선에 의해 평소보다 더 부담을 느낄 수 있다.

넷째, 3-3-3-3 원칙을 사용한다. 3-3-3-3 원칙이란 3색 이하의 화면 색, 3개 이하의 폰트 구성, 3분할 화면구도, 슬라이드가 3초 이내에 눈에 들어오도록 구성하는 것을 말한다. 간결하고 명확해 보이는 효과가 있으며 청중을 이해시키기 쉬운 구조를 보여준다.

이 밖에도 그림, 도표, 다이어그램 등의 자료를 활용할 수 있다. 간결하며 이해하기 쉽고 발표자가 주제를 명확하게 이해하고 있다는 것을 보여줄 수 있는 자료들을 활용하도록 한다.

(3) 프레젠테이션 프레임

구성의 비율은 서론 10%, 본론 70~80%, 결론 10~20% 비율로 맞추도록 한다.

첫째, 서론에서는 간단한 자기소개와 주어진 PT의 주제, 앞으로 발표할 내용의 핵심만 간추려서 요약한다.

둘째, 본론에서는 먼저 문제에 대한 분석을 한다. SWOT 분석법[1], PEST 분석법[2] 등을 활용할 수 있다. 현재의 상황, 문제점, 대안의 제시와 근거, 장/단점 제시 등 의견을 뒷받침할 수 있는 여러 가지 자료와 근거를 이용해 자신의 견해를 논리적으로 전개한다.

셋째, 결론에서는 지금까지 나왔던 주제들에 대한 해결책을 제시한다. 예산, 일정, 기업이나 기업의 기여 정도 등을 고려하여 해결책을 마련하고 서론부터 본론에 이르기까지 주장했던 의견과 근거를 요약해서 다시 한번 강조한다. 마지막으로는 최종 질문을 받으며 면접에 대한 자신감과 적극적인 자세를 보여주는 것이 좋다.

• 면접장에서 주제를 받은 경우 준비하기

보통 2~3페이지 분량의 자료가 주어지고 이 자료를 바탕으로 1페이지 분량의 워드나 PPT 파일을 만들어 면접관의 수만큼 인쇄해가야 하며, 5~10분 사이로 발표하고 이에 따른 질의를 받는 것이 보통이다. 이때 질의는 PT 발표 면접에 관한 질의 외에도 상황 판단, 돌발 질문, 자기소개서를 기반으로 한 전공 질문 등 복합적으로 나올 수 있으니 충분

---

1 기업 내/외부의 환경을 분석하여 강점(strength), 약점(weakness), 기회(opportunity), 위협(threat) 요인을 규정하고 이를 토대로 경영 전략을 수립하는 분석법

2 거시환경분석. 정치적(political), 경제적(economic), 사회적(social), 기술적(technological) 요인을 분석하여 시장조사나 마케팅 전략, 사업 포지셔닝, 사업 방향 등을 파악하는 데에 효과적인 분석법

히 대비해야 한다.

먼저 해당 주제에 관한 자료를 읽고 자신의 의견을 섞어 정리하는 것이 중요하다. 정리를 할 때 주의할 것은 '왜 그렇게 생각하는가?', '정말 그런가?', '다른 방안은 없는가?' '반발은 어떻게 해결할 생각인가?' 등 압박 질문이 들어오는 것을 고려하여 애매한 생각보다는 확실히 답변할 수 있는 내용을 적는 것이 중요하다.

면접관들은 단순한 질의 응답 방식보다 지원자가 주제에 대한 접근방식과 해결 방법을 제시하는 과정을 통해 지원자에 대한 올바른 판단을 할 수 있다. 그러므로 지원자는 짧은 준비 시간 안에 아이디어를 내고 생각을 풀어내는 것이 중요하다.

또한 면접 현장에서는 짧은 시간 안에 주제에 대한 생각을 정리해야 하고, 관련 지식이나 상식을 드러내야 하기 때문에 전문용어나 시사상식을 활용하는 것도 좋은 방법이 될 수 있다.

이를 위해서는 평소 뉴스 기사와 통계자료, 논문 등을 미리 수집해 읽어본 뒤 어떤 주제를 놓고, 그에 대한 생각을 정리하는 준비가 필요하다. 질의 응답 시엔 면접관의 질문에 자신이 주목받는 답변을 했더라도, 제한된 시간을 어기면 감점이 될 수 있다는 점을 주의해야 한다. 이에 발표를 하면서 말을 덧붙일 때는 시간을 엄수할 수 있도록 PT 면접 연습을 미리 해보는 것도 하나의 방법이 될 수 있다.

6
PT 발표 면접, 발표 시 이런 점에 유의하라!

· **발표 연습하기**

PT 발표 면접은 다수의 면접관 앞에서 지원자가 혼자 해야 하는 만큼 부담이 크다. 자신감 있게 잘 진행하기 위해서는 사전 리허설은 반드시 필요하다. 면접 당일에 걱정된다면, 실전과 비슷한 방식으로 사전 연습을 해보는 것이 좋다. 자신이 전달하고자 하는 바를 다 전할 수 있는지, 말할 때의 호흡과 시선 처리는 적절한지 미리 확인하고 적합하게 조정하는 것이 좋다. 미리 예상되는 질문을 뽑고 자료를 준비해 거울을 보고 연습을 해보고, 피드백을 줄 수 있는 지인들의 도움을 받아 리허설을 해보아야 한다. 긴장할 것에 대비해 프레젠테이션의 내용과 흐름을 꼼꼼히 익혀 실수를 최소화해야 한다.

자칫 PT 발표를 모두 외우는 것으로 착각하기 쉽다. 초보자들은 발표

시 스스로 긴장해서 내용을 잊을까 계속해서 외우는 것을 본다. 만일 지원자가 외우려고 노력하면 지원자의 긴장감은 대단히 높아지고, 내용을 잊기라도 하면 발표 중에 흥분 상태가 되고 만다. 지원자가 흥분하면 PT를 망치게 된다. 중요한 내용은 이미 스크린에 또는 손에 들고 있는 자료에 있다. 이를 보며 천천히 설명하기 때문에 반복된 연습을 통해 해당 쪽을 이해하면 된다. 또한 연습은 암기가 아닌 각 쪽과 단락의 흐름을 자연스럽게 이어가는 것이다. 어차피 지원자가 누구보다 발표 내용을 가장 많이 알고 있기 때문이다.

자신감을 갖기 위한 반복 예행연습을 하되, 첫째, 스스로 내용을 충분히 이해하고, 둘째, 각 쪽에 숨겨진 텍스트를 독해하며, 셋째, 이를 자연스럽게 이어나가면 된다. 다시 말하면 외우는 것이 아니라 읽고 전달하는 것이다

• 명확한 주제와 내용에 열정 담기

명확한 주제를 제시하는 것은 면접관을 집중시킬 수 있다. 또한 지원자도 산만해지거나 곁가지로 빠질 우려를 피할 수 있다. 따라서 지원자는 설명이 길어지려는 순간 주제를 떠올려야 한다. 내용이 방대하면 자칫 초점을 놓칠 수 있다.

또한 아무리 훌륭한 PT 내용도 지원자가 책을 읽듯이 지루하면 발표

하면 안 된다. 목소리가 너무 작거나 음의 높낮이가 일정하면 면접관의 분위기가 가라앉는다. 다소 실수가 있더라도 열정적인 PT는 면접관을 사로잡는다.

발표 서두에 PT의 진행 흐름에 큰 맥을 짚어두는 것이 좋은데, 결론부터 말하는 습관을 기르는 것이 중요하다. 발표하다 보면 자신도 모르게 말이 길어지고 초점을 잃는 경우가 있다. 핵심이 된다고 생각하는 내용을 제일 먼저 말하도록 하는 것이다. 결론을 말한 후 근거를 설명하면 지원자나 면접관 모두 혼란스럽지 않다. 발표가 끝날 때쯤 다시 한번 결론을 강조하면 깔끔한 마무리를 할 수 있다.

또한 단계별로 넘어갈 경우에 "지금까지 1단계 ○○○의 설명이었으며, 다음으로는 2단계 ○○○에 대한 설명을 드리겠습니다"와 같이 진행하면 흐름이 매끄럽고 면접관의 이해도 도울 수 있다. 지원자는 이런 단계 설명을 하며 스스로 다음 단계를 준비할 여유를 가질 수 있다.

• 시간 관리하기

PT 발표 면접은 다른 면접보다 제한 시간이 엄격하다. 주어진 시간을 잘 관리하여 사용해야 한다. 아무리 발표 내용을 충실히 준비했다고 하더라도 정해진 시간을 지키지 못하면 감점 요인이 된다. 발표가 너무 빨리 끝날 경우 충분한 노력이 들어가지 않은 것처럼 보일 수 있고, 또

너무 길어질 경우에는 전반적인 관리 능력이 부족하다고 보일 수 있다. 완벽한 프레젠테이션 면접을 위해서는 여러 번의 사전 리허설을 진행해보는 것을 권한다. 제시된 시간보다 1~2분 더 짧은 분량으로 발표를 준비하도록 한다. 부족한 시간은 부가설명으로 채우면 된다. 또한 전달하는 내용의 중요도에 따라 소리의 높낮이, 속도, 강약을 조절하는 것도 중요하다.

• 면접관의 입장에서 말하고 답하기

PT 발표 면접에서 지원자는 면접관을 설득할 수 있어야 한다. 설득을 위해 가장 중요한 것은 상대의 입장에서 생각해보는 것이다. 발표 시 면접관들이 쉽게 이해할 수 있는 단어를 사용하며 목소리 역시 강약을 잘 조절해야 한다. 더불어 적당한 몸짓으로 전달력을 높여야 한다.

또한 모든 것이 준비한 대로 잘 진행되어 완벽하게 발표를 끝내더라도 면접관의 질문이 있을 것이라고 예상하고 대비하는 것이 필요하다. 많은 지원자들이 돌발 질문에 당황하지만, 사실 질문과 답변 시간을 잘 사용할 경우 면접관에게 깊은 인상을 수 있는 좋은 기회이다.

면접관의 질문에는 발표 내용과 자신의 주관에 근거하여 솔직하고 간결한 답변을 준비하는 것이 좋다. 만일 돌발 질문이 들어왔을 때는 당황하지 말고 소신껏 대답하면 되는데, 자신의 답변이 주제의 방향을

벗어나지 않는 범위에서 진실하고 상식선에서 대답을 하면 된다.

• 작은 실수에도 당황하지 않기

주제나 내용 못지않게 발표하는 태도에도 신경을 써야 한다. 시선이나 손동작, 목소리, 자세 등을 미리 연습해 둔다면 실전에서 발생할 수 있는 실수를 줄일 수 있다.

자칫 딱딱한 분위기이기 쉬운 프레젠테이션에서 신선한 웃음은 신뢰를 쌓는다. 무엇보다 면접관을 설득해야 하는 경우에는 더욱 중요하다. 아무리 옳고 정당한 주장도 지나치게 공격적이거나 배려가 없다면 설득도 없다.

따라서 꼭 실수 때문만이 아니더라도 PT 시나리오를 만들 때 면접관의 특성을 활용한 자연스러운 웃음을 주는 막간이 필요하다. 지속적으로 긴장만 유발시키면 영화도 보기 힘들다. 긴장감 유발과 이완을 리드미컬하게 운영한다면 훌륭한 PT가 된다.

7 마무리

　PT 발표 면접은 발표에 익숙하지 않은 지원자에게 상당한 부담이 되는 면접 방식이다. 대화 형식으로 진행하는 면접이 아닌 여러 사람 앞에서 발표하며 진행해야 하다 보니 익숙하지 않기 때문이다. 그래서 PT 발표 면접이라면 으레 겁을 먹기 마련이다. 하지만 PT 발표 면접은 준비만 제대로 한다면 일반 면접보다 훨씬 더 쉽다. 본인이 하고 싶은 말과 자신의 장점을 더욱 부각할 수 있기 때문이다.

　공공기관의 PT 발표 면접은 전략적 업무를 담당하는 직원을 선발하는 경우 타인을 설득하고 대중 앞에서 발표하는 능력이 필요하므로 반드시 실시한다는 것을 깨닫고 철저히 준비하여 합격의 영광을 누리기를 바란다.

참고문헌

- 박재훈, 『면접! 이렇게만 준비해라』, 이담북스, 2019.

- 설민준, 『채용담당자가 공개하는 취업면접 합격 기술』, 시대고시기획, 2020.

- 하세용, 『공기업 논술·보고서·PT why·what·how·if』, 모니북, 2020.

- 최효근, 『NCS기반 직무능력향상』, 한밭대학교 출판부, 2015.

- Carmine Gallo, 최규청 번역 '스티브 잡스 프리젠테이션의 10가지 비밀'

- 공무원연금공단, 2020년 신입직원 공고

- 한국에너지공단 2020년 신입 채용 공고

- 인천교통공사, 2020년 2회 공고

- 마인드잡 홈페이지, '공기업 PT면접'

- 잡이룸 홈페이지, '통계로 보는 면접기술 - PT면접주제 '업직종 공통''

- 네이버, '루멘 블로그 Nil Desperandum'

- 네이버 지식백과(https://terms.naver.com/)

최효근 CHOI HYO GEUN

학력

· 캐나다크리스천대학원 상담코칭학 박사
· 숭실대학교 정보과학대학원 이학 석사
· 공학사, 문학사, 행정학사, 사회복지학사

경력

· 현) 공공기관·공기업 전문 면접관
· 현) NCS기반 능력중심채용모델 면접관
· 현) KCA컨설턴트사관학교 전임교수
· 현) 직업기초능력 전문강사
    - 일학습병행 OFF-JT 교수
    - 한국기술교육대학교, 대구대학교, 광주대학교, 한밭대학교, 금융투자교육원
· 현) 한국능률협회 KMA 전직 컨설턴트
· 현) 국방전직교육원 중기, 장기교육 강사
· 현) 노사발전재단 금융교육센터 전직교육 강사
· 현) 청운대학교 교양대학 창의력개발 교수
· 현) 안산대학교 금융정보과 산학겸임교수
· 현) 한국폴리텍V대학 신중년과정 강사
· 현) 국가기술자격정책심의위원회 전문위원
· 현) 대한민국산업현장교수
· 현) 대한민국스타훈련교사
· 현) 디지털산업정보학회 이사

공공기관 채용의 모든 것

348

· 현) 한국취업진로협회 이사
· 신협중앙회 연수원장 역임(1996~2016)

저서
· 『4차 산업혁명 시대 및 포스트 코로나 시대 미래비전』 공저, 브레인플랫폼, 2020.
· 『신중년 도전과 열정』 공저, 브레인플랫폼, 2020.
· 『오늘도 빛은 그곳에 머무네』, 공저, 등대지기, 2020.
· 『끊임없이 도전하고 자기개발을 멈추지 마라』, 최효근, 테리안, 2019.
· 『빛 닮은 그림자』, 공저, 등대지기, 2019.
· 『그 빛 잠들 녘』, 공저, 등대지기, 2018.
· 『토담에 내리는 빛』, 공저, 등대지기, 2017.
· 『열정有삶』, 공저, 고용노동부, 2015/2017.

수상
· 직업능력개발 유공 고용노동부장관 표창(2014)
· 스타훈련교사 고용노동부장관 표창(2013)
· 독도사랑 공모 국토해양부장관 표창(2008)
· 기록문화 유공 국가기록원장 표창(2007)
· 청운대학교 대학발전부문 공로상(2020)
· 대한민국산업현장교수단 우수 교수 표창(2020)

15장

집단 토론 면접
고득점 비법

권규청

1 왜 토론 면접인가?

　토론 면접이란 시사성 주제, 지원 직무 관련 주제에 대해 의견을 교환하면서 지원자의 문제 해결 및 아이디어 발상에 대한 소통 능력을 평가하는 면접이다. 토론 중 의견 도출 및 조율 과정에서 지원자가 주제에 대한 이해도, 지식수준의 정도, 문제 해결을 위한 설득력과 협업 능력을 판단한다. 평소 사회적 이슈에 관한 관심과 개인의 의견 표현, 전공지식을 바탕으로 직무 관련 다양한 경험 속에 묻어난 성공과 실패를 많이 보유하고 있으면 순발력 있게 대처할 수 있다.

• 토론 면접의 필요성

　아이디어 발상 및 문제 해결을 위한 자유로운 의사 표현과 상대에 대한 배려심이 있는 적합한 인재 발굴이 목적이다.

1. 직장에서 상황에 따른 문제 해결을 위한 회의가 빈번할 경우
2. 개인 생각을 논리적으로 설득력 있게 제안하는 능력 평가
3. 다양한 의견에 대한 경청하는 배려와 이슈 해결을 위한 조율 능력과 협동심 평가

• 토의와 토론의 차이점

'토의(discussion)'는 어떤 이슈에 대해서 검토하고 협의를 하는 것이고, '토론(debate)'은 찬반 토론처럼 서로 다른 의견을 가진 사람들이 상대를 설득시키기 위해 자기의 주장을 적극적으로 펼치는 것이다.

2

토론 면접 유형 및 프로세스

· 토론 면접 프로세스

면접 안내	· 인사담당자에게 토론진행방법 안내 받음 · 팀 선정 · 팀별 토론 주제를 받음 　▷ 주제가 여러 개 인 경우: In-Basket (추첨식), 할당 방식 　▷ 단일 주제인 경우 : 동일 주제로 그룹별 토의
토 론	· 사전 개인별 답변 준비시간 20~30분 부여 · 팀 토의시간: 20~30분/팀 · 진행자(Facilitator): 면접관이 지명하거나 또는 팀원 중 자진해서 선정 · 토론 실시
평 가	· 면접관들은 팀별 주제 확인과 할당 시간 안내 후 토론 시작 · 토론 시 면접관들은 평가표에 의해 개인별 토론 점수 반영

• 토론 면접의 유형

제시된 주제에 대한 찬반 대립형, 아이디어 토론형, 팀별 목표 달성을 위한 협상 방식이 있다. 유형에 맞는 소통 스킬을 준비해야 한다.

(1) 찬반 대립형
① 개인별 주제에 대한 찬성과 반대의견을 자유롭게 제시하는 방식
② 인사 담당자가 찬성조, 반대조를 미리 선정하여 찬성조는 계속 찬성하는 견해만을 발표한다.

찬반 주제 사례	
- 동성애자 결혼 허용 - 성형수술 시 의료보험 적용 - 임금피크제 - 성과급 연봉제 - 사형제도 - 플렉서블 타임제(유연 근무) 운영 - 정규직원과 비정규직원 구분 운영 - 핵발전소 추가 건립	- ○○기업 회생을 위한 정부가 지원해 주어야 하는가? - 최저임금제도 - 일본 제품 불매운동 - 일정 기간 복무한 부사관 군인 성전환 (남자 → 여자) - 숙명대 성전환 입학자(남자 → 여자) - 병무청 공무원이 피어싱과 문신

(2) 단일 문제 해결형(아이디어 도출)

주제에 대한 문제 및 대책을 해결하기 위한 다양한 아이디어를 도출하는 유형으로서 가능한 지원 기업과 직무에 직결되어 적용할 수 있는 창의적인 해결책이면 높은 점수를 받을 수 있다.

단일 문제 해결형 주제 사례
- 4차 산업혁명 시대 미래 기술은 무엇이며 자사에 적용될 기술은? - 미래 대체에너지 개발 방향은? - 최근 사회적 이슈 중 가장 기억되는 것은? - 고객 감동 창출을 위한 SNS 매체 활용 방법은? - 안전사고 발생 사례를 제시하고 원인과 감소 방안 - 김영란법 제도 및 윤리경영 실천 정착을 위한 대책 - 청년실업률 감소   (고용 확대를 위한 아이디어) - 52시간제 근무시간 운영에 따른 업무몰입도 향상 방안 - 대기업 갑질 행위 근절 방안 - 기성세대와 Z세대와 갈등 해결과 소통을 위한 대책은? - 일본 경제 보복에 따른 대책은? - 미세먼지 발생 원인, 사회적 영향, 근원적 대책은? - 가수 BTS의 성공 요인을 자사 마케팅에 적용할 수 있는 것은? - 코로나19 예방 조치 관련 성공 사례와 실패 사례 - 재택근무하면서 사무 생산성 향상 방안 - 사회적 기업 활동이 필요한 이유와 추천할 활동이 있다면? - 경쟁력 확보를 위한 신사업 분야는? - AI 로봇이 일자리에 미치는 영향은? - SNS를 활용한 New 마케팅 방안은? - 동남아 시장 중 아직 개척하지 않은 나라와 그 이유는? - 공공기관 내에서 사내 벤처가 활성화될 필요가 있는가?

(3) 팀 과제 해결형(유리한 조건을 위한 협상)

팀의 사업 목표를 달성하기 위해 해당 팀과 전략을 구상하여 협상하는 토론이다. 개인보다는 팀의 승리 전략을 위해 팀원들과 역할 분장과 상대 팀의 심리와 전략을 파악하고 대비책을 예상하여 상호 협상을 하는 방식이다. 이기는 전략을 구상해야 한다. 이 토론 면접은 팀원들이 토론하는 내용을 면접관이 지켜보며 평가한다고 해서 '관찰 면접'이라

부르기도 한다.

> **<전자 팀 토론 주제 사례: 관찰 면접>**
>
> 자신을 버린 남자 친구에게 여자가 복수하는 이야기이다. 남자, 여자, 공무원, 남자의 친구, 의사가 나오는데 등장인물 5명 중 가장 나쁜 순위를 매기는 문제이다. 먼저 자신이 순위를 매기고, 조원들이 토론하여 30분 이내로 팀에서 결정한 순위를 매겨야 한다. 토론 후 팀에서 결정한 순위와 자신이 매긴 순위와 차이를 계산하여 점수를 산정한다. 만일 팀의 합의를 시간 내 이루지 못하면 전체 감점이다.

3
토론 면접 평가 요소

지원 회사별 토론 면접 유형에 따라 평가 항목이 다르므로 여러 각도에서 평가 항목에 따라 대안을 준비하는 것이 유리하다. 논리력, 설득력을 높이기 위한 토론 스킬과 토론 시 주의해야 할 행동을 구분하여 연습한다.

(1) 평가표 A 방식

	평가 항목	대 안
주도성	선두에 나서 발언을 했는가?	퍼실리테이터(진행자)역할, 초두 발언
	논점사항에 적정한 의견제시가 있었는가?	창의적이고 구체적인 대책제시
	적절한 항목에서 다음 단계로 토론을 진행했는가?	주제에서 이탈 했을 시 방향이나 의견모음
	토론에 영향을 끼친 발언을 했는가?	시간관리 및 균등한 발표기회를 위한 아이디어
협동성	토론이 단절되지 않도록 노력했는가?	미 발표자 기회 부여
	남에게 좋은 의견을 끌어냈는가?	00의견 잘 들었습니다, 좋은 제안이었습니다 상대에게 질문으로 구체적 대안 요구
	집단의 목표를 우선했는가?	주제에 맞게 해결안 모음
	의견 경청 및 배려, 협력 태도를 보였는가?	발표자에게 시선 맞춤, 경청, 타인에게 발언 기회 제공
공헌도	적절한 논점을 제시했는가?	문제해결을 위해 000에 대해서 논의해보자
	핵심사항에 핵심의견을 제시했는가?	창의적이고 독특한 아이디어 제시
	논점 해결에 도움이 되는 지식을 제공했는가?	구체적 해결을 위한 관련지식, 사례를 제시
	난잡한 토론을 풀고 의견을 한데 모았는가?	유사한 의견 취합 및 자신의 아이디어 편승

(2) 평가표 B 방식

토론 면접 평가 포인트

토론 참여
- 발언은 먼저 했는가?
- 사회자(진행자) 역할을 누가 했는가?
- 창의적이며 구체적인 아이디어, 사례를 제시했는가?
- 다각적인 대안 제시 및 의견조율을 했는가?
- 토론 활성화를 위한 참여유도를 했는가?
- 마무리 의견으로 통합 정리하려 했는가?

토론 태도
- 상대의견에 시선을 맞추고 경청하는가?
- 적당한 제스쳐로 주의를 끈다.
- 소신과 자신감 있는 태도?
- 문제해결을 위한 적극적인 태도?
- 다른 사람을 위한 양보, 배려, 권장
- 불필요한 행동을 하지 않고 바른 자세로 임했는가?
- 반대 의견에도 화내지 않고 수용하려는 자세?

(3) ○○공사기관의 평가 항목

의사소통 능력, 분석적 사고 능력, 설득 협상 능력 3가지 항목으로 평가를 한다.

(4) 토론 시 주의해야 할 행동

- 무표정 또는 시무룩한 표정을 한다.
- 자신의 발표 내용 메모로 고개를 숙이고 있다.
  (키워드만 적고 시선은 발표자에게 맞추어야 한다.)
- 다리를 떨고 있다.
- 펜을 돌리거나 책상을 두드린다.
- 반대 의견에 불평하거나 비방, 무시한다.
- 말을 안 하거나 제일 늦게 말한다.
- 주제에서 벗어난 말을 한다.

4

고득점을 받기 위한 토론 스킬(요령)

집단 토론 면접에서 고득점을 받기 위해서는 면접관이 평가 시 어떤 체크 요소를 두고 보는 것인가를 간파해야 한다. 주어진 20~30분 시간 내에 주제에 대한 개인 의견 또는 팀 과제를 수행할 시 토론 진행 요령을 터득할 수 있도록 사전 모의 토론 연습이 필요하다.

• 회의 진행자 역할 해보기

주제 발표 시작 시 회의 진행자를 해도 되는지 동료들에게 물어본다.

예) "회의를 주어진 시간 내 원활히 하기 위해 제가 진행을 해도 되겠습니까?"

• 회의 진행자(퍼실리테이터) 역할

1. 시간 관리
2. 발언 기회를 균등하게 부여
   (과다 발표자 통제, 미 발표자에게 발언 기회 부여)
3. 자신도 중간에 의견 표현
4. 다른 사람 의견에 찬/반을 말하거나 종료 시 요약 설명은 불필요
5. 마무리(결론) 멘트

• 논리력, 설득력을 높이는 회의 진행 스킬(요령)

(1) 기조연설에서 주도권을 잡아라

토의 시작 시 초기에 주제에 대한 현황, 토의 방향, 시간 관리에 대해 제언을 한다.

예) "먼저 주제에 대해 현황과 문제점을 아는 대로 언급해보고 대책을 토론하면 어떤지요?"

(2) 앞에 발표한 자에게 격려, 고마움을 표시하고 의견 발표

예) "앞에 ○○씨 의견 잘 들었습니다!", "좋은 아이디어였습니다!", "참신한 아이디어였습니다" 등

(3) 의견에 동의 또는 편승할 경우

예) "○○○번 지원자 의견에 추가로 저의 아이디어를 내고자 합니다."

○○○ 하면 더 좋은 결과를 낼 수 있습니다."

(4) 상대 의견에 질문이 있거나 중간 반박이 필요한 경우

예) "○○ 의견에 반대합니다, 이의 있습니다!"라고 표현하기보다는 "○○번 지원자 의견 잘 들었습니다. 미안합니다만, 그 점에 대해서 저의 의견은 이렇습니다."

예) "○○번 지원자께서 ○○○을 해야 한다고 했는데, ○○ 경우는 어떻게 해야 하는지요? 이런 점은 고려하셨는지요?"

예) "○○씨가 ○○게 해야 한다고 말씀하셨는데 ○○○ 의미로 해석해도 되겠습니까?"

예) "○○씨, 이런 의견을 제시해주셨는데 그에 관한 좋은 사례 또는 아이디어가 있는지요?"

(5) 사례와 경험을 들어 제시하면 더 설득력이 있다

예) "'윗물이 맑아야 아랫물이 맑다'라는 속담이 있지만, 시대적으로 보아 바꾸어야 합니다. 저희부터 칭찬하고, 협조하는 것을 먼저 솔선수범해야 합니다."

예) "4차 산업혁명 기술의 하나인 빅데이터, IoT, 인공지능 로봇을 활용하여 스마트공장을 이루듯이 우리 회사도 스마트공장 수준을 4레벨로 업그레이드하여 생산성과 품질 향상을 극대화해야겠습니다!"

(6) 더 좋은 아이디어 또는 방향 전환이 필요한 경우

예) "이런 문제를 해결하기 위해서는 ○○점을 우선 토의를 하고 다음에 ○○에 대해 의사결정 함이 더 좋다고 생각합니다. 어떻게 생각하시는지요?"

예) "시간 내 결론을 짓기 위해 ○○ 방법으로 토론을 진행했으면 좋겠습니다."

예) "○○번 지원자에게 발표 기회가 많았고, 아직 발표하지 못한 127번 지원자에게 발언 기회를 주시면 어떻겠습니까?"

(7) 토론 결과에 대한 마무리 멘트

예) "토론에 다양한 아이디어를 내주시고 협조를 해주셔서 고맙습니다."

예) "종료 5분 전이기에 1인당 30초씩 이를 실행하기 위한 마지막 발언 기회를 가졌으면 합니다."

예) "오늘 ○○ 토론의 주요 내용은 ○○과 ○○을 하자는 의견이었습니다. 입사 후에도 이런 문제를 우리가 실제로 해결해 나가는 주역이 되었으면 합니다."

예) "모두 다양한 의견 제시에 수고하셨습니다. 다 같이 힘찬 박수로 마치겠습니다."

권규청 KWON GYU CHEONG

학력

· 경북대학교 경영대학원 기술경영 석사 졸업
· 금오공과대학 전자공학과 학사 졸업

경력

· 현) 스마트HR컨설팅 대표/ 멘탈코치
· 현) 스피치&성공취업 연구소장
· 현) (사)창직교육협회 이사
· 현) NCS 공공기관 면접관
· 현) 생애탐색과 취업전략&맞춤형 취업컨설팅 교수(금오공대, 영남대 등)
· 전) 서울대 경영대학 CAO 최고위과정 객원교수
· 전) 중소기업 재기연수원(통영 죽도) 힐링 교수
· 전) 여수시 맞춤형 산업인력양성 테크니션스쿨 원장
· 전) ㈜에너자이저 컨설팅 대표
· 전) LG전자, LG디스플레이 연수원장, M&A 팀장, 총무팀장

자격

· AI 채용전문가, 공공기관면접관, NCS 학습설계 강사자격, ISO9001, ISO14001 국제심사원, R&D 기획역량, 스마트공장 추진실무, 빅데이터분석, 스마트팩토리 마이스터 1급, 창의적 발명원리 Triz 레벨2 자격, PMP(프로젝트 매니지먼트) 전문가, 6시그마 Green Belt, 분노조절 상담사, 창직컨설턴트 1급, 심리분석상담사 1급, RODEO Coaching, 인

성교육지도사 자격, 자살방지 교육강사, 부부행복관리사 2급, 스포츠 멘탈 트레이너, 7habits Leadership.

논문 및 저서

- 「지식기반시대 핵심역량 중심의 디지털 인적자원시스템 개발」, 2001.
- 『공공기관 합격 로드맵』, 공저, 렛츠북, 2019.
- 『인생 2막 멘토들』, 공저, 렛츠북, 2020.
- 『창업과 창직』, 공저, 브레인플랫폼, 2020.
- 『공공기관 합격 노하우』, 공저, 브레인플랫폼, 2020.

16장

MOT 면접관을 만나는 진실의 순간

박옥희

1 MOT

· MOT는 무엇인가?

MOT(Moment of Truth, 진실의 순간, 접점의 순간)는 마케팅 방법론에서 쓰이는 용어이다. 고객과 기업의 최전선에서 쌍방 간 직접적인 상호작용으로 결정적인 첫인상을 형성하게 되는 접점의 순간을 말한다.

면접은 합격이냐 재도전이냐 결정적 순간

스웨덴의 리처드 노만은 기업과 소비자가 만나는 짧은 순간에 기업의 이미지가 결정될 수 있다고 주장하였다. 이때 결정적으로 중요한 것이 고객과 기업 간 접점의 순간이다. 이런 주장은 스칸디나비아 항공의 얀 칼슨 사장이 MOT 마케팅 전략을 활용하여 적자로 문을 닫을 위기였던 회사를 1년 만에 흑자 경영으로 이끌면서 주목을 받았다.

이제 마케팅 전략 기법인 MOT를 면접 장면에서 상상해보자. 대기 장소에서 이동하여 면접장 문을 열고 입장을 한다. 문을 열고 들어가는 순간 맞닥뜨리는 실내 공기, 4~5명의 면접관의 모습, 내가 앉게 되는 의자 그리고 면접관 책상 위 각종 서류(자기소개서, 직무기술서, 나를 평가하는 평가표)와 검정, 빨간 볼펜 등이 보일 것이다. 이 순간 엄청난 긴장과 함께 낯선 장소가 나를 압도하게 될 것이다. 면접관과 첫 접점의 순간, 나를 어떻게 보일 것인가?

· MOT가 왜 중요한가?

면접에서 좋은 점수를 받느냐, 그렇지 못하느냐는 면접자와 면접관이 서로 눈을 마주치는 순간부터 시작된다. 어떤 면접관은 첫 질문에서 평가의 80%가 결정된다고 말하기도 한다. 그만큼 첫 접점에서 드러나는 외모, 목소리, 경청하는 모습, 다른 면접자와의 차별점 등을 보이는 5~10분 사이에 나의 취업이 결정될 수 있다.

MOT에서는 '곱셈의 법칙'이 적용된다. 곱셈의 법칙이란 무엇인가? 이는 열 번 잘해도 한 번 잘못하면 그 점수는 0점이 되는 것이다.

면접자와의 많은 접점 중에서 한 가지라도 안 좋은 인상을 주게 되면 면접관은 그 인상으로 이미지를 결정하게 된다는 말이다. 접점 순간순간에서 그 자체로 보이는 자신감, 정갈한 외모, 직무 역량, 사고의 논리성, 태도 등 하나하나가 점수로 연결된다. 이는 곧 면접자의 성실성, 봉사 정신, 커뮤니케이션 능력, 조직 적응 능력, 직무 이해도, 문제 해결 능력, 창의력, 배려심, 협동심 등을 판단하는 기준으로 이어진다.

또한 '첫인상의 법칙'도 피해갈 수 없다. 인간은 환경이나 사물에 의미를 부여하기 위해 자신의 감각에 느껴지는 정보를 조직화하고 해석하여 지각한다. 첫인상의 효과는 면접에서 아무리 강조해도 모자를 만큼 중요하다. 인간의 지각에서 첫인상은 단 몇 초도 안 되는 짧은 순간에 결정된다. 게다가 나중에 새로운 정보를 얻게 되더라도 첫인상은 좀처럼 바꾸기가 힘들다.

그러므로 복장의 흐트러짐, 머리카락, 앉은 자세, 제스처, 상기된 모습, 자신감 없는 모습 등은 짧은 면접 시간 상황에서 좋지 않은 첫인상을 남길 수 있으므로 최대한 주의하는 것이 좋다.

• MOT는 어떤 특징이 있을까?

접점에서의 특징은 I.C.C.R로 설명된다.

첫째, '상호작용(Interaction)'이다. 면접자와 면접관 간의 상호 탐색이 이루어지며 서로가 서로에게 영향을 미치게 된다. 이 단계에서는 약간의 긴장감, 가벼운 미소를 보이는 여유와 바른 자세로 앉는 것이 필요하다. 이때 다리를 벌리고 앉거나 너무 초조하고 긴장한 모습, 머리카락을 매만지는 등 산만한 모습은 좋지 않다.

둘째, '초접점(contact point)'이 이루어진다. 이 단계에서는 아이 컨택과 함께 심층적인 질문을 통한 커뮤니케이션이 이루어지기 때문에 매우 중요하다. 즉, 면접자는 이 단계에서 명확하고 논리적인 답변과 함께 면접관의 질문을 경청하는 자세를 보임으로써 신뢰를 줄 수 있다.

셋째, '집중(concentration)' 단계이다. 아이스 브레이킹이 끝나면 핵심적인 질문이 시작된다. 이때는 면접 공부를 통해 이미 준비를 했던 질문을 받을 수도 있지만, 그렇지 않은 때도 있다. 그러므로 면접관의 질문에 최대한 집중해서 질문의 목적을 이해할 수 있도록 하는 것이 필요하다. 이후 질문에 맞는 답변을 최대한 논리적인 사고로 장황하지 않게 마무리하는 것이 좋다. 또한, 길게 얘기할수록 알맹이 없는 대답인 경우가 많아 평가에 좋지 않을 수 있다. 면접은 정답이 뭐냐고 질문을 하는 것이 아니기에 외운듯한 답변은 솔직한 답변보다 점수를 받기 힘들다.

넷째, 면접자와 면접관은 각자의 '역할(Role)'을 하게 된다. 면접자는 1등이 목표가 아닌 내가 원하는 직장에 취업하는 것이 목적이다. 그러므로 본인의 역량을 최대한 담담하고 자신감 있게 논리적으로 인식되도록 하는 것이 필요하다. 또한, 면접관은 최대한의 노력으로 지각의 오류(비교의 오류, 현혹의 오류, 선택적 지각의 오류 등)를 범하지 않는 역할이 필요하다.

특징	내용
상호작용 (Interaction)	면접자와 면접관 간의 아이 컨택과 함께 상호 탐색이 이루어지는 순간으로 서로에게 영향을 미침
초접점 (contact point)	심층적인 질문과 답변으로 초접점이 이루어지므로 가장 중요함
집중 (concentration)	기초적인 질문에서 압박, 꼬리물기까지 이어지기 때문에 집중이 필요함
역할 (Role)	서로는 목적 지향적이며, 평가 지향적 성격이 있음

• MOT 관리는 어떻게 해야 할까?

면접관을 만나는 접점의 순간에서 관리해야 하는 것은 어떤 것일까?

> 1. 살짝 상기된 표정에서 나오는 자기효능감(Self-Efficacy)
> 2. 질문에 대한 정답이 아닌 논리적이고 솔직한 대답(Logical)
> 3. 이 기관에 들어와서 열심히 하겠다는 간절함(Ardent)
> 4. 지식, 기술, 태도의 자격증을 갖춘 역량(Competency)

언급한 자기효능감, 논리성, 간절함, 역량 등 4가지를 갖추기 위한 노

력이 필요하다. 나는 잘할 수 있다는 자기효능감, 자신이 경험한 사건들에 대해 솔직하고 논리적으로 말하는 습관, 그리고 관심 직무에 대한 열정과 지식으로 간절함을 보인다면 좋은 평가를 받을 수 있을 것이다.

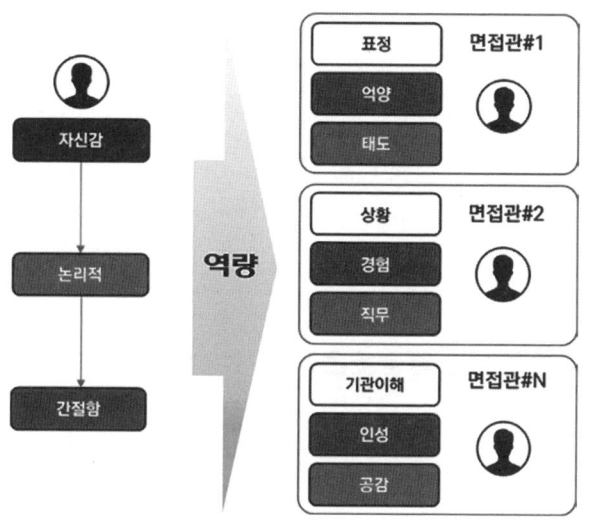

2
계획하고 준비하라

• 공공기관의 평균 경쟁률은?

공공기관 채용 정보 시스템인 JOB-ALIO 공시 자료를 통해 2020년 상반기 공공기관 정규직 행정직(일반사무직) 채용 실적을 분석한 결과, 평균 경쟁률이 128.8 : 1에 달한다고 한다. 총 136개 기관에서 1,618명을 채용했는데 당시 지원자 수가 무려 20만8447명이었다.

나는 이 좁은 바늘구멍을 통과할 수 있을 것인가? 어떻게 가능할까? 전심전력(全心全力)이라는 말은 '온 마음과 온 힘을 기울인다'는 사자성어로 나를 명품으로 만들어 세상이 나에게 관심을 기울이게 만드는 힘이다. 내가 꿈꾸고, 내가 희망하는 직장을 입사하기 위해 전심전력을 다한다면 문제가 없다는 뜻이다.

'준비를 위해 정보를 찾아라!'
'먼저 입사한 선배들에게 질문하라!'
'원하는 직무에 대해 경험을 쌓을 수 있는 상황을 만들어라!'
'역량을 높일 수 있는 학습(자격증 포함)을 하라!'

이렇듯 사전준비를 하는 것은 농사꾼이 가을에 결실을 얻기 위해 봄에 씨를 뿌리는 것과 같을 것이다.

```
※ 참고
[2021년 공공기관 채용정보박람회]
▷ 일정 : 2021.1.18.(월)~1.22.(금) 홈페이지 오픈
▷ 장소 : www.publicjob.kr
▷ 주최 : 기획재정부 유튜브 채널/ 박람회 유튜브 채널
▷ 참기기관 : 148개 공공기관
▷ 참가대상 : 취업준비생, 일반 구직자 등
```

• 비전과 철학이 있는가?

2013년에 우연히 알게 된 미국 실리콘밸리 소재 '라이트하우스/TYK 그룹'의 김태연(1982녀 창업) 회장의 성공기를 소개하고자 한다. 그는 현재 미국에서 6개 회사를 보유한 그룹 회장이자 여성 최초로 미국에서 '평생태권도인상'을 수상하기도 한 인물이다. 그녀는 21살에 미국으로 이민을 떠나 엄청난 가난과 차별을 딛고 아메리칸 드림을 일구었다.

그녀가 성공하기까지 입버릇처럼 하는 말이 있다. "여성이든, 남성이든, 청년이든 본인의 꿈이 있다. 그러니 아무리 힘들고 불가능해 보여도 자기의 꿈은 자기의 것이니까 포기하지 말아라, 인생의 운전자는 바로 당신이다"라는 말과 함께 신조이자 슬로건으로 사용하는 단어를 외쳤다.

"He Can Do, She Can Do, Why not me!"

이러한 꿈과 슬로건은 힘들고, 포기하고 싶을 때마다 그녀를 버티게 한 비전이고 가치일 것이다.

여러분은 비전이 있는가?
비전을 실현하기 위한 전략과 인생철학(가치)은 있는가?

나의 가치와 비전 그리고 간절함(열정)을 면접관에게 보여주는 것이 바로 면접이다. 면접관이 당신에게 비전이나 인생철학(가치)을 묻는다면 어떻게 대답할 것인가?

(철학) 나는 누구인가, 어떤 가치관으로 사는가?
(비전) 나는 무슨 꿈을 가지고 있는가?
(전략) 실행 계획과 전략은 있는가?
(실행) 어떻게 실현할 것인가?

3

면접관이
보려고 하는 것은?

· **외양**

블라인드 채용에서 외양 그 자체는 평가 대상이 아니다. 그러나 기본적인 단정함이 없거나 신발에 진흙이 묻어 있거나 하는 것은 면접 온 사람의 예의가 아닌 것만은 틀림없다.

· **표정**

너무 긴장도가 높아 당황스럽고 상기된 표정보다는 최대한 온화한 표정이면 좋겠다.

- **태도(자세)**

다리를 벌리고 앉는다든지, 다리를 떤다든지, 손을 비빈다든지, 허리를 구부정하게 한다든지 하는 자세는 좋아 보이지 않는다. 또한, 면접관의 질문을 경청하며 긍정적인 태도를 보이는 것은 아무리 강조해도 지나치지 않다.

- **논리력**

면접관의 질문에 요지를 이해하지 못해 다른 내용의 답변을 한다든지, 너무 길고 장황하게 말을 하면 말하려는 의도가 흐려진다. 그러므로 간단명료하게 논리적으로 답변하는 것이 필요하다.

- **직무 역량**

면접관들은 최고로 뛰어난 사람들을 뽑을 생각이 없다. 그 기관과 어울리고 직무에 적합한 사람인지를 제일 우선으로 본다. 이는 NCS의 기본 목적으로 불필요한 오버스펙을 지양하는 것이다. 그러므로 직무에 맞는 경험과 자격증, 직무에 대한 이해도를 높여 그에 맞는 역량을 갖춘다면 면접에 성공할 가능성이 높다.

4
면접관들에게 직접 물어본다

• 50대 초반 여성 A 면접관

"자소서의 화려한 자격사항보다는 인성을 중점으로 본다."

짧은 면접 시간 안에 자기 자신을 명확하게 표현함으로써 면접관에게 신뢰를 줄 수 있다. 능력만 좋은 사람은 '머리 좋은 사기꾼'이 될 수 있다고 생각한다.

"인성과 재능 중에서 무엇이 더 중요하게 생각됩니까?"라는 질문을 통해 면접자를 판단할 수 있다.

• 50대 중반 남성 B 면접관

"수행 직무에 오버스펙을 가진 사람은 곤란하다."

자소서에서 볼 내용은 맨 앞과 맨 뒤에서 나온다. 면접시험이 아니라 면접 태도를 보는 거다. 정답은 없다. '알고 있다', '모르고 있다'가 아니다. 눈빛, 행동, 제스처, 너무 경직되지 말고 편안하게 답변하고 논리적이어야 한다. 반응하는 태도가 모나거나 모자라는 경우 또는 너무 저급하지 않아야 한다. 오버스펙이면 좀 곤란하다. 뽑아놔도 안 다닌다. 준비한 것 같은 암송된 답변은 좋지 않다. 적절한 음정과 박자가 맞아야 한다. 무대에서 3분 스피치를 한다고 생각하고, 논리에 맞게 답변하는 것이 좋다.

"인생에서 감동적이었던 일이나 슬펐던 일이 무엇인지?"라는 질문을 통해 면접자를 판단할 수 있다.

• 50대 중반 남성 C 면접관

"지원동기에 따른 직무 역량에 대한 질문과 의지를 확인한다."

면접관도 인간이기에 역선택의 오류가 있을 수 있다. 하지만 경험상 이런 타입을 뽑았더니 일 잘하더라 하는 것은 있다. 겉으로 드러나 보

이는 단정한 복장과 예의가 바르고 태도가 좋은 사람, 논리적으로 대답하는 사람이 업무와 보고서도 잘 쓸 확률이 높다. 엉뚱한 대답을 하면 일도 잘하지 못할 가능성이 높다.

지원한 이유와 어떻게 일할 생각인지를 질문하고 의지가 있는지를 확인하게 된다.

• 40대 초반 여성 D 면접관

"논리적으로 대답하는 것이 필요하다."

답변에 대해 기계적으로 외운 사람보다 확신과 자신감 있게 표현을 잘하는 사람, 직무에서 경험이 있어 업무를 잘해낼 것 같은 사람, 업무의 이해도가 높은 사람의 경우 좋은 평가를 할 수 있다. 전부는 아니지만, 말을 논리적으로 잘하는 것도 중요하다. 반면에 중언부언(重言復言)하고 논점 없이 얘기하는 사람이나 문제 핵심 질문에 딴 대답을 하는 사람은 좋은 평가를 받기 어렵다.

기관에 면접을 오는 사람들은 태도가 안 좋은 사람은 없기에 변별력이 없다.

• 40대 중반 여성 E 면접관

"면접자의 진실한 눈빛을 본다."

질문에 대해 답변을 할 때 면접관의 눈을 보면서 고급 단어를 사용하지 않더라도 마음이나 의지를 솔직하게 표현하면서 대답을 하는 사람에게 좋은 평가를 하게 된다.

부정적인 표현을 쓰지 않고, 긍정적인 마인드로 진취적인 표현을 하는 사람에게 호감이 간다. 이런 사람은 뭘 시켜도 잘할 것 같다는 생각이 든다. NCS 기준으로 면접을 진행하는데, 오버스펙보다는 지원하는 직무를 잘할 수 있는 사람에게 좋은 평가를 하게 된다.

• 50대 초반 남성 F 면접관

"긍정적인 태도를 본다."

지닌 능력치가 비슷하다면 태도가 좋은 사람, 밝고 긍정적으로 수용하는 사람, 겸손한 사람을 높게 평가한다. "비굴은 자만에서 나오고, 겸손은 자신감에서 나온다"라는 말이 있다. 사람이 사람을 평가한다는 것은 매우 어려운 일이지만, 직무를 수행할 줄 알면서 과장되지 않게 얘기하는 사람이 좋은 평가를 받을 수 있다. 반면 자신감이 없고 질문할

때 눈을 피하거나 하는 사람은 기업에 적합성, 직무 적격성이 준비가 안 되어 있는 사람같이 보인다.

• 50대 중반 여성 G 면접관

"비전과 철학이 있는지 확인한다."

비전은 5~10년 단위의 미래 목표를 말한다. 꿈과 희망에 대한 계획과 목표가 있는지를 질문함으로써 면접자의 목표의식 여부를 볼 수 있다. 가치관과 생활신조가 있는지에 대한 질문에서는 자아 인식을 가늠해볼 수 있는 질문으로 자기 자신에 대한 지각과 이해의 정도를 살펴볼 수 있다. 젊은 구직자들이 자신만의 비전과 철학이 명확한 면접자라면 좋은 평가를 할 수 있다.

5

면접 성공 트리 기르기

"공공기관에 취업하려면 면접 성공 트리 한 그루를 기르자."

공공기관 경쟁률이 높은 것은 더는 말하지 않아도 알 것이다. 그러나 주위의 동기나 선·후배들이 진입하고 있다. 그러면 나도 들어갈 수 있다는 것이다(He Can Do, She Can Do, Why not me!). 그들이 어떤 노력을 했는지? 내가 지금 면접 성공 트리에 어떤 거름을 주고, 어떤 주기에 햇빛을 쬘 것이며, 물을 줄 것인지 생각해보자.

'기본적으로 조직에서 동기와 선후배와 잘 지내기 위한 인성 갖추기!'
'내 인생의 비전과 철학 정립하기!'
'타인에 대한 예의와 긍정적 태도 기르기!'
'논리적으로 사고하고 말하기!'

'지원하는 직무와 맞는 역량 기르기!'

면접 성공 트리에 뿌리를 단단하게 다져놓으면 어느 순간에서든 당당한 자신감으로 결정적 순간에 맞설 수 있을 것이다.

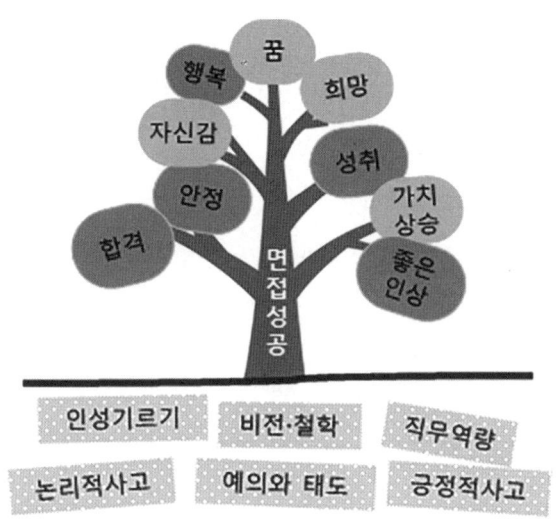

참고문헌

- 임창희, 『조직행동』, 비앤엠북스, 2013
- Solomon, M. R., Surprenant, C., Czepiel, J. A., & Gutman, E. G. "A role theory perspective on dyadic interactions: the service encounter.『Journal of marketing』", 49(1), 99-111. 1985.
- 지홍구·백상경·김연주 기자, 「나는 130대1 뚫고 공기업 입사했는데…」, 매일경제, 2020.06.26.
- 잡알리오(https://job.alio.go.kr/)
- 한국서비스품질지수(https://ks-sqi.ksa.or.kr/ks-sqi/3362/subview.do)

박옥희 PARK OK HEE

학력
· 한성대학교 일반대학원 스마트융합컨설팅학과 스마트융합컨설팅전공 박사
· 홍익대학교 경영대학원 경영학과 경영학전공 석사

경력
· 공공기관 면접관(공공기관 다수)
· 한국경영인증원 가족친화인증 심사위원
· 한국건강가정진흥원 가족친화 컨설턴트
· 한국경영혁신중소기업협회 일생활균형 컨설턴트
· 중소벤처기업 비즈니스지원단 전문위원
· 경기스타트업 플랫폼 전문위원
· 한국산업인력관리공단 NCS 기업활용 컨설팅 컨설턴트
· 경기도경제과학진흥원 재도전 성공센터 전문위원
· 소상공인시장진흥공단 소상공인 역량강화 컨설턴트
· 한국인터넷진흥원 평가위원

자격
· 경영지도사(인적자원관리)
· 기업기술가치평가사

저서

- 『경영지도사 인적자원관리분야 2차 조직행동론 실전모의고사(125문)』, 공저, 2018.
- 중소기업의 가족친화경영 수준 자가진단을 위한 방법론 및 프로토타입 제안: 청년구직자의 선호도 정보에 기반하여, 박사학위 논문, 2021.

17장

나에게 맞는 기업을 선택하라

김상덕

1 들어가며

일생에 가장 중요한 것은 직업의 선택이다. 그런데 그것을 좌우하는 것은 우연이다. (파스칼)

就(나아갈 취) 業(일 업)은 일을 찾아 나아간다는 뜻인데 요즘같이 어려운 취업은 내가 선택하기보다는 선택당할 수 있는 곳으로 나아간다고 하는 것이 맞을 것 같다. 최근 경제 상황 악화로 대기업 취업 문은 갈수록 좁아진 반면, 공기업은 비정규직의 정규직 전환과 정부의 일자리 정책에 따라 채용 규모를 대폭 늘린 영향으로 공기업에 취업하기를 희망하는 청년이 급격히 증가하였고 취업 경쟁은 더욱 치열해지고 있다.

중앙공기업과 지방공기업을 포함하면 우리나라에는 741개(2020년 기준)의 크고 작은 공기업이 있다. 기업마다 설립 목적이 다르고 채용 시 요구하는 역량과 채용 방법이 달라서 취준생의 입장에서는 다양한 선택지를 가질 수 있어서 긍정적이지만, 많은 취준생들은 선택의 폭이 넓다 보니 뚜렷한 방향을 정하지 못하고 다양한 분야에 경험 삼아 응시하는 사례가 많다. 그러다 보니 우리 주위에는 수많은 응시 경험자들이 있고 그들을 만날 때면 "자기에게 맞는 기업을 아직 찾지 못한 것이다"라고 격려해주지만, 그들의 이야기를 들어보면 충분한 준비를 하지 않고 채용 공고가 있으니 응시한 것이 대부분이다.

취업 절차는 비즈니스에서 계약 상대자를 선정하는 입찰 절차와 유사하다. 응찰을 준비하는 기업이 보유한 기술력과 실적 등 자기의 역량을 철저히 분석하여 강점은 살리고 약점은 지속적으로 보완하며 자신의 브랜드 이미지를 잘 정리하고 사전에 준비하는 것처럼 응시를 준비하는 취준생들도 충분히 시간을 할애하여 자기의 경험에 기반을 둔 역량을 사전에 정리하고 준비하여야 한다.

입찰이 공고되면 공고된 요구사항을 분석하고 그 요구사항을 자기가 가장 잘할 수 있는 역량을 확보하고 있음을 입증할 수 있다는 마음으로 제안서를 제출하고 낙찰 여부를 평가받는 것처럼 채용 공고가 되면 공고된 요구 조건들을 직무와 기업에 대한 이해를 기반으로 분석하여 본인의 역량에 가장 맞는 기업에 도전하여 합격 여부를 평가를 받는 치열한 자기 마케팅 과정에 해당한다.

본 장에서는 본인의 잠재된 역량을 도출하는 자기 분석과 기업에서 요구하는 역량을 파악하기 위한 직무 및 기업 분석 그리고 기업을 대신하여 필요한 역량을 확인하는 면접관에 관하여 현장 이야기 중심으로 소개하고자 한다.

2
나 자신을 철저히 분석하라!

 자신에게 내재된 역량을 도출해 내는 자기 분석은 지원서(이하, 자기소개서 등 입사를 위하여 제출하는 서류) 작성 이전 단계에 완료되어 있어야 분석된 자기 역량에 맞게 응시할 기업을 선택할 수 있고 기업의 요구 역량에 맞게 본인의 역량 스토리를 만들어갈 수 있다.

• 맵 프로그램이 자기 분석에 효과적이다

 기억만으로 자신의 지난 경험을 불러오기는 쉽지 않다. 지금까지 살아오면서 축적된 경험들을 잊혀진 곳에서 끄집어 내는 방법으로 여러 가지 기법이 있겠지만 맵 프로그램을 이용하면 다양한 부문을 매핑하며 기억을 살려내는 데 도움이 될 것이다.

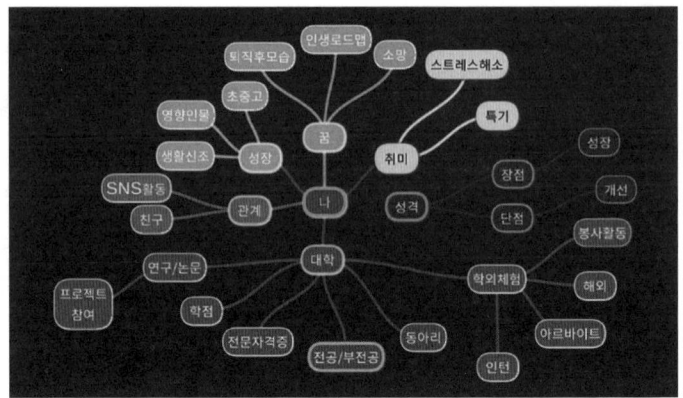

자기분석 대상을 매핑(예)

자기 분석 대상	
성격/Style	강점/단점에서 보완이 필요한 내용
성장 과정	초·중학교·고등학교 시절 활동/생활신조/좌우명/가치관/중요하게 생각하는 것/좋아하는 것/싫어하는 것
대학생활/동아리/아르바이트/인턴	구체적인 활동 내용 및 역할, 성과/교훈 직무 내용 및 느끼고 개선할 점
전공/학점/어학 자격증	전공/부전공/복수전공 여부 학점 수준(전공과목 학점 수준)/어학 능력 소지한 자격증 수준

    공기업의 역량 판단 기준에서 스펙을 초월하고 있으나 NCS 직무명세서에 부합하는 역량을 확인하기 위해서는 국가로부터 검증된 자격증을 참조하게 되는데, 다양한 자격증을 확보하는 것도 나쁘지는 않지만 특정 분야에 집중하여 자격을 확보하는 것이 더 전문성이 있어 보이니 지원서 작성 시 지원 직종에 따라 전략적으로 표현할 필요가 있다.

도출된 경험 사례 중에 장점은 미래의 성장 스토리로 삼고, 단점은 개선을 위한 도전 스토리로 삼을 수 있다. 혹시라도 지원서에서 요구하는 역량에 대한 경험이 없어 불안하거나 경험이 부족하다고 생각될 경우 당장 시간을 내어 경험을 만드는 것이 좋다. 인터넷 등에 공유된 경험담들은 면접관들의 귀에 익은 사례일 수도 있으니 유의해야 한다.

비계량적이고 포괄적으로 의사결정에 영향을 주는 '열정' 요소에 대한 판단 기준은 평가자마다 다를 수 있지만 대부분의 경우 지원하는 기업에 대하여 얼마나 많은 관심과 지식을 갖고 지원하였는가로 평가하게 되고, 스트레스 관리와 활동 에너지가 중요하게 참고될 수 있으니 평소의 여가 활동과 건강 관리에 대한 내용도 자기 분석 내용에 포함할 필요가 있다.

• 취업 선배가 가장 훌륭한 멘토이다

취업에 필요한 정보는 인터넷이나 전문서적을 통해 손쉽게 확보할 수 있겠지만 가장 최근에 취업한 선배를 통해 멘토링 받으면 큰 도움이 될 것이다. 즉, 취업 정보 확보 우선순위로 ①취업 선배 ②취업 선배 ③취업 선배 ④채용 설명회 ⑤인터넷으로 회자될 정도로 성공적으로 취업한 선배의 도움이 가장 효과적인 것으로 인정된다.

최근 정부정책에 따라 공기업에 체험형 인턴으로 많은 취준생이 근무하고 있다. 사내외 면접관 활동 경험을 바탕으로 지원서 리뷰와 면접 기법에 관한 이야기를 하다 보면 취준생들은 취업을 위한 이론 대부분은 학교 수업을 통해 알고 있지만 사회 경험이 부족하다 보니 업무와 연계한 역량 스토리화가 쉽지 않았다.

학생 시절의 아르바이트와 학교동아리 활동은 워낙 보편적인 이력이기 때문에 그 활동을 통하여 무슨 역량을 확보했는지를 이벤트 사례를 곁들여 스토리화해야 변별력 있는 역량 경험으로 평가받을 수 있을 것이다. 최근 취업에 필수 코스가 되고 있는 체험형 인턴도 비슷한 경우이나 인턴 근무지에서 만날 수 있는 갓 취업한 선배의 멘토링을 받아 확보하는 경험 사례가 있다면 현장감 있고 변별력 있는 역량으로 인정받아 좋은 평가를 받을 수 있을 것이다.

응시 경험이 적은 취준생들 중에는 자기 분석 내용 중에서 어떤 것이 가치 있는 경험인지 인식하지 못하는 경우가 있고, 미리 충분하게 준비하지 않고 지원서 마감 시간에 임박할 때까지 고민하는 경우를 보게 되는데 주어진 시간을 충분히 할애하여 지원서 작성 과정마다 다른 사람들과 기업 요구 역량사항을 하나하나 짚어가며 자기 분석된 경험 사례들을 어떻게 스토리화하면 효과적일지 멘토링 받을 필요가 있다.

3
직무와 기업과 면접 기법을 분석하라

자기 분석을 통하여 지원자의 내재된 경험이 어느 정도 도출되고 나면 그 자료를 밑천으로 응시할 기업 선정을 위한 직무 분석과 기업 분석에 들어간다. NCS 직무명세서, 지원서에서 요구하는 질문지, 기업 홈페이지, 채용전문컨설팅사 홈페이지에 게재된 자료 등 공개된 자료들을 통하여 질문에서 요구하는 내용과 그 배경을 이해할 수 있도록 충분한 정보를 분석하여야 한다.

• 기업 선호도가 높아도 채용 담당자의 고민은 있다

공기업에 대한 경쟁률과 선호도가 높은데도 불구하고 공기업의 본사가 위치한 혁신도시의 위치와 근무 여건의 선호도 차이로 인하여 유능한 입사자의 이직 가능성을 염두에 두어야 한다.

또한 많은 응시자 중에서 인재상에 맞는 우수한 인재를 선발하기 위한 서류 평가와 면접을 외부인력에 위탁함으로써 채용 절차의 투명성은 확보될 수 있으나, 기업 문화를 잘 알지 못하는 외부 면접관이 기업의 인재상과 핵심가치에 맞는 인재를 잘 선발해 줄 수 있을까 하는 고민이 있는 것도 현실이다. 또한 합격자보다 불합격자가 많은데 평가자의 역할로 인하여 응시자의 민원이 없도록 관리해야 하는 긴장감도 적지 않다.

• 원론적으로는 완벽한 역량을 요구한다

우수 성과자들이 일관성 있게 반복적으로 보여주는 공통적인 특성으로 지식·스킬·행동의 종합적 특성을 역량이라 하며, 다음과 같은 행동 특성을 요구한다.

- 이론 지식을 잘 이해하여 현업에 잘 적용한다.
- 관련 정보를 적기에 인지하고 미리 대처한다.
- 남다른 문제의식을 통해 진보적인 아이디어를 제시한다.
- 끈기와 책임감으로 종국에는 가시적 성과를 이끌어낸다.
- 자발적으로 일을 찾아서 하고 성과를 창출한다.
- 큰 틀의 시각에서 균형 감각이 있고 엉뚱한 일을 하지 않는다.
- 적극적으로 현안에 대처하고 현실 감각이 뛰어나다.
- 근본을 잘 파악한다.
- 사회 흐름을 파악하는 능력이 있다.
- 자기 직무 범위를 초과하여 유기적 맥락과 내용을 잘 이해한다.

· **서류전형 방법**

서류전형은 지원 분야에 대한 직무 능력을 지원자가 스스로 입증하게 하고, 이를 토대로 기업 핵심가치 이행에 적합하다고 판단되는 지원자를 선별하되 지원 분야 직무 능력만으로 검증한다. 블라인드 채용에 따라 서류전형 시 지원서에 기재한 자격이나 사례의 진위 검증은 사실상 어려우므로 서류전형 시 지원서 기재사항은 사실이라고 가정하고 평가하되 이후 면접전형 및 최종 합격자 결정 시에 자격을 검증한다.

지원서에 요구하는 모든 질문은 해당 기업의 설립 목적과 비전, 가치준거에서 핵심가치를 추출하고 핵심가치를 평가 요소와 연계하여 질문을 설계하게 된다.

<서류전형 평가 요소(예)>

평가 요소	기대 행동
직무 관련 경험과 주요 성과	직무와 관련된 경험 기술을 통해 입사 후 직무에서 어떻게 활용될 수 있을지 파악한다.
지원동기와 회사 이해 수준	회사에 대한 애정과 입사 후 구현될 수 있는 열정에 대해 파악 한다.
책임 있는 헌신 (Contribution)	주어진 책임을 다하는 것은 물론, 본인의 희생정신으로 주변을 돕는 행동을 확인한다. * 책임감, 자기주도, 희생정신
차별화된 혁신 (Innovation)	업무 처리 중 발생한 문제 상황 또는 변화가 필요한 상황에서 본인의 장점을 발휘하거나 새로운 관점으로 접근하여 성공적으로 문제를 해결해 나가는 것을 확인한다. * 변화, 차별화, 도전정신
소통으로 통합 (Collaboration)	부서 간, 부서 내 의견 차이 발생 시 상대의 입장을 이해하고 자신의 의견을 논리적으로 설명해 일을 추진하는 것을 확인한다. * 화합, 상생, 커뮤니케이션

(1) 지원서 내용에서 상황의 구체성과 역량 발현 수준으로 평가한다.

지원 분야별로 서류 평가위원을 3명씩 구성하고 지원서를 읽고 정성 평가한다. 평가위원 1명이 지원자 1명의 지원서 모든 항목을 읽고 평가하는 방법과 평가위원 1명이 1~2개 문항에 대해 전 지원자 지원서를 읽고 평가하는 방법으로 구분된다. 전자의 방법은 지원자 수가 적을 때 적용할 수 있고, 후자는 지원자 수가 많은 경우에 적용하는 것이 일반적이다.

지원서에서 상황의 구체성과 역량 발현 수준으로 평가하며, 평가 문항 점수를 합산한다. 제한 글자 수를 어느 수준(통상 20~30%) 미만 작성하거나 직무와 무관한 내용 작성자는 불합격 처리하고, 블라인드 채용에 부합하지 않는 지원서 내용에 관한 평가는 서류심사위원회 등에서 심의 후 결정한다.

(2) 자기소개서 등 지원서에 대한 서류 평가에는 한계가 있다.

구체적인 내용을 기술해 달라는 요구에도 불구하고, 지원자가 제출한 지원서 내용은 구체적이지 않고 피상적인 경험과 일반적인 내용에 대한 서술이 많고 특별히 우수하게 작성된 경우를 제외하고는 점수에 차등을 주기 어렵다. 또한 대략적인 경험 서술 등 창작된 경험을 가려내기 어려우므로 지원자 faking 방지 및 변별력 있는 역량 평가를 위하여 '원인·목적·구체적 사례·상황·본인의 행동 결과·객관적 근거 등을 직접 요구하거나 구체적 상황을 묻기 위하여 장문의 답변을 요구하는 질문을 제시하는 경우도 있고, 지원자의 역량을 파악할 수 있는 답안을 강

요하기 위해 구조화 면접 질문 방식인 STAR(Situation, Task, Action, Result) 기법에 의한 상세 질문을 주로 활용한다.

타사에 지원했던 내용을 복사하여 작성된 지원서를 가려내기 위하여 복사+붙여넣기 차단 또는 블라인드 필터링 시스템을 도입하는 경우도 있다.

• 면접전형 방법

면접 질문은 평가 요소에 기반을 둔 구조화된 질문(80~90%)과 지원자와 소통하면서 탐색하는 질문(10~20%)으로 이루어지며, 구조화된 질문을 통해 면접관별 질문 난이도나 수준을 최대한 균질화하여 면접관에 따라 지원자에 대한 평가가 상이하지 않도록 설계하고, 면접관에 대하여 보안서약서 작성과 사전 교육 훈련 후에 면접에 임하게 한다.

면접관은 면접 조별로 외부 면접위원 2명과 내부 면접위원 1명 또는 외부 면접위원 3명으로 구성하며, 외부 면접위원은 채용 대행사에 위탁하여 전문교육을 받은 면접 유자격자로 구성하고, 내부 면접위원은 사내 면접관 양성자 중 우수자원으로 구성한다.

공정채용을 위하여 면접전형을 포함한 채용 전 과정을 채용 대행사가 아닌 감사부서/제3의 기관에서 정밀하게 모니터링하는 외부전문가

참관인(채용절차점검위원회)을 운영하여 채용 방식 및 위원 구성 등 채용절차에 대해 투명성과 공정성을 검증한다.

<직군별 면접 평가 역량>

구분			기계	전기	화학	토목/건축	ICT	사무
1차 면접	PT	NCS 직무 수행 능력	논리력	분석력				세밀한 일 처리
			계획력	원칙 준수	전문성 준수	세밀한 일 처리	정보 수집 및 활용	고객 지향
		NCS 직업 기초 능력	의사소통능력(문서작성능력)					
	GD	NCS 직업 기초 능력	사고력(창의적 사고, 논리적 비판적 사고) 팀원(업무 공유 적극적 참여 및 책임감) 경청 능력 및 의사표현 능력					
	실무 면접	NCS 직무 수행 능력	(자소서 기반) 지원 분야에 대한 이행, 전문성 추구					
		CS 직업 기초 능력	(자소서 기반) 자기계발 능력, 자원관리 능력, 의사소통 능력(언어구사 능력)					
2차 면접	임원 면접	CS 직업 기초 능력	직업윤리, 조직 이해 능력, 직무 적합도					

대부분의 면접관은 행동사건 인터뷰(BEI: BehaviorEventInterview)교육을 이수하고 자격 검증을 받는다. B.E.I는 지원자가 경험한 행동을 통하

여 역량을 확인하는 기법이다. 지원자의 경험사례에서 당시 상황, 해결해야 했던 과제, 실행한 조치, 그 조치로 인한 결과에 대해서 질문하고 설명을 듣는다. 면접에 주어진 시간의 대부분을 투입하여 답변 내용에 STAR가 모두 포함되어 있는지를 확인하고 부족한 부분은 추가 질문하여 행동에서 나타나는 역량을 평가한다.

면접 시 다음 사항을 유의하여 질문하도록 하고 있다.

- B.E.I 시 유도성 질문은 금한다.
- 인터뷰 시간이 짧으므로 필요한 정보를 얻을 수 있도록 질문한다.
- 지원자의 철학, 신념, 가정(假定), 미래 생각, 추측 등으로 하는 답변은 역량과 무관하다.
- 장황하게 설명하거나 질문 취지에 맞지 않는 답변은 중단시키거나 질문 취지를 다시 설명하고 계속 답변을 요구할 수 있다.

면접관은 항상 다음과 같은 고민을 하고 있다.

- 짧은 시간에 지원자의 내재된 역량을 충분히 파악할 수 있을까?
- 경험 사례는 없지만 이론으로 무장한 말 잘하는 지원자를 어떻게 평가할 것인가?
- 결정적이고 주관적 평가 요소인 열정은 어떻게 평가할 것인가?

4
내 역량을 NCS 직무에 맞게 스토리화하라!

역량을 단기간의 교육 훈련으로 만들기는 어렵다. 잊고 있던 작은 경험이라도 최대한 효과적으로 노출시켜 서류 평가와 면접에서 역량으로 인정받기 위한 노력이 필요하다.

경영 현황과 비전, 경영 방침을 기반으로 설계된 지원서 질문은 해당 기업의 기업 문화에 대한 이해를 바탕으로 질문의 의도를 파악할 수 있을 것이고, 질문 형식이 서술식으로 되어 있으나 상세 키워드별로 단답식처럼 채점할 수 있도록 설계되므로 핵심 키워드에 맞게 자기 경험 역량을 적용하여 스토리로 답하여야 옳게 평가받을 수 있을 것이다.

• 지원서에는 자기 이야기를 충실히 담아야 한다

지원서에 담긴 이야기가 질문 의도에 맞게 작성되었는지는 서류 평가와 면접에서 확인하게 된다. 서류 평가에서 내용의 신뢰도를 바로 확인할 수는 없지만, 혹시 기교를 부려서 없는 경험을 만들어 내거나 어설프게 포장할 경우 면접 과정에 그 밑천이 드러나게 되고 탈락의 결정적인 원인이 될 수 있으니 유의해야 한다.

서류 평가는 통상적으로 소수의 평가자가 많은 지원서를 장시간에 걸쳐 평가하게 된다. 비슷한 내용의 지원서를 반복하여 읽다 보면 변별력 있게 평가하는 것이 쉽지 않으므로, 특별한 역량에 관한 내용은 한눈에 들어오도록 편집하는 노력이 절대적으로 필요하다. 질문 내용의 핵심 키워드별로 순서대로 답변하되, 가급적이면 키워드별로 한 단락(3~4줄)으로 구성하면 평가자가 읽기 좋고 많은 정보를 인식하게 하는 데 도움이 된다.

서류 평가에서 가장 기초적인 탈락 사유는 동문서답하는 것이다. 질문 내용을 정확히 인지하지 못하고 질문에서 요구하는 핵심 키워드와 관련 내용을 언급하지 않았거나 여러 가지 키워드로 질문하였는데 일부분의 질문에 대한 답변으로 지면을 채운 지원서는 좋은 점수를 받을 수 없다.

가장 많은 탈락 사유는 주어진 답변 공간을 충분히 활용하지 못한 경우이다. 지원서에 너무 많은 내용을 담으면 평가에 어려움이 있을 수 있어서 글자 수를 제한한 것이지만, 역량을 확인할 수 있는 정보의 양을 글자 수로 요구한 것이기도 하므로, 제한을 두고 주어진 공간을 채우지 못하는 것은 주장할 역량이 부족하거나 입사 의지가 적은 것으로 판단될 수 있다.

• 면접은 준비하는 만큼 자신감이 커진다

면접을 잘 받기 위한 강의를 듣고 교육을 받는 것은 질문자인 면접관의 역할과 기술에 관하여 충분한 이해를 통하여 피면접자로서 자신에게 내재해 있는 역량을 충분히 노출시킬 수 있는 방법을 깨우치게 도와준다. 면접 기법을 충분히 이해하고 나면 자신의 어떠한 경험 역량이 가치가 있는지 구분할 수 있는 개념과 자기 분석 방법을 좀 더 깊이 있게 인식하게 될 것이다.

면접 준비를 위한 질문 사례들은 인터넷이나 취업안내서 등에서 확보하여 사전에 준비할 수 있고, 무엇보다 답변의 기초 자료가 되는 자기 역량 스토리가 잘 정리되어 있어야 한다. 내가 직접 경험하고 잘 기억하고 있는 내용이라도 순간적으로 질문이 주어지면 사실에 대한 기억만으로 순발력 있게 답하는 것이 쉽지 않다. 특히 경험 기반으로 답변을 요구하는 구조화된 질문의 경우 어릴 적 이야기까지 복귀해 내어야 전방위적인 질문에 대응할 수 있을 것이므로 갑자기 생각하고 바로

답변으로 이어 나가려면 대부분의 경우 원활한 답변을 할 수 없게 된다.

더구나 평소에 생각하지 못한 사안, 즉 자신이 경험해보지 못한 질문에 대한 답변도 준비해야 하는데, 만약에 기본적으로 준비되어야 하는 '봉사활동 경험'이 없을 경우에는 별도의 시간을 내어 경험 실적을 만들 필요가 있고, 당장 실행하기 어려운 내용일 경우 간접경험으로 답변할 수 있어야 한다. 물론 간접경험임을 밝히면서 답변하는 것이 좋다.

자기분석 내용 그 자체로서 답변에 갈음할 수 있는 내용도 있지만 과거의 경험을 질의하는 목적은 과거의 행동을 통하여 미래의 행동 양식을 예측하고 필요한 인재인지를 판단하기 위하여 질문하는 것이므로, 자기 분석 내용을 NCS 직무에 철저하게 적용시켜서 스토리화해 답변하여야 하고, 자기 역량으로 NCS 직무명세서의 어떤 직무를 효과적으로 수행할 수 있고 어떠한 성과를 낼 수 있는지 주장을 할 수 있어야 한다.

간혹 면접 기법에 대한 이해가 부족한 지원자의 경우 자기 성과 경험에 근거하지 않고 앞으로 잘할 수 있는 청사진만을 제시하는 경우가 있는데, 이러한 지원자는 역량은 없고 말만 잘하는 사람으로 분류될 가능성이 크다. 면접관의 가장 어려운 고민 중 하나가 말 잘하는 사람이 역량까지도 갖추었는지를 판별하는 것이므로, 대부분의 면접관은 경험에 기반을 둔 신뢰할 수 있는 답변인지를 예민하게 따져 보게 된다. 물론 순발력 있게 말도 잘하면서 자신이 경험한 사례에 근거하여 답변한다면 당연히 최고의 점수를 받을 수 있을 것이다.

• 자기주도 면접을 준비하자

방역 수칙으로 마스크를 쓴 첫대면일지라도 면접관에게 보내는 이미지는 중요하다. 적극적이면서 여유 있는 이미지는 자신감으로 인식되는 반면, 너무 차분한 이미지는 긴장도가 높은 것으로 인식되기 쉽고 스트레스 내성과 자신감에 대하여 확인하는 질문으로 이어질 수 있다. 조금이라도 위축되어 보이면 자신이 없고 능력이 부족한 것으로 느껴질 수 있으니 당당하고 자신감 있는 모습으로 면접에 임하는 것은 면접의 승패를 좌우한다고 해도 과언이 아니다.

면접이 시작되면서 자기소개 발언을 할 경우 자신 있게 강조한 내용은 확인하는 질문으로 이어질 가능성이 크다. 또한 지원서에 강조한 역량을 설명하기 위해 제시한 사례에 대한 진위 여부와 상세 역량을 확인하는 질문이 있을 수 있으니 STAR 기법에 의한 답변을 준비하는 것이 좋다. 간혹 자소서에 제시한 사례 이외의 추가 사례로 답변할 것을 요구하는 경우도 있으니 준비가 필요하다.

'인재는 누구라도 알아본다'라는 소극적인 자세는 도움이 되지 않는다. 면접관은 기본적으로 채용기관의 인재상에 부합하는 인재를 발굴

하기 위한 질문을 하게 되는데, 결과론적으로는 지원자들의 역량 우위를 판단하기 위한 질문이기도 하다. 대부분의 질문은 피면접자에게 동일하게 주어지므로 나만의 특별한 역량을 강조하고 싶을 경우 답변할 기회를 놓치지 않도록 전략적으로 준비하여야 하고, 마무리 발언은 면접조의 상황에 따라 주어지지 않을 수도 있음을 감안하여야 한다.

마무리 발언 기회가 주어지면 입사시험을 준비하며 느낀 기업의 비전을 향한 '열정'을 보여주는 것이 효과적일 것이다. 통상적으로 면접이 끝난 후에 채점하게 되고 사람의 기억력은 생각보다 짧은 것 같더라.

• 블라인드 기준은 엄격하게 준수해야 한다

블라인드 면접은 시간이 갈수록 엄격하게 평가되고 있다. 시행 초기에는 경미한 위반사항에 대하여는 엄격하게 평가하지 않는 경향이 있었다고 하지만, 최근에는 면접관 책임으로 평가가 이루어지는 추세라 사소한 위반이라도 공식적으로 제시된 기준을 명확하게 준수하지 않은 경우 엄격하게 평가되고 있으니 채용 비리 근절을 위한 제도로 운영되는 블라인드 기준을 면밀하게 숙지하고 응시하여야 할 것이다. 특히, 비대면 면접을 위해 직접 제작한 동영상에서 자기소개의 순간 무의식적으로 자기 이름이나 출신 학교 등 금지된 신상 정보를 이야기하는 블라인드 위반은 결정적인 탈락의 사유가 될 수 있음에 유의하여야 한다.

• 나에게 맞는 기업을 내가 선택한다

지난해에 공기업 취업에 관한 특강을 준비하면서 같은 사무실에 근무하는 체험형 인턴과 함께 입사 1년 차 직원의 입사 후기를 듣는 기회가 있었다. 응시 기업 선정 이전의 자기 역량 분석 과정과 응시 기업의 요구 역량 분석을 통한 지원서 작성 과정과 면접 준비와 실전에서의 에피소드 등 어떠한 이론서에서 접할 수 없는 생생한 실전 이야기들을 들으며 어떤 강사가 이렇게 리얼한 실전 이야기를 해줄 수 있을까 하는 생각을 했던 기억이 난다. 말미에 취준생들에게 해주고 싶은 말이 있느냐고 물었더니 "자신감을 가져라!"라는 말을 해주고 싶다고 전했다.

인사 업무 현장에서 느꼈던 갓 입사한 신입사원들의 자신감 넘치는 모습이 입사시험을 통과하여 자신감이 표출된 것으로 생각했었는데, 후기를 듣고 보니 자신감으로 무장된 지원자가 최종 관문을 통과할 수 있었겠구나 하는 생각을 하게 되었다.

그리고 취업 노하우 A부터 Z까지를 망라한 입사 후기는 채용에 영향을 주는 모든 절차를 섭렵하고 준비하는 사람은 본인이 선택한 기업의 신입사원이 될 수 있다는 사실을 확인해주는 좋은 사례가 되는 것 같다.

> *"취업은 기업이 나를 선택하는 것이 아니라*
> *나에게 맞는 기업을 내가 선택하는 것이다!"*

김상덕 KIM SANG DUK

학력
· 부경대학교 안전공학 석사
· 부경대학교 정보시스템학과 박사 수료

경력
· 현) (사)한국기업재난관리사회 부회장
· 현) (사)사회적기업연구원 사회적기업 전문멘토
· 전) 한국남부발전 인사처장, 인재경영팀장, 노무팀장

자격
· 채용전문면접관 1급
· 인적자원관리사
· 기업재난관리사(인증평가분야, 행정안전부장관)
· 협동조합 코디네이트

수상
· 통상산업부 장관상(제18044호, 1996)
· 산업부 장관상(제4397호, 2003)
· 국무총리상(제152512호, 2009)
· 국토교통부 장관상(제21740호, 2017)
· 산업통상자원부 장관상(제123636호, 2018)

18장

면접에 유리한 첫인상을 관상학으로 본다

김민서

1 들어가며

우리는 지하철이나 공공장소에서 상대방을 바라볼 기회가 많다. 사람들을 보면 전부 다르게 생겼다. 그런 곳에서 나 자신과 여러 사람을 본다면 인상을 쉽게 비교해볼 수가 있다.

면접을 잘 보기 위해서 첫인상은 매우 중요한 포인트가 된다. 예를 들어보자. 처음 대면하면서 웃는 얼굴의 이미지와 무표정한 얼굴의 이미지를 대한다면 당신은 어느 쪽 얼굴을 선택하고 싶은가? 당연히 웃는 쪽의 얼굴이 호감이 갈 것이다. 면접을 진행하는 과정에서 방실방실 웃는 사람은 없으리라 본다. 그러나 마음의 여유가 있다면 얼굴에서 긴장이 나타나지 않고 웃는 모습으로 보일 수도 있다.

필자는 관상학(觀相學)을 해득하고 각자가 자신의 운명을 예지하며 피흉취길(避凶取吉)의 방도를 찾을 수 있도록 일조(一助)할 수 있기를 바라는 마음에서 책을 쓰게 되었다. 관상에 대한 세부적인 내용을 모두 피력하려면 엄청나게 방대한 양을 집필해야 한다. 하여 면접에 필요한 부분을 발췌하여 간략하게 서술하였으므로 각자에게 맞는 내용을 참고하여 좋은 면접이 되었으면 한다.

관상과 더불어 말씨, 음성, 앉는 자세, 서 있는 자세, 걸음걸이, 듣는 자세를 복합적으로 다루었으면 하는 생각은 있었으나 지면 관계상 다음으로 미룬다.

태어날 때 어떻게 태어났던지 간에 살아가면서 자신의 인생을 스스로 개척해 나가야 한다고 본다. 남에게 의지하거나 원망하거나 의타심을 가진다고 해도 결국은 모든 결정을 자신이 하는 것이 해결 방법이다.

2 과거의 얼굴 형상

인간의 14가지 상을 표현한 송나라 인상학 대가 진희이(陳希夷)의 저서 『신상전편』의 인상을 살펴보자.

· **귀상(貴相)**

얼굴은 약간 길며 눈썹, 눈, 입술에 귀티가 흐르는 것이 보인다. 중국의 황족이나 귀족들에게서 나타나는 상이다. 귀품은 어느 정도는 가문의 전통을 이어받아서 태어난다고 본다.

• 고상(孤相)

얼굴 표정이 어둡고 대머리가 위쪽까지 벗겨져 있고 수염은 듬성듬성 자라서 지저분한 느낌을 많이 준다. 이마에는 짧은 주름이 있으며 미간을 잘 찌푸리고 다닌다. 편굴하고 비굴한 성격 탓에 고독한 삶을 살아간다.

• 고상(古相)

대부분 보수적인 성격을 가지며 낡은 것을 좋아하고 새로운 것을 싫어한다. 가정에서 본인이 하고 싶은 대로 독재자처럼 행동하며 완고하고 사치를 모른다. 짱구 머리로 뒤통수와 광대뼈가 튀어나왔다.

• 고고상(孤苦相)

남을 믿지 않으며 의심과 시기심이 강하다. 의심 많은 눈, 이마의 어지러운 주름, 역삼각형 얼굴, 여윈 볼을 가지고 있다. 재능도 있고 머리도 나쁘지 않으나 결국은 의심으로 고독한 인생을 산다.

· **박상(薄相)**

여러 가지 번거로운 말을 하고 사람에 따라서는 존댓말을 하기도 한다. 하급관리나 학자가 될 수는 있어도 크게 되지 못한다. 인덕도 없고 행운도 없으며 인생이 희박한 운이다.

· **부상(富相)**

부귀한 상으로 주변의 덕이 많고 하는 일마다 성공을 거둔다. 볼이 풍부하고 턱도 발달한 훌륭한 상이다. 눈썹과 눈썹 사이, 눈과 눈 사이가 넓으며 대부분 대부호 상이다.

· **빈천상(貧賤相)**

여윈 볼, 튀어나온 턱, 어지럽게 난 머리털, 지저분한 수염, 약해 보이는 눈썹의 특징으로는 성공하지 못하는 상이다. 돈이 생겨도 사기를 당하거나 도적을 맞아서 빈천하다. 회사, 집주인, 배우자까지도 불행하게

만드는 상이다.

• 속상(俗相)

여위게 생긴 볼, 튀어나온 턱, 이마의 가로 세로 주름이 특징이다. 밑바닥 인생을 살게 된다. 사소한 일에 트집을 잡고 남을 흉보고 다니며 본인은 잘한다고 한다. 재물도 모이지 않고 운도 없으며 최저 생활을 한다.

• 수상(壽相)

기다란 눈썹, 단단한 얼굴, 건실한 체격은 장수할 상이다. 눈썹과 눈썹 사이가 넓어서 성격이 낙천적이다. 현실생활은 마음 편하게 지내면서도 중요한 일은 주의 깊게 처신한다.

• 위상(威相)

눈썹, 눈, 코는 무게와 위엄이 있다. 임금이나 재상에서 볼 수 있는 상이다. 인자할 때는 만인이 따르고 호령할 때는 만천하를 벌벌 떨게 한다.

• 악상(惡相)

검은 눈동자가 작으며 삼백안의 눈을 가지고 있다. 광대뼈가 발달하였고 반항심이 있으며 고약한 표정을 잘 짓는다. 인품도 천하면서 지성도 갖추지 못했다.

• 요상(夭相)

눈썹과 눈썹이 비정상적이고 코 모양도 나쁘며 입술도 힘이 없다. 턱이 발달하지 않았으며 기력과 체력이 빈약하고 음식도 적게 먹는다. 밤새우고 놀기를 좋아해서 오래 살지 못하고 요절한다.

· **청상**(淸相)

기품이 있고 심성이 좋으며 고상한 상이다. 법을 정하고 백성들을 공평하게 다스리는 상이다. 사심이 없이 사물을 바르게 보려고 한다.

· **후상**(厚相)

귀가 크고 볼이 풍부하며 이마도 넓고 풍부하다. 정치를 할 때에 도덕을 바탕으로 한다. 얼굴 전체가 유연한 느낌이 들고 포용력이 있으며 그다지 엄하지 않다.

3. 현대의 얼굴 형상

(1) 얼굴이 옆으로 넓은 사람
대담하고 적극적이며 리더십이 뛰어나다. 각계각층에서 두각을 나타낸다. 체격이 크고 활동적이며 실천형들이 많다.

(2) 얼굴이 네모난 사람
독재적이고 투쟁적이며 사납고 단단한 느낌이다. 무서우면서도 믿음직스럽게 느껴진다. 어디에서나 주도권을 잡고 행동한다.

(3) 얼굴이 둥근 사람
성격이 원만하고 시민적이다. 남과 다투는 것을 싫어하며 부지런하다. 자신에게 주어진 일은 꾸준하게 해나간다. 큰 성공이나 실패가 없고 무난한 사람이다.

(3) 얼굴이 갸름한 사람

사려 깊고 견실한 편으로 남을 배려한다. 소심하거나 세심한 편으로 주변의 도움을 받으면서 성장한다. 자부심도 강하고 동정심도 있으며 상대방의 기분을 무시하지 않는다. 책략을 꾀하는 일도 잘하며 지성적이다.

(4) 얼굴이 좌우가 다른 사람

이중인격이 많으며 다른 사람들이 이해하기 힘든 인물이다. 병이나 사고로 인해서 얼굴이 틀어져도 나쁜 점은 따라간다.

(5) 얼굴은 삼등분 법으로 본다.

첫째, 상정은 이마 부분으로 초년을 나타낸다. 이마가 넓고 혈색이 좋으며 상처나 흉이 없어야 좋다. 지식, 상식, 기억력, 판단력이 뛰어나며 부모님 덕이 있다.

둘째, 중정은 눈, 코, 귀 부분으로 중년을 나타낸다. 사회 진출 운으로 재산도 모으고 이성운도 좋다.

셋째, 하정은 입, 턱 부분으로 말년을 나타낸다. 사회적으로 안정되며 유복하고 안정된 노후를 보낸다.

4
웃는 얼굴형

얼굴이 웃는 것은 30년이 걸린다고 한다. 눈이 웃는 것은 걸리는 시간이 10년, 입술이 웃는 것은 걸리는 시간이 10년, 얼굴 전체가 웃는 것은 걸리는 시간이 10년, 합쳐서 30년이 걸린다.

전 세계의 탈을 모아 놓고 평가를 했는데 안동 하회 양반탈이 1등을 했다. 해학적이고 웃는 모습이 풍자적이며 만인을 웃게 한다. 이처럼 웃는 얼굴은 상대가 바라만 봐도 미소가 떠오르게 한다. 보는 사람이 어딘지 모르게 웃는 얼굴을 보면 따라서 미소를 짓게 한다. 옛 속담에도 '웃는 얼굴에 침을 못 뱉는다', '웃으면 복이 온다'는 말이 있다.

어떻게 하면 웃는 상을 만들 수 있을까? 우선 거울을 준비한다. 전신 거울이면 더 좋다. 필자는 아이를 키울 때 혼자 자라는 것이 미안해서 보행기 높이의 위치에다가 거울을 붙여주었는데 언제나 그곳으로 달려

가서 거울 속의 자신과 방긋방긋 웃으면서 잘 놀았으며 성장을 하면서도 잘 웃어서 주변 칭찬을 많이 받고 자랐다.

면접을 앞두고 있다면 아무리 시간이 부족해도 거울을 보고 웃는 연습을 반복해서 하라고 권하고 싶다. 스스로를 칭찬하면 더 기분이 좋아서 많이 웃게 된다. 또한 '아, 에, 이, 오, 우'를 지속적으로 하면서 얼굴 근육을 풀어준다. 발성 연습을 같이 한다면 음성을 바꿀 수 있어서 목소리도 좋아지고 훌륭한 면접을 볼 수 있다고 확신한다.

우리가 물건을 사거나 병원에 갔을 때 그곳에 근무하시는 분들이 웃으면서 친절하게 대해주면 괜히 기분이 좋아지고 또 가고 싶은 마음이 생긴다.

면접 당일에 긴장하지 않으려면 평소에 웃는 연습을 많이 해서 습관화 하는 것이 중요하다. 연습량이 많으면 입가에 자연스러운 미소를 머금은 채로 면접을 볼 수 있으며 '인상이 참 좋다'라는 평가를 받을 수 있다.

5
우는 얼굴형

우는 상의 얼굴은 대부분 고독하고 힘든 일이 많다. 성공하려면 주변 사람들의 도움이나 지지가 필요하다.

우는 모습의 얼굴, 화내는 얼굴, 찡그린 얼굴, 무표정한 얼굴, 관심이 없는 얼굴, 외면하는 얼굴, 고개를 들지 않는 얼굴, 힐끗 쳐다보는 얼굴, 얼떨떨한 얼굴, 사람을 무시하는 얼굴, 성의 없이 바라보는 얼굴 등의 모습과 마주친다면 기분은 어떨까? 주변 사람들이나 가족 중에 이런 인상을 쓰는 분이 있다면 그분들을 대하는 나의 태도는 어떨까?

같이 대화를 하고 싶을까? 같이 식사를 하고 싶을까? 같이 영화를 보고 싶을까? 같이 여행을 가고 싶을까? 같이 드라이브를 하고 싶을까? 같이 수영을 하고 싶을까? 같이 밤길을 거닐고 싶을까? 같이 운동을 하고 싶을까? 같이 취미생활을 하고 싶을까? 아마도 시간이 지나면 주변

에 아무도 없을 것이다. 설령 면접에 합격이 되어서 직장을 다닌다 해도 나는 기피 대상의 사람이 될 것이다.

그렇다면 내가 해야 하는 일은 어떤 것일까? 우는 얼굴을 웃는 얼굴로 만들어야 한다. 역시나 전신 거울을 준비해서 연습을 한다. 많이 웃을수록 좋다. 자꾸자꾸 웃을수록 좋다.

6

얼굴 전체

(1) 이마

두뇌나 정신을 표현해서 상처나 흉터가 없어야 한다. 넓은 이마, 튀어나온 이마는 머리가 좋다. 이마가 좁으면 속이 좁다. M자형 이마는 연구심이 강하고 창조력이 뛰어나다. 각진 이마는 실무 능력이 뛰어나다. 여성형 이마는 온순하고 동정심이 많다.

이마가 넓은 사람은 상관없지만 좁은 사람은 미장원이나 이발소에 가서 이마의 머리카락을 위로 밀어주면 면접에 도움이 된다. 실제로 그렇게 해서 사업이 잘되고 전국적인 조직의 수장이 된 사람이 있다.

(2) 눈썹

타고난 운명, 감정, 생명, 금전, 가족관계, 주거운을 나타낸다. 눈썹이 긴 사람은 부모, 형제운은 좋으나 의타심이 생길 수 있다. 눈썹이 짧은 사람은 부모, 형제운이 약해서 자립심과 독립심이 강해진다. 눈썹이 짙은 사람은 가업을 이어가거나 전통예술 분야에서 두각을 나타낸다. 눈썹이 흐린 사람은 말재주가 있으나 육친의 인연이 희박하다. 좌우 눈썹의 높이가 다른 사람은 자기 본위로 살아가며 부모가 일찍 돌아가신다. 눈썹이 일직선이면 주변에 대한 배려가 없고 대담한 일을 강행한다. 초승달 눈썹은 정서가 풍부하여 예술 방면에서는 성공하지만 소극적일 수 있다. 팔자형 눈썹은 빈틈이 없으며 실수가 적고 명랑하며 협조심이 좋다. 삼각형 눈썹은 활동적이고 인내력, 독립심이 강하고 자부심도 강하다. 용두호미형 눈썹은 무장, 장군, 절대 권력자의 눈썹으로 존대함을 가졌다. 무장형 눈썹은 자기주장이 강하고 남들한테 신망을 얻지 못한다.

눈썹은 이마 아래에 있어서 면접시험에서도 중요한 부분으로 위의 내용 중에서 마음에 드는 눈썹이 있으면 눈썹 그리는 펜으로 직접 수정을 해보든지 전문가의 도움을 받아서 수정하면 좋을 것 같다.

(3) 미간

사람들은 안 좋은 일이 일어나면 인상을 쓰면서 미간을 찡그린다. 미간이 넓은 사람은 일찍 성공한다. 미간이 좁은 사람은 늦게 성공한다. 역모의 눈썹은 작은 일에 신경을 쓰다가 큰일을 놓친다. 웃을 때 우는 모양의 눈썹은 불행하다. 항상 인상을 쓰고 있는 사람은 병약하거나 마음의 근심이 있다. 자연스럽게 눈썹이 흩어지면 사고, 분쟁, 실패가 일어난다.

미간에 주름이 패여 있으면 면접시험에 안 좋은 인상으로 보일 수 있어 병원에 가서 상담해본 후 주름을 펴는 것을 권한다.

(4) 눈

심성질의 눈은 가늘고 길며 약간 치켜 올라간 눈으로 냉정한 느낌을 준다. 영양질의 눈은 매력적인 눈으로 둥글고 큰 눈이다. 근골질의 눈은 의지가 강하고 약간 길쭉하다. 눈은 마음을 나타낸다고 한다. 자신감이 있을 때의 눈빛은 당당하고 또렷하며 흐트러짐이 없다. 자신감이 부족하면 눈동자가 흔들리고 딴 곳을 보려고 하고 눈동자를 맞추려고 하지 않는다.

면접을 보기 위해서는 거울을 보고 많은 연습을 해야 한다. 약간 미소 띤 얼굴을 하고 마음속으로 '나는 자신이 있다', '나는 할 수 있다' 등 긍정적인 생각으로 주문을 하면서 연습한다. 온화하면서도 카리스마가 강한 눈으로 만들면 다른 사람들에게 믿음을 줄 수 있다. 눈은 면접에서 하이라이트라고 할 수 있다.

(5) 눈썹 사이

눈썹과 눈썹 사이가 넓은 사람은 좋은 인상을 주고 사람들한테 인기가 많다. 눈썹 사이가 좁은 사람은 인품은 착실하고 견실하지만 사람들한테 인기가 없거나 출세하는 데 시간이 걸린다.

눈썹 사이는 수정할 수 있어 면접을 위해서는 꼭 조정이 필요하다. 면

도칼로 깎으면 바로 자라서 족집게로 뽑아주는 것이 좋다.

(6) 눈꺼풀

안검(眼瞼)이라고도 한다. 젊음과 체력을 나타낸다. 쌍꺼풀은 인기가 많고 성격이 발랄하며 행동이 민첩한 편이나 경솔한 면도 있다. 외겹 눈꺼풀은 주의 깊고 인내심은 있으나 소심한 편이다.

요즈음은 성형을 통해서 눈꺼풀을 만드는 경우도 있다. 남자는 외겹 눈꺼풀이 강한 에너지를 의미하기도 한다. 여자는 쌍꺼풀이 매력이 있다고 생각해서 성형을 많이 한다. 면접에 미치는 영향력은 적다고 본다.

(7) 귀

귀는 유전적인 특징을 잘 나타내고 소질, 현명함을 나타낸다. 살집이 두툼한 귀는 복귀(福耳)라고 표현하고 통통하고 색깔이 좋다. 복귀는 금전 운이 좋고 인품도 좋으며 장수하는 상이다. 반면 살집이 얇은 귀는 불운하다. 귀가 작은 사람은 의지가 약하고 감정적이며 마음이 변동으로 비밀을 누설시킨다. 또한 성질이 급한 편으로 기인(奇人)이나 특이한 짓을 하는 사람들이 있다.

면접에서 귀는 크게 영향력은 없을 것 같으나 귀의 색상은 건강과 관계가 밀접하다. 담홍색 귀는 인간관계, 사업이 순조로우며 건강하다. 적색 귀는 혈행(血行)이 왕성하게 일어나 사람들과 분쟁을 일으킬 수 있다. 흰색 귀는 빈혈이 있으며 병약한 편으로 신용을 잃어버리는 경우도 있다. 푸른 귀는 건강에 이상이 있으며 사건·사고가 생길 수 있다. 관상에서 귀는 유년(幼年)을 나타내며 양쪽 귀는 1~15세를 나타낸다.

(8) 코

다른 사람의 인격을 나타내는 말로 '○○○님은 콧대가 높다'는 표현을 쓴다. 코가 높은 사람은 자존심이 강하며 남의 위에 서기를 좋아한다. 코가 낮은 사람은 자존심이 약하고 자신을 비하(卑下)하는 경향이 있으며 금전운도 약하고 남의 밑에서 주어진 일은 잘한다. 코가 긴 사람은 자존심이 강하고 융통성이 없고 고지식한 사람이 많다. 코가 짧은 사람은 결단력이 빠르고 융통성이 있으며 성격이 싹싹하다. 콧대가 꺾어진 사람은 투쟁적이고 남에게 지는 것을 싫어한다. 매부리코는 금전을 위해서는 어떤 일이라도 하기 때문에 상인에 적합하다.

면접을 볼 때에 코는 중앙에 위치하므로 코를 도드라지게 하고 싶다면 눈썹 부분에서 코 뿌리 부분으로 길게 파운데이션을 살짝 발라주면 도움이 된다.

(9) 입

입은 생활력, 본능, 감정적, 감각적, 성욕을 나타낸다. 입이 큰 사람은 호탕하고 정력가가 많으며 행동력, 결단력이 뛰어나다. 입이 작은 사람은 소심하고 투쟁력은 없으나 생활력이 강하다. 입술이 튀어나온 사람은 야성적이고 생활력이 강하며 남에게 지지 않으려고 한다. 입술이 들어간 사람은 마음이 약하며 소극적인 사람이 많다.

면접을 볼 때 입술은 많은 포인트가 되므로 '아, 에, 이, 오, 우'의 발음 연습으로 입술 모양을 만들어주는 것도 한 방법이다. 입술 모양을 변경하기는 쉽지 않으나 색상으로 어느 정도 조정이 가능해서 립스틱이나 립글로스로 커버하는 경우도 있다.

담홍색 입술은 혈액 순환이 좋고 건강하며 애정이 깊고 심신이 편안하다. 붉은 입술은 호흡기 계통의 질병에 주의할 필요가 있다. 검붉은 입술은 산소 부족으로 심장질환이 있거나 만성병이 있다. 푸른빛 입술은 냉담한 성격, 화를 잘 내는 성격으로 생활이 어렵다.

(10) 치아

치아는 입술의 형태에 영향을 미치며 치아가 튼튼해야 음식도 잘 먹고 건강하다. 출치(出齒), 반치(反齒)는 수완가이며 색정을 일으킬 수 있고 비밀이 없다. 여성의 덧니는 애교의 상징으로 친구운이 좋고 예능인으로 성공하는 사람이 많다. 남성의 덧니는 결단력, 용기가 부족하고 남의 말에 잘 휘둘리기도 한다. 벌어진 치아는 부모, 형제, 금전운은 나쁘고 꾸준하게 일을 마무리하지 않는다.

면접을 보기 전 가능하면 치아 교정을 권한다. 치아를 교정하면 건강해지고 인상도 많이 바뀌서 면접에 도움이 된다고 본다.

(11) 턱

턱은 의지력, 주거, 가정, 애정, 자식, 말년운을 나타낸다. 풍부하고 둥근 턱은 온화하고 도량이 넓으며 부하운이 좋고 말년운이 좋다. 턱이 뾰족하면 예술가 기질은 있으나 부하덕이 약해서 혼자서 하는 일이 적합하다. 네모진 턱은 이성(理性)적인 사람은 어려운 일을 극복하고 신념을 관철한다. 네모진 턱이 이성이 약하면 고집도 세고 난폭하며 사람들의 혐오 대상이다. 턱이 쏙 들어간 사람은 목표를 정하면 우직하게 정열적으로 살며 항상 건강하다.

면접 시에 턱은 그다지 크게 작용하지 않지만 볼이 넓어서 신경이 쓰인다면 어두운 파운데이션으로 양쪽 볼을 터치해주는 것도 하나의 방법이다.

⑿ 볼

광대뼈는 사회적 활동력, 투쟁력을 나타낸다. 볼은 금전운, 자식운, 후배운을 나타낸다. 볼이 풍부한 사람은 금전운이 좋고 인기가 있으며 성공하고 신망을 얻는다. 볼이 빠진 사람은 꼼꼼한 성격으로 부지런하지만 인덕이 적다.

면접에서 볼을 보지는 않지만 볼살이 적으면 눈에 뜨일 수밖에 없다는 점을 감안하여 음식 조절을 통해서 볼살을 찌우는 것을 권한다.

참고문헌

- 노승우, 『얼굴과 운명 관상학』, 법왕불교대학, 1996.
- 대능저양 저, 백준기 역, 『손금은 이런 손금이 좋다』, 송원문화사, 1992.
- 정용빈, 『사주팔자 삼백육십오일』, 송원문화사, 1993.
- 황현규, 『한번 보고 사람을 아는 법』, 태학당, 1991.
- 혼마 타다시 저, 송운하 역, 『얼굴 상태로 보는 건강 체크법』, 태학당, 1995.
- 이상해, 『손바닥에 쓰여진 사랑과 행운 봐 드립니다』, 여원문화사, 1990.

김민서 KIM MIN SEO

학력

· 캐나다 크리스천대학원 상담, 코칭학 박사
· 명지산업대학원 식품양생학과 이학 석사

경력

· 현) 국제산야초연구소 소장
· 현) 전북대평생교육원 강사
· 현) 대한 약선협회 이사
· 현) 한국음식 관광협회 부회장
· 현) 한국장애인농축산기술협회 귀농귀촌센터장
· 현) 전국지역 다수 강의(1990~현재)
· 군장대학교 농식품학과 겸임교수 역임
· 군장대학교 식품연구원 역임
· EPS평생교육원 원장 역임
· 완주군 소양면 슬로우시티 위원 역임
· 완주군 오성마을 산야초 음식개발추진 위원장 역임
· 한국아로마테라피 인증학회 학술위원 역임
· 동양철학회 남서울 지회 운영위원장 역임
· 인제 약선요리전시회 총지휘(2013)
· 대구 양생약선국제대회 지휘(2012)
· 단양 약선음식전시회 총지휘(2011, 2012)
· 대구 신라직업학교 전시회 심사위원 3회(2011)

저서

- 『스태미나 약선 음식과 사랑의 기술』, 공저, 미디어북, 2019.
- 『미래 변화의 물결 4차 산업혁명』, 공저, 미디어북, 2019.
- 『맛있는 힐링 변증약선』, 공저, 백산출판사, 2013.
- 『약선요리』, 삼진, 2012.
- 『약용식물이론과 실습』, 대체의학, 2006.
- 『산야초해설가』, 대체의학, 1996.
- 『식품원재료구분표』, 대체의학, 1996.

수상

- 인제 황태요리대회출품작 지도대상(2011)
- 서울대환경지도자상(2011)
- 한방 약선브랜드 대상(2010)
- 인제 황태요리대회출품작 지도동상(2010)
- 국제미식양생대회 개인금상. 단체금상(2010, 2011, 2012)
- 대한민국을 빛낸 자랑스런 의인(醫人)부분 대상(2009)

방송

- KBS 아침 뉴스타임, 약선요리, 2011(3회).
- KBS 무엇이든 물어보세요, 갱년기편, 2011.
- MBC 아침뉴스, 손쉽게 만드는 약차, 2011.
- 충주 MBC, 약선 요리, 2011(2회).
- 충주 MBC 라디오, 약선 요리, 2011.
- 교통방송 라디오, 복분자 요리, 2010.
- 라이브투데이 TV, 모주, 건강사주, 2020(5회 출연).

19장

면접관이
뽑고 싶은
면접 이미지메이킹

최춘이

1
면접 이미지메이킹

· **이미지**

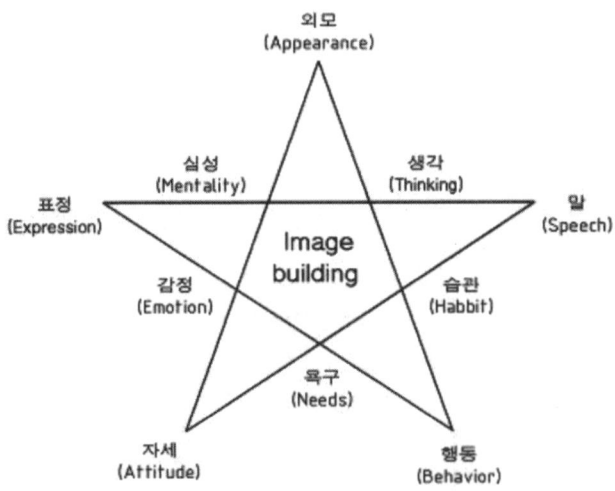

<이미지 형성 요소>

출처: 김경호, 이미지메이킹의 개념 정립과 프로그램 효과성 분석 연구, 2004, p.18.

이미지란 타인이 보고 느낀 나의 모습이며, 이미지가 중요한 이유는 행동을 일으키는 잠재적인 힘을 가지고 있기 때문이다. 이미지는 추상적이고 관념적인 것처럼 보이지만 실제로는 행동을 좌우하는 요인이 된다. 이는 태도, 선입관, 가치관 등이 영향을 미친다. 이미지 형성 요소는 겉으로 나타나는 개인의 외모, 표정, 태도, 행동, 말씨 등이 그 사람의 심성, 생각, 습관, 욕구, 감정에 기인하여 표출된다.

• 이미지메이킹

이미지메이킹에서 '무엇을 표현할 것인가?'만큼 중요한 것이 '어떻게 표현할 것인가?'이다. 각자의 내면에 숨어 있는 아름다움과 잠재된 능력을 발휘하여 최상의 모습을 나타내고, 가장 훌륭한 매너로 행동함으로써 자신의 진가를 알리는 것이다. 이미지메이킹은 내적 이미지, 외적 이미지, 사회적 이미지로 구성되어 있으나 외적인 면이 먼저 보이므로 외적인 모습에 집착하게 된다. 그러나 외적 이미지는 내면의 가치에서 우러나온다고 보아야 한다. 그래서 이미지메이킹은 개개인이 이미지를 만들어간다고 할 수 있다.

이미지메이킹(image making)에 'ing'가 붙어 있는 것은 어느 한순간에 이미지를 만들 수 없기 때문이다. 즉, 오랫동안 개인에 의해 체득되어 속에서 깊이 있게 밖으로 발현되어야 이미지가 만들어졌다고 말할 수 있다. 때문에 이미지메이킹에서 가장 중요한 것은 내적 이미지를 완성

시키는 것이다. 내적 이미지가 잘 가꿔진 사람은 그렇지 못한 사람에 비해 상대방에게 호감을 주며 대화를 나눌수록 기대치가 높아지게 된다.

• 이미지를 결정하는 것은?

미국의 심리학자 앨버트 메라이언은 첫인상의 이미지를 결정하는 요소로 시각적인 요소(표정, 옷차림, 머리, 자세, 태도, 눈빛, 제스처 등) 55%, 청각적인 요소(목소리, 말투, 억양 등) 38%, 언어적인 요소(말의 내용, 사용 언어 등) 7%로 결정된다고 하였다. 이 '메라이언의 법칙'은 말투나 표정, 눈빛과 같은 비언어적 요소가 93%의 비율로 높은 영향력을 가지게 된다는 것을 말한다.

출처: 알버트 메라비언 법칙(The Law of Mehrabian)

2
당당한 면접 준비, 지원자가 바뀌어야 한다

• 좋은 첫인상 만들기

취업의 최종 관문인 면접에서의 이미지는 첫인상을 판단하는 중요한 기준이 된다. 짧은 시간 안에 자신의 능력과 비전, 자신감을 보여야 하며 지원 회사와 어울리는 인상을 주는 것이 중요하다. 보통 상대방과의 첫 대면에서 5~10초 안에 첫인상이 결정되는데 나중에 첫인상을 바꾸거나 만회하려면 무려 40시간 이상이 걸린다고 한다. 그러나 면접관들이 지원자에게 만회할 40시간을 기다려 줄까?

면접은 길어봐야 20분을 넘지 않는다. 그러므로 앞서 말한 첫 대면 시 5~10초 안에 좋은 이미지를 인사 담당자들에게 각인시켜줘야 한다. 짧은 시간에 부드럽고 호감 가는 이미지를 각인시키려면 어떻게 해야 할까?

얼굴에는 많은 근육들이 있다. 이 근육이 어떻게 움직이느냐에 따라 자연스러운 미소를 만들 수 있다.

> - 이가 살짝 보이게 웃는다.
> - 바른 자세로 걷는다.
> - 몸을 흔들지 않는다.
> - 입만 웃지 않고 눈도 함께 웃는다.
> - 입을 손으로 가리지 않는다.

· 면접에 영향을 미치는 외모

한 취업 사이트에서 지난 2007년 인사 담당자들을 대상으로 면접 시 첫인상의 중요성에 대해 설문조사를 한 결과, 설문에 참여한 인사 담당자 가운데 90%가 사원 선발 시 지원자의 첫인상을 채용 기준의 하나로 고려한다고 응답하였다. 잡코리아 인사 담당자를 대상으로 한 조사에서 외모가 면접에 영향을 미친다고 한 응답자는 79.5%로 나타나 면접에서 외모가 차지하는 비율이 매우 높게 나타나고 있음을 알 수 있다.

• 면접 시 감점이 되는 이미지

남성지원자	여성지원자
1. 사나운 눈매(21.3%)	1. 무표정(27.7%)
2. 지저분한 피부(19.3%)	2. 진한 화장(25.1%)
3. 무표정(18.6%)	3. 사나운 눈매(16.7%)
4. 각진 얼굴형(15.3%)	4. 지저분한 피부(15.3%)
5. 단정치 못한 머리 모양(9.1%)	5. 각진 얼굴형(7.2%)
6. 눈빛이 불안해 보임(7.2%)	6. 눈빛이 흐림(5.5%)
7. 눈을 잘 마주치지 못함(6.7%)	7. 전혀 꾸미지 않은 얼굴(5.0%)

출처: 2007년 잡코리아 발표 자료 '인상이 면접에 미치는 영향 조사'

• 당당한 면접 준비

공공기관이나 기업체가 신입사원에게 원하는 것은 이미 갖추어진 실력보다는 성실하게 진취적으로 협업해 나갈 수 있는 내적인 마인드이다. 실제로 공공기관이나 기업체의 신입사원에게 가장 요구되는 역량은 자신감이라는 설문조사 결과가 이를 입증하고 있다.

지원자는 면접 전부터 당당하고 설레는 마음으로 임해야 하며 지나치게 긴장하거나 떨리는 마음으로 면접에 임하는 것은 좋은 결과를 얻지 못할 수 있다. 따라서 지원자가 바뀌야 한다. 면접관의 위압감에 겁을 먹으면 자기 능력을 어필할 수 없다. 자신만의 색깔이 있어야 한다. 면접 보러 가는 사람이 면접관의 상황을 이해하고 있어야 한다. 이런 마음은 평상시에 준비해야 한다. 회사의 발전 방향, 개선사항 등에 대해 질문도 할 수 있어야 한다. 궁금한 사항을 당당하게 물어보고, 자신이 회사에 면접을 보러 온 지원자이면서 동시에 회사에 대해 자세히 알아보기 위해 온 면접관이라는 생각을 해야 한다.

(1) 면접 대기
① 최소 30분에서 1시간 정도 미리 면접장에 도착하여 대기한다.
② 가능한 긍정적으로 마인드컨트롤을 하며 밝은 미소와 바른 자세로 조용히 대기한다.
③ 입실 시엔 심호흡하며 마음을 차분하게 하고 2번 정도 가볍게 노크를 하고 입실한다.

(2) 입실하며
① 설레는 마음으로 면접장 문을 열고 들어가 면접관들을 향해 미소를 지으며 가볍게 목례한다.
② 목과 허리를 곧게 세운 바른 자세와 밝은 미소를 지으며 면접관 앞으로 걸어간다.

(3) 면접장에서
① 자신감 있는 표정으로 면접관 앞에 서서 상체를 45도 정도 굽히며 정중하게 "안녕하십니까"(상황에 맞게 수험번호나 이름을 덧붙임)라고 인사한다. 이때 상체를 숙인 후 1~2초 정도 멈춘 후 천천히 올라오며 예의를 갖춘다.

② 면접관이 "자리에 앉으세요"라고 말하면 "감사합니다"라고 답하며 자리에 앉는다. 앉을 때는 등받이에 기대지 말고 주먹 하나 정도의 여유를 두고 허리를 꼿꼿하게 세운 상태에서 의자 깊숙이 앉는다.

③ 면접 답변 시 열정적이고 따뜻한 눈빛으로 면접관을 바라본다. 시선은 말하는 대상을 향하도록 하고 너무 한 곳만 바라보기보다는 눈과 눈언저리 부위를 10~15초 간격으로 번갈아서 응시해주면 효과적이다. 미간을 찡그리는 습관이나 자신도 모르게 인상을 찡그리면 안 된다.

④ 질문에 대답할 때에는 침착하게 경청하고 밝은 표정으로 답변하되 너무 뜸을 들이면 감각이 느리거나 이해력이 부족하다고 느낄 수 있고, 빠르게 대답하면 가볍다고 생각이 들 수 있으므로 답변 시에는 질문이 끝난 후 2초 정도 간격을 가지고 대답하도록 한다. 또한 말끝을 흐리거나 얼버무리지 않고 또렷하게 대답하도록 한다.

⑤ 밝은 표정을 유지하되 지원 동기, 입사 후 포부를 말할 때는 좀 더 적극적이고 진중한 표정으로 답해야 신뢰감을 높일 수 있다.

⑥ 자신감 있는 목소리는 면접에서 분위기를 좋게 하고, 나에 대한 긍정적 이미지를 심어줄 수 있다. 그러나 소리 내서 웃는 일은 금해야 한다. 자칫 경솔하게 보일 수 있다.

⑦ 깔끔하고 정돈된 이미지를 유지하며 예의를 갖춘다.

(4) 면접장에서 나올 때

① 면접관이 "수고하셨습니다"라는 멘트를 하면 조용히 의자에서 일

어나 의자의 오른쪽이나 왼쪽에 선다. 상체를 45도 정도 굽히며 "감사합니다"라고 인사한다.

② 몸을 돌려 문 쪽으로 이동한다. 문 앞에서 면접관 쪽을 보며 목례한다.

③ 목례를 마치면 문을 열고 퇴장하면서 문을 조용히 닫는다. 끝까지 예의 바르고 당당하고 자신감 있는 모습으로 최선을 다한다.

④ 면접장을 완전히 떠날 때까지 긴장을 늦추지 않는다.

3

나만의 색깔 있는
퍼스널 이미지 면접 스타일

• 여성의 면접 이미지 만들기

남과 다르게 보이는 것이 나쁘지는 않지만 너무 튀는 것은 역효과를 가져온다. 회사에 익숙해지고 나서는 어느 정도 자신의 개성을 표현하는 것도 나쁘지는 않지만, 일단 목적에 대한 우선순위를 분명히 할 필요가 있다.

면접을 성공으로 이끌기 위해서는 면접관으로부터 신뢰를 얻어야 한다. 자유분방한 옷차림보다는 보수적인 옷차림이 면접관들로 하여금 지원자의 태도를 더 진지하게 받아들이게 하며 전문성을 돋보이게 한다.

(1) 메이크업 스타일

① 메이크업은 자신의 이미지를 잘 살릴 수 있는 자연스러운 것이 좋으며 장점을 살짝 강조하는 것이 좋다.

② 과도한 색조화장보다는 기초화장으로 피부를 생기 있고 촉촉하게 정리한다.

③ 파운데이션은 맑고 투명한 피부가 될 수 있도록 두껍게 바르지 않는다. 또한 얼굴과 목의 색이 차이 나지 않도록 목 부분도 자연스럽게 발라준다.

④ 립스틱의 색깔은 분홍빛이나 주황빛이 도는 계열을 사용하여 화사한 느낌을 줄 수 있도록 하는 것이 좋다.

⑤ 눈썹 곡선은 최대한 자연스러운 느낌을 주도록 하며 눈썹은 모발 색상이나 눈동자 색과 동일계열 색상으로 자연스럽게 그린다.

⑥ 눈화장은 화장의 핵심이다. 면접관들이 가장 먼저 보는 곳이 눈이기 때문에 짙은 화장보다는 눈매가 또렷해 보일 수 있게 한다. 아이섀도우는 정장과 어울리는 색상을 선택한다.

⑦ 가벼운 볼 터치로 생기 있는 얼굴색을 표현한다.

(2) 헤어 스타일

① 본인의 얼굴형에 맞추어 얼굴의 결점을 보완할 수 있는 스타일을 우선적으로 선택해야 한다.

② 지적이면서 깔끔한 이미지로 보이는 헤어 스타일을 연출하는 것이 좋다. 생머리, 단발, 세미커트 스타일이 단정해 보인다.

③ 앞머리는 눈을 가리지 않게 하고, 긴 머리는 귀 뒤로 머리를 넘겨

핀으로 고정하거나 뒤로 묶어서 귀와 이마가 환하게 드러나는 스타일이 좋다.

④ 헤어 컬러는 자연스런 갈색이 무난하고 과도한 염색이나 파마, 유행하는 헤어 스타일은 피하는 게 좋다.

(3) 패션 스타일

현대 사회에서의 옷차림은 비록 외형적으로 드러나는 모습이지만 그 사람의 성격, 습관, 사회적 위치, 개성, 경제 상황 등의 내적인 요소까지도 짐작하게 한다. 따라서 전체적인 조화를 생각해야 한다.

① 너무 화려하거나 유행에 민감한 옷차림은 당신이 남의 시선을 지나치게 의식하는 의존적인 사람으로 인식되게 할 수 있다.

② 투피스 정장과 원피스는 단정하고 여성적이며, 커리어우먼 이미지를 나타낼 수 있는 바지 정장은 활동적이고 당당한 이미지를 준다.

③ 정장 컬러는 전통적이고 보수적인 느낌의 블랙, 네이비가 좋고 온화함과 유연한 이미지를 주는 베이지도 무난하다.

④ 이너웨어는 블라우스나 셔츠, 탑이 좋으며 화이트, 아이보리 색상이 단정해 보인다. 그중 흰색이 가장 잘 어울리며 결백함과 믿음을 나타낸다. 옅은 파란색과 크림색도 무난하다. 아시아에서는 반팔 셔츠를 입는 경우가 많은데, 서양에서는 격식을 차리지 못한 옷차림으로 받아들여진다. 면접관이 외국인인 경우에는 특히 주의해야 한다.

⑤ 스커트는 무릎을 살짝 덮거나 무릎 약간 위 길이가 적당하다. 너무

타이트하거나 미니스커트, 앞트임이나 옆트임이 있는 것은 피한다.
⑥ 바지 정장은 일반 정장 바지가 좋고, 가급적 상의 색상과 동일한 컬러가 적합하다.
⑦ 스트라이프가 들어간 팬츠는 다리가 길어 보이고 날씬해 보이는 효과가 있다.
⑧ 스타킹은 피부색이나 정장과 같은 색상을 신고 예비 스타킹을 준비하는 것이 좋다.
⑨ 구두는 심플한 디자인으로 하되 검은색 혹은 진한 계열의 색상으로 의상보다 한 톤 어두운 색깔을 선택하며 5cm 정도의 굽이 있는 것이 잘 어울리고 앞뒤가 모두 막혀 있는 것이 좋다.
⑩ 액세서리는 전체 세 개를 넘지 않는 범위에서 선택한다. 귀걸이는 부착형이 깔끔하고 세련된 인상을 주며 모양이 크거나 복잡한 디자인의 액세서리는 피하는 것이 좋다.

• 남성의 면접 이미지 연출하기

면접에서 단정한 헤어 스타일과 옷차림은 면접관에게 신뢰감을 줄 뿐만 아니라 외적 이미지 연출은 면접의 기본자세이기도 하다. 면접 시 남성복의 슈트나 셔츠, 넥타이 및 구두는 남성 트렌드에 맞고 실루엣을 맵시 있게 연출하여 호감 가는 이미지가 되도록 한다.

면접관이 인식했으면 하는 모습을 생각하면서 옷을 입는다. 업그레이드된 옷차림이 심리적인 자기 암시가 될 뿐 아니라 상대방의 태도까지 변하게 한다.

(1) 헤어 스타일

① 짧은 헤어 스타일로 깔끔한 이미지를 연출한다.
② 면접 2~3일 전에 머리 길이를 다듬고 당일에는 젤이나 왁스로 단정하게 연출한다.
③ 헤어 컬러는 검은색이 무난하고, 짙은 갈색은 부드러우면서도 세련된 이미지를 준다.

(2) 메이크업

① 피부 톤 정리를 위해 메이크업을 한 티가 나지 않도록 자연스럽게 비비나 파운데이션을 바른다.
② 남성의 메이크업 중 가장 신경을 써야 하는 것이 눈썹 정리다. 눈썹이 짙은 사람은 강한 인상을 주고 눈썹이 거의 없는 사람은 흐릿한 인상으로 주목받지 못하기도 한다. 얼굴에 맞는 눈썹 정리를 통해 또렷한 인상을 주는 것이 중요하다.

(3) 패션 스타일

① 슈트는 검은색이나 짙은 감색 혹은 짙은 회색을 기본으로 한다. 슈트 착용 시에는 셔츠의 깃보다 1~1.5cm 정도 아래로 내려와야 하고, 길이는 손을 아래로 내렸을 때 살짝 덮이는 정도로 한다. 바지

길이는 구두의 등을 살짝 덮는 정도의 길이가 적당하다. 무엇보다 사이즈에 신경을 쓴다. 재킷이 너무 크면 둔해 보일 수 있고 너무 타이트하고 슬림하면 가벼워 보일 수 있다. 정장의 소재로 광택이 나는 것은 피하도록 한다. 면접을 위해 구입한 정장은 면접 당일 자연스러운 느낌을 줄 수 있도록 3~4번 미리 입어 익숙해지도록 한다.

② 셔츠는 흰색이 기본이지만 푸른색 계열의 셔츠도 신뢰감을 주는 색으로 많이 애용되고 있다. 셔츠 속에 속옷을 입어야 할 경우 소매가 없는 속옷을 입도록 하고, 셔츠는 긴소매가 원칙이다. 셔츠의 칼라는 자신의 얼굴형에 맞는 것을 선택하도록 한다. 흰색이나 재킷과 같은 계열로 밝은 톤의 셔츠, 하얀 피부에는 아이보리나 크림색 셔츠가 어울린다. 피부가 어두운 경우는 하늘색 셔츠가 잘 어울린다.

③ 넥타이의 색상은 셔츠의 색상보다 짙은 것이 좋고 슈트의 색상을 기본으로 하여 대비되는 색으로 착용하도록 한다. 넥타이의 길이는 벨트 버클을 반 정도 덮는 길이가 좋으며 느슨하지 않게 잘 조여서 맨다. 면접용 넥타이는 무늬가 크고 화려하지 않은 것이 좋다. 스트라이프, 솔리드, 도트가 적당하다. 혼방 소재보다는 실크 등의 고급 소재를 선택한다. V존이 면접관의 이미지를 결정하므로 넥타이만큼은 슈트와 셔츠랑 잘 어울리는 것으로 신중하게 골라야 한다. 흰색 셔츠를 입었다면 푸른색이나 붉은색 계통으로 포인트를 주는 것이 좋다. 넥타이 폭은 7~9cm 정도가 적당하며, 너무 폭이 좁은 것은 피하도록 한다.

④ 벨트는 무광택의 검정 가죽 벨트가 가장 기본으로 무난하다. 슈트와 같은 색상 계열의 벨트를 착용하는 것도 가능하다.

⑤ 구두는 항상 정장보다는 짙은 색으로 신는 것이 좋으며 검은색이 가장 무난하고 단정한 느낌이다. 새로 산 구두는 면접 전에 미리 신어보고 익숙해지도록 하고 깨끗하게 손질하여 신는다.

⑥ 양말을 선택하는 원칙은 슈트의 컬러이다. 바지나 구두 컬러와 같은 계열의 양말을 선택한다. 슈트에는 반드시 입고 있는 옷보다 한 톤 어두운 양말을 선택한다. 구두와 바지의 중간색을 선택해도 무난하다. 양말은 종아리 중간까지 오는 길이로 맨살이 드러나서는 안 된다.

출처: 워크넷 취업가이드, 머니투데이

• 면접 전 옷맵시 필수 포인트

- 지원 회사의 스타일을 알아보기
- 너무 튀지 않게, 조금은 보수적으로 입기
- 단정하고 깨끗한 모습을 유지하기
- 보여주고자 하는 이미지에 맞추어 입기
- 늘씬하고 활동적이게 보이도록 입기
- 전문성, 신뢰를 보여줄 수 있는 색상을 입기
- 신발은 정장보다 반드시 짙은 색으로 신기
- 자신감과 당당함이 엿보이는 옷차림이 중요!

출처 : 한국고용정보원(2008)

최춘이 CHOI CHUN LEE

학력

· 역사교육학 학사 졸업
· 교육행정학 석사 졸업
· 사회복지학 학사 재학
· HRD리더십경영학 박사 재학·

경력

· 중등교육기관 재직
· 대안교육센터 역사학 강의
· 사상체질건강 강의(수협, 농협, 새마을금고)
· 국방부 병영독서코칭
· 역사리더십 강의(서원, CEO평생교육원)
· 한국이미지경영교육협회 전임강사
· KMC 전임강사

자격

· 한국생애설계포럼 전문위원
· 이미지 교수/컨설턴트
· 인성리더십교육 전문 컨설턴트
· 인간관계 전문 컨설턴트
· 부모교육상담 컨설턴트

- 생애설계 치매인지 전문상담
- 재취업지원 서비스 컨설턴트
- 공공기관 NCS 블라인드 전문면접관

수상

- 국민훈장 녹조훈장(2019)
- 모범공무원상 국무총리상(2000)
- 문화체육부장관상(1999)
- 교육부장관상(1995)

20장

공공기관 채용 및 면접 팁

정성덕

1
공공기관 채용의 이해

• 공공기관 채용의 이해

공공기관이란 정부의 출연·출자 또는 정부의 재정 지원 등으로 설립·운영되는 기관이다. 공공기관의 운영에 관한 법률 제4조 1항 각 호의 요건에 해당하여 기획재정부장관이 지정한 기관을 말한다. 공공기관의 공정 채용을 위한 제도는 다음과 같다.

첫째, 블라인드 채용이다. 이는 직무와 무관한 개인 정보, 즉 출신 지역 및 학교, 가족관계, 성별, 연령, 사진 등 선입견을 가질 수 있는 사항은 요구하지 않는 능력 중심의 채용 방식이다. NCS를 기반으로 한 시험을 보고, 경험 면접, 상황 면접 등 직무 능력 중심으로 평가한다.

둘째, 외부 평가위원이 참여한다. 모든 정성(定性) 평가에는 외부 평가위원 1인 이상이 참여한다. 면접의 경우 외부 평가위원 수가 전체 평가위원 수의 1/2 이상이다. 응시자와 친족·근무관계 등 이해관계자의 평가 참여는 할 수 없다. 평가위원 사전 안내 및 위반 시 향후 평가에서 배제된다.

셋째, 채용 정보는 공개한다. 공공기관 채용 정보는 채용 공고, 전형 단계별 응시·합격 인원 등을 일괄 제공하며 공공기관 잡알리오(Job-Alio)에 게시한다.

넷째, 채용 과정을 점검하고 통제한다. 문제 추출, 면접, 합격자 결정 등 채용 과정에 내부 감사인이 입회한다. 매년 공공기관의 채용 실태 정부 합동으로 전수조사를 시행한다. 또한 채용 비리 통합신고센터인 권익위 청렴포털을 운용한다.

다섯째, 채용 비위를 엄정 제재한다. 채용 비위 연루자를 수사 의뢰하고, 징계하고 승진을 제한한다. 채용 비위에 대한 징계 기준을 강화하여 시효를 3년에서 5년으로 연장한다. 채용 비위 발생 기관 경영 평가 등급을 하향 조정한다.

· **공공기관 채용의 핵심**

최근 들어 우리나라에서 각종 법령 제정 및 지원을 통해 실력 중심의 공정한 채용을 위해 힘쓰고 있다. 채용 과정에서 공정성에 대한 불신은 존재하지만, 공공기관에서 솔선수범하여 누구나 균등한 고용 기회를 제공하려 노력하고 있다. 블라인드 채용으로 불합리한 요소를 제외하고 직무 능력만을 평가하여 인재를 채용하는 실력 중심의 공정 채용을 하고 있다.

공공기관의 채용 면접은 면접위원이 지원자에게 질의하거나 지원자의 발표와 토론을 관찰하여 조직 적합성과 직무 적합성을 평가하는 방식이다. 면접 전형은 심층적인 질의 응답 또는 지원자들 간의 공동 과제 수행을 통하여 직무 수행에 필요한 인성 또는 능력 차원의 역량을 검증하는 것이다.

면접에는 구술 면접과 시뮬레이션 면접이 있다. 전자는 면접관이 지원자에게 질의 응답을 통해 개인의 성격, 태도, 동기, 가치관 등의 다양한 평가 요소들(직업 기초 능력과 인성 및 태도적 요소 평가)을 관찰하고 파악하는 방식의 면접이다. 개인의 다양한 인성과 능력을 평가하는 데 적합하다. 후자는 구체적인 과제를 제시하고, 지원자들의 과제 수행 과정, 결과 도출의 논리 등을 관찰하여 평가 요소들(직업 기초 능력과 인지적 능력 평가)을 파악하는 방식의 면접이다. 개인의 능력 요소 평가에 적합하다.

(1) 구술 면접

구술 면접에서 면접위원 역할은 해당 역량이 드러날 수 있는 적절한 주 질문과 심층 질문을 사용하여 평가 정보를 수정하는 것이다. 구술 면접에는 다음과 같이 경험 면접과 상황 면접이 있다.

① 경험 면접(Behavioral Event Interview)

지원자의 과거 역량 발휘 경험을 평가하고 결정한다. 입사 후 역량 발휘를 추측하는 면접 기법이다. 개인의 내적 특징은 행동을 결정하는 요인으로 쉽게 변하지 않으므로 내적 특징이 반영된 과거의 행동을 살펴보면 미래의 행동을 타당하게 내다볼 수 있기 때문이다.

경험 면접의 질문은 채용 프로세스 설계 시 선정된 평가 영역을 활용하여 개발한 것이다. 평가하려는 능력 단위, 능력 단위 요소, 능력 단위 요소별 수행 준거를 기반으로 지원자의 관련 경험을 묻는 핵심 질문과 사실 여부를 확인할 수 있는 세부 질문을 도출해서 질문한다.

② 상황 면접(Situational Interview)

상황 면접이란 인지적 역량을 평가하기 위해서 미래 직무 수행과 비슷한 가상상황에서 문제를 제시하여, 지원자의 행동 의도를 관찰하고 평가하는 면접이다. 이것은 입사 후 지원자의 실제 행동(Action Behavior) 상황을 미리 추측해보는 면접 방식이다.

상황 면접에서 면접관들은 지원자들의 행동을 보고 상황에 대한 인식을 바탕으로 지원자들의 행동 의도를 예측할 수 있다. 지원자의 행동 의도를 파악하는 것을 통해 실제 행동을 타당하게 미리 알 수 있기 때문이다.

직무와 관련된 직업 기초 능력, 직무 수행 능력이 발휘되어야 한다.

이것은 중요하고 난이도가 있으며 자주 발생하는 구체적인 상황을 말하게 한다. 예를 들면 "당신이 처해 있던 상황에 대해 말씀해보십시오"라고 질문할 수 있다. 이외에 면접관들이 질문을 개발하여 추가 질문도 할 수 있다. 모호한 대답이나 두리뭉실한 대답은 추가 질문을 받게 되는 경향이 있으므로 명확한 대답을 하는 연습을 해야 한다.

상황 면접에서 추가적 질문으로 탐침 질문이 있을 수 있다. 탐침 질문은 지원자의 상황 인식이나 상황 판단 및 행동 의도에 초점을 두고 면접관이 질문을 한다. 채용 분야에서 요구하는 역량을 과제 상황 즉 미래 직무 수행과 유사한 가상상황에서 어떤 의도로 적용하고 활용하는가를 중심으로 질문할 수 있다.

상황 인식에 대한 질문은 '현재 상황을 어떻게 이해했는지?', '현재 상황이 어떤 문제가 있는지?', '이러한 상황이 발생한 이유는 무엇인지?' 등을 물을 수 있다.

상황 판단에 대한 질문은 '최우선적으로 할 일은 무엇인가?', '아주 중요하게 고려한 요소는 무엇인가?', '어떤 영향을 끼칠 것이라고 생각하는가?' 등이다.

행동 의도에 대한 질문은 '어떻게 대응하는가?', '그렇게 대응한 이유는 무엇인가?', '이를 통해 기대하는 것은 무엇인가?' 등에 대해서 질문할 수 있다.

(2) 시뮬레이션 면접(Simulation Interview)

시뮬레이션에서 면접위원 역할은 평가하려는 역량을 판단할 수 있는 행동들을 정확히 관찰하고 기록하여 평가하는 것이다. 시뮬레이션 면접에는 발표 면접과 토론 면접, 역할연기, 서류함기법(In-Backet) 등이 있다.

① 발표 면접(Presentation Interview)

주어진 주제로 발표자와 면접관 간에 상호작용을 관찰하는 면접 방식이다. 지원자에게 특정 주제와 관련된 자료를 제시하면 짧은 시간 안에 주어진 주어에 대한 자신의 생각을 정리하여 발표한다. 발표 후 면접관의 추가 질의 응답이 있을 수 있다. 그때 차분하게 충분히 자신의 의견을 표현하면 된다. 떨리더라도 자신의 생각을 명확하게 전달하는 것이 중요하다. 떠는 것은 감점 요인이 아니다.

지원자의 발표와 답변을 듣고 면접관은 지원자의 역량 평가(가치관, 태도, 사고방식 등)를 한다. 면접관이 심층 질문과 반대 의견을 제시할 수 있으므로 여러 상황에 대해 충분히 준비해야 한다. 만들어진 대답 말고 자기 경험에 의한 실질적인 대답을 잘 요약해서 말하는 것이 매우 중요하다.

자신을 표현할 때 다른 사람과 차별화가 필요하다. 이 발표 면접은 의사소통 능력, 문제 해결 능력, 전문성, 사고력, 논리력, 창의력 등의 능력을 평가하는 방식이다.

② 토론 면접(Group Discussion Interview)

상황 갈등적 요소를 가진 과제나 공통의 과제를 해결하는 과제를 제시하여 개인 간의 상호작용을 관찰하는 면접 방식이다. 이때 면접관은 개입하지 않고 관찰과 평가만 한다. 주장이 옳고 그름을 보는 것이 아니라 결론을 도출하는 과정과 말하는 자세, 대립과 갈등을 해결하는 방식이나 태도(갈등 조정), 대화 형식과 내용, 다른 사람의 말을 경청하는 태도, 팀워크, 의사소통능력 등을 관찰하여 평가한다.

이 토론 면접은 의사소통 능력, 즉 표현력과 적극적 경청, 사고력, 논리적이고 합리적인 판단력, 대인 민감성, 개방성, 협조성(타인들과의 상호작용 행동), 리더십 등을 평가하는 면접 방식이다. 아이디어 산출, 관련 지식, 조정 능력 등을 평가하는 데 활용하기도 한다.

• 공공기관 채용의 특징

공공기관의 채용 시스템은 공무원 채용 시스템을 바탕으로 하고 있다. 그러므로 서류전형에서 불합리한 요소를 배제하고 블라인드 면접을 통해 채용하고 있다.

공공기관의 채용 시스템은 기획재정부의 「공기업·준정부기관의 경영에 관한 지침」 '제15조(직원채용의 원칙 등)~제19조(직원 채용우대조치 등)'에서 규정하고 있다.

공공기관은 설립 목적의 다양성을 고려하기 위하여 표준 매뉴얼 제공을 통하여 채용의 기본 원칙과 채용 단계별 유의사항 등을 지킬 수 있도록 가이드라인을 제시하고 있다. 동일한 채용 프로세스를 강요하기보다는 기관의 특성을 감안한 채용 프로세스를 운영할 수 있는 유연성을 주고 있다.

지방 공공기관의 채용 시스템은 행정안전부의 「지방공기업 인사운영 기준」의 3장에 규정하고 있다. 지방 공공기관의 장이 공개경쟁 및 경력경쟁 시험의 요건과 시험 방법 등을 결정하며 채용하려는 직종이나 직위 혹은 직무의 특성을 감안할 수 있도록 자율권을 부여하고 있다(행정안전부, 2018). 이외에 채용 원칙과 채용 프로세스는 공무원 및 공공기관의 채용 시스템과 큰 차이가 없이 운영되고 있다.

공공기관의 채용은 선발 방법 및 절차에 대한 공정성 확보에 중점을 두고 있다는 점과 기회의 균등 차원에서 지원자들에게 필기시험과 면접시험의 기회를 최대한 보장하고 서류 심사 또는 자격 요건 등은 최소화하도록 권장하고 있다.

2

공공기관 면접 팁 7가지

• **초두효과**(初頭效果)

초두효과는 처음 제시된 정보 또는 인상이 나중에 제시된 정보보다 기억에 더 오래 남는다는 것으로, 사회심리학자 솔로몬 애쉬(Solomon Eliot Asch)는 다음과 같은 실험을 했다.

실험 참가자들에게 A와 B 두 사람의 성격에 대한 정보를 나눠주었다.

> A: 똑똑하다, 근면하다, 충동적이다, 비판적이다, 고집스럽다, 질투심이 많다.
> B: 질투심이 많다, 고집스럽다, 비판적이다, 충동적이다, 근면하다, 똑똑하다.

그런 다음 실험 참가자들에게 A와 B에 대한 느낌을 물어보았다. 사람들은 A에게는 대부분 호감을 나타냈다. 하지만 B에 대해서는 비호감을

느꼈다. 자세히 보면 A와 B 단어는 똑같은 단어로 구성되어 있지만 많은 사람들이 느끼는 호감도는 달랐다. A와 B 단어는 순서만 바꿨을 뿐인데 A에게는 '똑똑하다', '근면하다'라는 긍정적인 말이 초두효과를 일으켰고, B에게는 '질투심이 많다', '고집스럽다'라는 부정적인 말이 초두효과를 일으킨 것이다.

이처럼 뇌에 처음 입력된 정보가 나중에 입력된 정보보다 기억에 잘 남는다. 이러한 것은 심리 현상 중 사람이 실생활에서 자주 접하는 현상 중 하나이다. 인간관계에서 아주 큰 영향을 끼친다.

우리의 뇌는 보고 듣는 정보를 본능적으로 한결같이 받아들이려 하므로 이런 초두효과가 나타난다. 처음에 입력된 정보가 긍정적인 것이면 나중에 입력된 정보도 일관성 있게 긍정적으로 받아들인다. 반대로 처음에 입력된 정보가 부정적인 것이면 나중에 입력된 정보도 부정적으로 받아들인다. 처음에 들은 정보와 나중에 들은 정보가 반대되는 것이라도 뇌는 나중에 들은 정보를 기억하지 못하고 무시하는 경향이 있다.

인간관계에 있어 가장 큰 영향을 끼치는 것은 첫인상이라 해도 과언이 아니다. 사람들이 서로 처음 만날 때 든 생각과 기분이 앞으로 그 사람을 대하는 태도를 거의 결정한다. 실제로 첫 만남에서 좋지 않은 인상을 보여주면 '저 사람은 별로인 사람이다'라고 생각하게 된다. 이런 생각은 나중에 이 사람이 좋은 인상을 보여줘도 한번 각인된 인상은 쉽게 변하지 않는다. 그래서 사람 사이에 있어서 '첫인상이 매우 중요하다'는 말을 하는 것은 이 때문이다.

첫 만남에서 좋은 점수를 따고 들어가면 앞으로의 만남은 순탄해질 것이기 때문에 면접에서 초두효과는 아주 중요하다.

• 인사와 표정의 힘

면접에서 바른 인사는 기본이다. 인사를 할 때 허리와 목만 꾸벅하는 인사는 면접자의 품위를 떨어트린다. 밝은 표정으로 목은 가만히 놔두고 허리만 숙인 채 정중하게 인사한다.

첫인상은 면접에서뿐만 아니라 모든 곳에서 매우 중요하다. 사람들이 첫인상을 판단하는데 약 3초가 걸린다고 한다. 첫인상은 오랫동안 기억된다. 그것을 바꾸려면 적어도 60번 이상을 만나야 한다고 한다.

첫인상을 좋게 남기기 위해서 헤어 스타일이나 패션에 신경 쓰는 것도 중요하지만 그보다 더 중요한 것은 얼굴의 표정이다. 표정에는 사람이 살아온 흔적이 보인다고 한다. 우는 상보다는 웃는 상의 사람이 더 호감을 산다.

자신감 있는 표정의 힘은 시선이다. 면접을 앞두고 밝고 예쁘고 진실하게 웃는 모습을 연습하는 것이 좋다. 얼굴 전체의 근육을 이용하여 밝은 표정을 짓는 연습을 해야 한다. 입 모양만 웃으면 거짓인 것처럼 보이므로 얼굴 전체의 근육을 이용하여 진짜 웃는 모습을 연습해야 한다. 평소 아침저녁으로 거울을 보고 입을 크게 벌리고 '아에이오우'를 10번씩 하고 얼굴을 모았다 폈다 하고, 눈썹을 올렸다 내렸다, 눈동자를 굴려주고, 코 평수도 넓혔다 좁혔다를 해주면서 얼굴 전체의 근육을 운동시킨다. 그러면 거기에서 표정의 힘이 나온다.

• 단정한 복장과 용모

깔끔한 복장과 단정한 용모는 면접관에게 신뢰감을 줄 수 있다. 일반적으로 여성의 깔끔하고 단정한 복장에는 검정 투피스와 흰 블라우스가 잘 어울리고, 여성들이 가장 선호하는 복장이다. 감청색 계열과 짙은 회색 계열은 가장 무난하다. 남성의 경우 기본형 정장 스타일을 입으면 단정하고 무난하다. 네이비 컬러 양복에 화이트 셔츠는 가장 편안한 인상을 준다. 넥타이는 정장에 어울리는 단순한 문양이 좋다. 예를 들어 무늬가 없는 솔리드나 물방울 또는 줄무늬 문양 등이다.

깔끔하지 않은 복장은 면접의 탈락 원인이 될 수 있다. 잡코리아가 2015년 하반기 기업의 면접관 116명에게 '면접 복장 불량이 면접에서 감점 요인이 되는지'를 조사했다. 그 결과 대부분 면접관(93.1%)이 '감점된다'고 하였다. 또한 면접관의 81.9%는 복장이 단정하지 못하여 실제로 탈락시킨 경험이 있다고 말했다.

성의 없는 옷차림이나 헝클어진 머리, 너무 짧은 스커트나 속옷이 훤히 비치는 지나친 노출 의상, 과한 헤어 스타일과 메이크업 등은 감점 요인이 될 수 있으므로 주의하는 것이 좋다.

면접의 기본은 깔끔한 복장과 단정한 용모이다. 그 위에 면접자가 면접관에 어떤 인상을 남길 것인가를 생각하며 복장을 정한다. 만약 면접자가 신뢰감을 주고자 한다면 '짙은 남색' 톤의 정장을 입고, 스마트하고 세련된 인상을 주고자 한다면 '짙은 회색' 톤의 정장을 입는다.

· 면접 태도

앞에서 첫인상이 중요하다고 했다. 어정쩡하고 구부정한 자세는 면접관에게 좋은 인상과 신뢰감을 줄 수 없다. 면접실에 들어갈 때 걸음은 당당하고 자신감 있게 보폭을 조금 넓게 하며 들어간다. 종종걸음이나 팔자걸음, 발을 끌면서 걷는 걸음 등은 좋지 않다.

면접 태도로서 첫인상은 바로 바른 인사이다. 인사만 잘해도 예의 바른 인상을 남길 수 있을 뿐만 아니라 신뢰감을 줄 수 있다. 10도 인사는 너무 가볍고, 90도 인사는 받는 면접관들이 부담스러워할 수 있다. 45도 인사가 가장 적절하다.

인사할 때는 엉거주춤하지 말고 제대로 해야 한다. 인사할 때 눈의 시선을 1m 앞의 바닥을 보고 하는 것이 좋다. 속으로 '하나, 둘' 세면서 천천히 내려가고, '셋, 넷' 세면서 고개를 천천히 들어 올린다.

"안녕하십니까!"를 먼저 말하고 인사를 하든지, 아니면 인사를 하고 나서 "안녕하십니까!"라고 하면 된다. 말을 하면서 인사를 하지 않도록 주의한다. 면접관과 시선을 맞춘다고 어정쩡한 인사를 하면 오히려 역효과가 나므로 그러한 자세는 피한다.

면접을 볼 때 앉아 있는 모습이 단정해야 한다. 여성은 무릎을 붙이고 왼손 위에 오른손을 포갠 상태로 앉는 것이 바람직하다. 남성은 무릎을 어깨너비보다 약간 좁게 벌리고 양손은 가볍게 주먹을 쥔 상태에서 허벅지 중앙 위에 가지런히 올려놓는다.

너무 다리와 손을 모으고 있으면 어색해 긴장하고 있다는 것이 역력하게 보인다. 반대로 너무 편한 자세로 있으면 자칫 거만해 보일 수 있으므로 주의해야 한다. 면접관은 너무 느긋한 자세보다는 면접에 집중하고 있다는 인상을 주는 적극적인 자세를 훨씬 좋게 평가한다. 다리를 꼬거나 벌리고 있는 모습이 그리 아름답지 않을뿐더러 자세가 금방 흐트러질 수 있다.

의자에 앉을 때는 엉덩이를 깊숙이 넣어 앉는다. 그러나 너무 편하게 기대지 않도록 한다. 약간의 긴장 상태를 유지하면서 어깨를 꼿꼿이 펴고 앉는다. 바르게 앉아 있는 모습이 면접관에게 신뢰를 준다.

• 목소리와 말씨

말은 내가 듣기 위해서 하는 것이 아니라 상대방이 듣게 하는 것이므로 정확한 발음과 밝은 목소리로 적당한 속도로 말하는 것이 중요하다. 부정확한 발음은 자신이 전하고자 하는 내용을 면접관에게 전달할 수 없을 뿐만 아니라 어눌해 보일 수 있다.

면접은 엄격한 자리이다. 그에 맞는 말씨를 사용해야 한다. 표준어를 사용하고 줄임말이나 유행어, 알아듣기 힘든 사투리, '음, 아, 에'와 같은 불필요한 추임새 등 좋지 않은 습관은 면접 보기 전에 충분히 연습하여 고친다. 평소에 올바른 말을 사용하도록 노력해야 한다. 면접관의 눈을 보고 바른 태도로 알아듣기 쉽게 말한다.

• 자신감 UP 시키기

면접관들은 지원자들을 이력서와 자소서를 통해서만 안다. 면접장에서 처음으로 지원자와 마주하게 된다. 제한된 시간에 몇 번의 질문을 통해 한 대화로 지원자를 평가하게 된다. 그러므로 지원자들이 면접장에 들어서는 순간부터 평가가 시작된다. 지원자의 용모와 복장, 표정,

행동, 걸음걸이 등 모든 것이 평가에 영향을 미친다. 단정하고 밝은 모습, 자신감 있는 표정, 예의 바른 모습 등은 똑같은 답변을 했음에도 불구하고 신뢰감을 느끼게 되어 긍정적인 평가에 도움이 된다.

따라서 면접을 준비할 때 스피치만 연습을 할 것이 아니라 자신감 있는 표정이나 태도, 진실되고 친근한 인상을 만드는데도 신경을 써야 한다. 내 몸에서 자연스럽게 표현되도록 거울 보고 연습을 거듭한 다음 친구나 지인, 가족들을 통해 확인해보는 것도 좋은 방법이다. 편안하면서 진실하게 자신감 넘치는 자신다움을 보여주면 면접관들에게 좋은 평가를 받을 수 있다.

면접에서 떠는 것 자체는 영향을 미치지 않는다. 얼마나 한결같이 끝까지 말했는지를 평가하기 때문이다. 면접관의 질문 의도를 잘 파악한 다음 그에 알맞은 답변을 차근차근 또렷하게 말한다. 말하려는 내용을 구체적으로 스토리텔링해서 면접관들에게 자신의 역량을 효과적으로 보여준다. 평소 충분한 연습만이 자신만의 언어와 화법으로 자신의 생각을 당당하게 표현할 수 있다.

명심하길 바란다. 충분한 연습만이 자기 자신을 당당하게 자신감을 UP 시킬 수 있다는 것을….

• 면접 깔끔한 마무리

무슨 일이든 처음과 끝이 중요하다. 면접도 마찬가지로 처음과 끝이 중요하다. 처음 자기를 소개하는 멘트와 면접관의 기억에 남을 만한 마지막 한마디가 아주 중요하다. 실제로 지원자들의 차이가 거의 없을 때 임팩트 있는 마지막 한마디 말은 면접의 결과에 영향을 미친다.

면접관의 질문 의도를 파악하고 그에 적합한 답변이 이루어져야 한다. 전달하려는 내용을 구체적이고 스토리텔링 할 수 있다면 면접관에게 자신의 역량을 효과적으로 보여줄 수 있다. 충분한 연습을 통해 자신만의 언어로 자신의 생각을 당당하게 표현하여 면접관의 기억에 남을 만한 마지막 말이 무엇이 있을까 고민해봐야 한다.

보통 면접에서 마지막 질문은 "마지막으로 하고 싶은 말이 있으면 이야기해보세요"라고 하는 경우가 많다. 이런 질문을 하는 면접관의 의도는 지원자가 면접 도중 미처 하지 못한 말이 있다면 어필할 수 있는 마지막 기회를 주는 것이다. 이때 자신의 장점과 강점을 한 번 더 강하게 말할 수 있다.

따라서 진실되고 겸손한 자세로, 그렇지만 명확한 내용으로 남이 하지 않은 자신만의 스토리를 담은 진솔한 내용으로 마지막 한마디를 준비해야 한다. 아무리 좋은 내용의 마지막 한마디를 준비하더라도 연습이 충분하지 않으면 좋은 인상을 남기기 힘들다. 그러므로 연습만이 살

길이다. 완벽하게 말할 수 있도록 대비해야 한다.

　면접관들의 최종 질문으로는 F(feeling), A(action), C(contexts), T(thoughts) 기법을 활용한 질문을 할 수도 있다. 면접하는 동안 F는 "무엇을 느꼈나요?", A는 "무엇을 하셨나요?", C는 "어떤 상황이었나요?", T는 "무엇을 생각하셨나요?" 등으로 마치는 경우도 있으니 이에 대해서도 충분한 연습을 해서 좋은 성과를 얻을 수 있도록 노력해야 한다.

참고문헌

- 기획재정부, 공기업·준정부기관의 경영에 관한 지침, 세종:기획재정부, 2018.
- 방준용 외 2명, 「지방공공기관 채용시스템의 특징과 현황, 그리고 개선방안에 관한 연구」, 지식산업연구/제43권 제1호/2020.
- 이승철, 『블라인드 채용 평가매뉴얼』, 한국표준협회미디어, 2020.
- NCS 국가직무능력표준 홈페이지(https://www.ncs.go.kr/)
- 행정안전부, 지방공공기관 블라인드 채용 가이드북, 세종:행정안전부, 2019.
- 2020년 NCS 기반 능력중심 채용모델 면접관(기본·심화)
- 잡알리오 홈페이지(https://job.alio.go.kr/information.do)

정성덕 JUNG SUNG DUK

학력

· 독서학 문학 석사
· 문헌정보학 박사과정 수료
· 사회복지학 박사과정

경력

· 현) 주식회사 성덕인재교육원 대표
· 영어학원 원장
· 한국출판문화협회 독서활동가
· 병영독서코칭강사
· 독서토론강사
· 어린이생태학습도서관 운영위원회 위원
· 전남대학교 평생교육원 독서지도사과정 강사
· 찾아가는 독서토론실습 교사연수
· 진로코칭

자격

· 평생교육사자격증 2급
· 한국어 교원자격증 2급
· 사회복지사 2급
· 공공기관 전문면접관 수료

21장

공공기관 채용 IT 솔루션

서경록

1 채용 솔루션이란?

공공기관의 채용에 있어서는 채용 솔루션은 필수이다. 왜냐하면 채용 공고를 발표해야 하고 접수를 받을 곳이 없다면 요즘 같은 IT 시대에는 시대를 역행하는 것이 될 것이기 때문이다. 물론 아직도 이메일이나 우편으로 또는 직접 접수를 받는 기관도 있으나 여기서는 이러한 시대에 역행하는 기관을 소개하는 것이 아니다.

지원자의 각 단계별 평가위원들이 심사 평가 자료가 그냥 나오는 것이 아니다. 단계별로 채용 솔루션이 모든 자료를 취합하고 평가 자료를 제공한다. 최종 임용 발표까지 채용 솔루션은 매우 중요한 역할을 한다. 지금부터는 그러한 내용의 진행 원리와 단계를 소개하고자 한다. 필자가 직접 기획한 것이라 부족할 수도 있고 다른 솔루션도 많이 있지만 충분한 설명이 될 것이라고 본다. 여기서 나오는 기관명은 본 저서와는 아무 상관이 없다. 단지 채용 솔루션 제작의 예시로만 봐주면 되겠다.

<채용 솔루션 화면>

2
채용 공고문

· 채용기관의 전용 URL

채용기관에서는 최초 공고문을 올려야 한다. 그러기 위해서는 깔끔하고 누락된 내용이 없는 문구로 작성된 채용 공고문을 작성하여야 한다. 또한 대행사에서는 웹에서 지원자가 접근 가능한 적절한 도메인을 만들어 기관에 제공해야 한다. 그것이 전용 URL이다. 전용 URL을 통해서 들어가면 먼저 접하는 것이 채용 공고문이다.

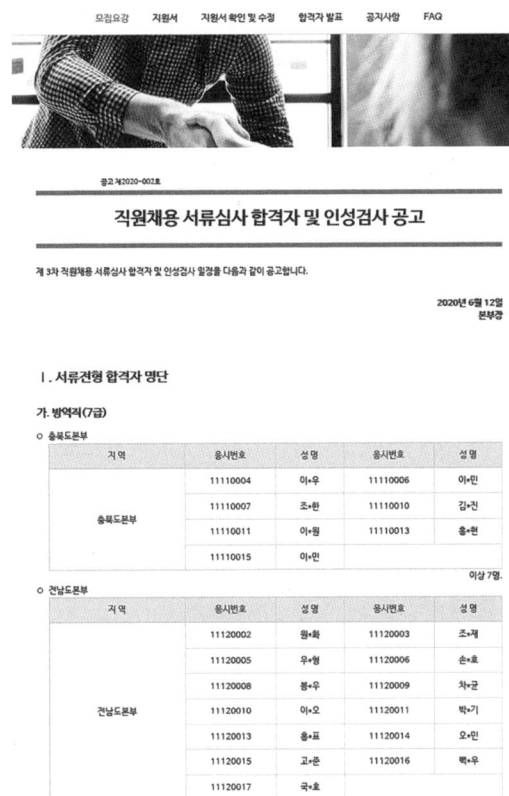

• 공고문 수정

채용기관에서는 최초로 올린 공고문이지만 미세한 부분에 수정사항이 발생한다. 이러한 일들은 시간을 다투는 긴급한 내용이 많다. 그땐 관리자가 마음대로 수정할 수 있어야 한다.

3

지원서(이력서) 접수

· **개인정보 동의**

지원서 접수는 개인신상이 기록되어야 하는 내용이다. 특히 웹으로 지원되는 내용이다 보니 개인정보 동의가 필수이다. 접수 전에 개인정보 동의를 하고 지원을 시작하게 된다.

<개인정보 동의>

· **블라인드 접수**

지원서에 들어가는 내용 중에 블라인드 처리되어야 하는 내용이 있다. 특히 본인을 인식할 수 있는 각종 인식 내용이다. 그러나 접수 시에는 주로 신상을 기록하고 표현되는 데이터나 현황에는 표기되지 않는다. 즉, 신상도 최소한으로 받는다. 이는 중복 지원을 방지하고 개인 식별이 가능해야 합격 여부 등을 통보할 수 있기 때문이다.

· **학력, 경력, 어학, 자격증**

학력 등은 블라인드 채용에 민감한 내용이다. 우리나라는 특히 학연, 지연, 혈연 등으로 인적관계가 이루어지기 때문에 이런 것이 노출되지 않기 위해 채용 솔루션이 구성되어야 한다. 학교명, 성적 등은 블라인드 처리된다. 경력은 일수로 계산된다. 매우 민감한 내용이다. 경력으로 채용하는 곳에서는 일수에 따라 채용이 갈린다. 어학은 기준이 되면 가능하다. 자격증은 취득 사실 여부 확인을 반드시 거치게 되고 그 외 유공자 자녀, 장애인 등의 가산점을 적용한다.

· **증빙 서류 첨부**

지원서에서 증빙 서류들을 첨부해야 한다. 솔루션에서 첨부 서류에 대한 부분은 상당한 기술력을 필요로 한다. 첨부와 다운로드 기능이 동시에 되어야 하고 지원자 입장에서의 첨부 서류가 제대로 업로드되었는지에 대한 의문이 해소되어야 하기 때문이다.

<지원서 작성: 인적사항, 학력, 경력, 외국어, 자기소개서 등>

4
자기소개서

• 채용 분야별, 직무별 분류

기관에서는 채용 분야별, 직무별로 자기소개 질문을 따로 하고 싶어 한다. 그래서 분야별, 직무별로 자기소개서 질문을 따로 올려야 한다. 또한 글자 수도 제한이 있고, 동일한 단어의 반복적인 문구로 인한 장난을 막는 시스템도 적용된다.

• 소개서 질문 수량의 조절

질문 숫자가 많거나 적을 수도 있다. 다만 이를 원활히 적용하는 것이 채용 솔루션의 역할이다.

<자기소개서>

5
단계별 합격자 발표

채용의 전반적인 순서 가운데 단계별로 지원자가 본인의 합격 여부를 확인할 수 있어야 한다. 너무나 당연한 내용이지만 해당 시간에만 확인이 가능한 내용이라 시스템의 안정화가 보장되어야 한다.

<합격자 발표 확인>

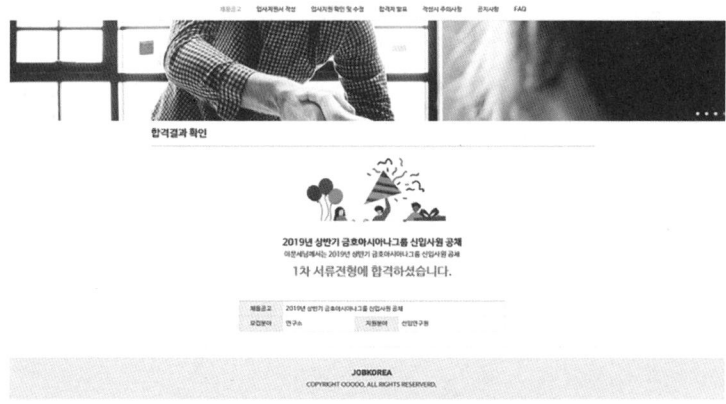

6

공지사항
Q&A 등록

　채용의 각 단계별로 공고문이 올라가지만 수시로 지원자에게 전달해야 하는 내용이 발생한다. 예를 들어 지원 서류 중에 기관이 원하는 특정 양식이 있다고 하면 공고문에서도 다운로드가 가능해야 하지만 별도 공지사항 안에서도 다운을 받을 수 있도록 지원해야 한다. 또한 기관의 성격에 따라 지원자의 질문이 정말 많이 발생한다. 그때마다 전화로 해결하는 것은 불가능하므로 채용 솔루션의 사이트에는 공지사항과 Q&A가 등록되어야 한다.

<공지사항 등록>

7 관리자 모드

관리자 부분은 매우 중요한 역할을 한다. 채용 솔루션의 모든 진행을 설정하고 수정할 수 있는 부분이다. 특히 지원자 현황을 실시간으로 확인할 수 있어야 한다. 또한 항상 모든 현황은 엑셀파일로 다운로드가 가능해야 하고 전형 단계별로 합격자 선별과 전형 일정 등을 설정할 수 있어야 한다.

• 공고문 수정

전형 단계별 공고문은 매번 다르다. 관리자는 공고문을 올리고 내리고 수정할 수 있다. 또한 각종 직무기술서 등을 다운로드 가능하도록 설정하고, 사소한 문구까지 수정한다.

<공고문 수정>

```
Ⅱ. 인성검사 전형

가. 검사대상 : 서류전형 합격자(SMS로 개별 통보 갑니다.)

나. 전형일시 : '20. 6. 13. (토) 09:00 ~ 6. 15. (월) 18:00

다. 응시방법 안내 : 입사지원 사이트 홈페이지에서 개별 확인

○ 인성검사 접속 주소 : 2020. 6. 13.(토) 09:00에 SMS로 알려드림.
  ※ 브라우저는 크롬에서 진행하시길 추천드립니다.
  ※ 인성검사 진행 방법
    1. SMS로 받은 인성검사 사이트 접속
    2. SMS 문자로 받은 ID와 PW입력
    3. 개인정보사용 동의
    4. 응시자정보 : 성명 / 수험번호 (숫자 8자리) 입력
    5. 시작 하시면 총 3단계로 진행됩니다.
    6. 마지막 3단계에 완료시 "제출되었습니다."라는 메시지가 나오면 완료입니다. (이후에는 확인 불가합니다.)
    7. 결과는 응시자가 볼 수 없습니다.

Ⅲ. 인성검사 합격자 및 면접전형 공고일 : '20. 6. 17.(수) 18:00

○ 본부 홈페이지 또는 입사지원 사이트 합격자 발표문 참조
○ 코로나19 예방지침에 따라 면접전형 일정은 기간연장 또는 연기 될 수 있음
```

• 전형 단계별 설정

관리자의 설정 부분은 전 과정에 있어 필수적이다. 원활한 설정이 채용 솔루션의 진가를 발휘한다. 최종 임용 단계에 이르기까지 채용 솔루션은 한시도 긴장을 풀 수 없게 되어 있다.

<지원서 작성 일정 설정>

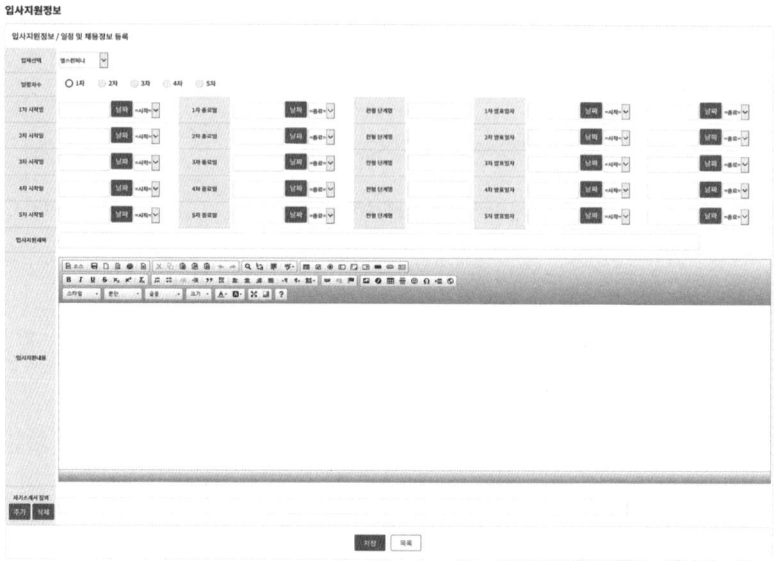

<모집 분야 설정>

공공기관 채용의 모든 것

<지원 분야 설정>

<등록된 지원 분야 목록>

<지원자 목록 pdf 파일로 변환>

<합격/불합격자 설정>

8

채용 솔루션의 인프라

　채용 솔루션은 웹 프로그램이다. 이를 운영하기 위해서는 운영 서버가 필수적이다. 특히 서버는 몇 가지 조건을 충족하여야 한다. 첫째, 기관의 원하는 최대치의 동시 접속자의 수를 수용할 수 있어야 한다. 둘째, 각종 네트워크 보안 처리가 되어야 한다. 셋째, 서버에 보관된 지원자들의 개인정보가 보호되어야 한다. 이러한 내용들을 위해서 채용 솔루션의 운영자는 한 프로젝트가 완료되기까지 최선의 노력을 기울여야 한다.

　공공기관의 채용 솔루션은 IT이다. 그러기 전에 먼저 채용의 전반을 이해하고 전형 단계별 절차를 밟아 솔루션의 오류가 없게 운영되어야 한다. 운영자는 나의 진행에 지원자 한 사람 한 사람의 인생이 달렸다는 막중한 책임감을 갖고 채용 전반에 대한 철학이 필요하다.

서경록 SEO KYEONG ROK

학력

· 서울벤처대학원대학교 정보관리전공 석사
· 서울벤처대학원대학교 경영학 박사과정

경력

· 전) ㈜유니패스생산/영업 정보관리부문 책임 총괄
· 전) ㈜와이즈솔루션 대표이사(IT부문 개발)
· 전) ㈜아이메딕대표이사(의료솔루션SW 개발)
· 현) ㈜대양씨아이에스 부사장(SI컨설팅)
· 현) 한국인적자원개발학회 이사
· 현) 융합산업마케팅연구소 수석연구원
· 현) ㈜리크루트존 이사(채용대행, 정보관리 전담)
· 성남청소년재단 서류평가 및 진행
· 충청대학교취업박람회 면접위원
· 한국전자연구원 서류심사, 면접 진행
· 국토부항공박물관전반 진행 및 운영

자격

· 2급 중등정교사자격(교육부), 1992.
· ISO 국제심사원자격(ISO9001, ISO27001, ISO14001), 2018.
· NCS 기반 블라인드 채용 면접관 교육 이수, 2019.